実践
情報モラル教育

ユビキタス社会へのアプローチ

加納寛子 編著

北大路書房

※本書に掲載した会社名および商品名は，会社の商標または登録商標です．
なお，本文中には，TM，Ⓡマークは明記していません．

はじめに

　急速なインターネットの普及と，PDA や携帯電話，腕時計のように腕にはめられる携帯端末など，携帯端末の形状および利用の多様化にともない，学習者は場所や時間を制限されることなく，いつでもどこでも利用しやすい端末を使用してネットワークにアクセスできるようになった。さらに，携帯端末の形状および利用の多様化はますます進展し，身のまわりのさまざまなものにコンピュータが埋め込まれ，互いに関連づけて遠隔協同利用や，アクセスが可能となってきた。このように，"身のまわりのセンサーからモバイル端末などさまざまなものがインターネットに接続され，グローバルな空間からのアクセスを容易にするコンピューティング環境のこと"は，ユビキタス・コンピューティング（Ubiquitous Computing）と呼ばれ（江崎，2000），さまざまな分野で活用されている。アメリカのゼロックス社・パロアルト研究所のコンピュータ科学者マーク・ワイザーによって，ユビキタス・コンピューティングと命名されるまでは，「どこでもコンピュータ」「超機能分散システム」などと呼ばれていた（坂村，2004）。さらにユビキタス（Ubiquitous）の語源をたどれば，ラテン語に由来し，KENKYUSHA'S NEW ENGLISH-JAPANISE Dictionary（研究社，1985）によれば，"（キリストの）遍在を意味し，キリストの栄光の身体は時間・空間的制約を超えて遍在するという Luther の説教"に由来している。ユビキタス・コンピューティングの技術が広く一般に行き渡る社会のことを，現代用語の基礎知識（自由国民社，2004）では，「ユビキタス・ネットワーク社会」という表現をしており，知恵蔵（朝日新聞社，2004）では，「ユビキタス社会」，imidas（集英社，2004）では，「ユビキタス化」，情報化白書（2002）では，「ユビキタス時代」という表現をしている。それぞれ若干ニュアンスは異なるが，いずれもユビキタス・コンピューティングの技術がいたる所に普及した社会，その社会が到来した時代を指しており，本書では，ユビキタス・コンピューティングの技術が広く一般に行き渡る社会が到来した時代のことを「ユビキタス社会」と定義した。

境界線の喪失

　昨今の情報通信技術の普及，メディア環境の変化にともない，われわれの生活基盤は境界線を失いつつある。

　ユビキタス社会到来間近となった昨今，進化を遂げ続ける情報通信技術の普及，メディア環境の変化にともない，われわれの生活基盤は境界線を失いつつある。子どもたちの環境も通信機能を備えたゲーム機をはじめ，いわゆるパーソナルコンピュータ以外の情報通信機器が氾濫し始めている。

　ひとつは時系列上における境界線である。夜光虫のように昼夜逆転した生活を送る人はめずらしくない。24時間営業の店はめずらしくなく，海外の大型の大学の場合，24時間開いている図書館も広がりつつある。

　次に場所および空間における境界線である。幼稚園で子どもの遊ぶ様子をインターネット中継し，保護者に配信しているところもあると聞く。衛星中継もめずらしくなく，地球の裏側の様子も，容易にライブ中継などで，タイムリーに様子をうかがい知ることができる。ビデオカメラで撮影し，編集し，報道者の主観の入った非同期型の受動的な情報やメディアから，まったく手の加えられていないタイムリーな情報，興味があればみずからすぐに参画できる能動的な同期型のメディアへと移り変わりつつある。

　さらに，人と人の関係の境界線。同じアパートに住みながら，隣人がどんな人なのか知らないままに何年も過ごすことはめずらしくなくなってきている一方で，家族さえ知らないようなプライベートな情報がインターネット上で不正に流れたり，顔を合わせたこともないネット上の疑似家族が出現したりしている。距離が近いから関係も近いという相関は，ほとんど崩れ去っているといえるのではないか。

　そして，時系列上における境界線の喪失，場所および空間における境界線の喪失，人と人の関係の境界線の喪失，この3つの境界線の喪失による相乗効果として，生と死の境界線の喪失が危惧される。ゲームやアニメなど，バーチャルな世界では，何度でも登場人物はよみがえる。間違ったことを犯したものを暗殺することが正義として描かれているものも少なくない。物心がつくかつかないころからバーチャルな世界で育った子どもに，リアリティーをどうはぐくむかは，今の教育者に課せられた重要な課題である。

リアリティーの育っていない者に対して，禁止・規制を加えても，豆腐に鎹(かすがい)，自由を奪う敵と見なされるか反乱に遭うかのどちらかである。

ステレオタイプの喪失

だれでも初めて人に会うと，相手の顔つきや身なり，態度を見て，およその見当をつけるものだが，最近は一瞥しただけではなかなかわからなくなってきた。一昔前であれば，茶髪にピアス，化粧をした高校生であれば，少なくとも勉強からリタイアし，学校でも不良と見なされているであろうという予測がついた。しかし最近では，茶髪にピアス，化粧をした高校生であっても，現役で一流大学に入っていく生徒もいる。逆に，常日頃から外泊・窃盗，そして施設の出入りをくり返し，周囲の大人たちが手を焼いている生徒の方が，後ろ姿を見ると，黒い髪にジャージ・ジーンズ，まじめそうな身なりという場合がある。

社長とよばれる人々のファッションも変わりつつある。一昔前であれば，スーツ姿一辺倒であったが，コンピュータ系の会社の社長の多くは，ラフな服装をしている場合が多い。さらに，銀行や証券会社などもノーネクタイ＆制服なしのところも増えてきた。一方で，ぱりっとしたスーツに眼鏡，アタッシュケースを手にした訪問者が，あやしい商品の営業マンだったりする。

子どもが子どもを殺傷する，とても恐ろしい事件が起き，事件を起こした子どもに対する周囲の人のコメントは，決まって「信じられません，おとなしいごく普通の子どもでした」に類する発言である。おそらく，多くの人々は，「異常者だった，通常は見かけないタイプの子どもであった，通常とはかけ離れた貧困な（問題のある）家庭であった」というコメントをメディアに期待するのであるが，ほかの子どもとの差異性が指摘されるのは，事件が起きて何日も経過し，いろいろ議論がなされたあとのことである。

一流大学を目指すまじめくん（さん）は度の強い眼鏡に常に本を手にしていて，問題行動を起こす生徒はリーゼントパーマにボンタン（1980年代の不良がはいていた太いズボン），地面を引きずるようなスカート，などといった，ステレオタイプはほとんど当てはまらなくなってしまった。

弾力性の喪失

すれ違いに肩がふれたと文句をつける。気に入らないことがあったからとドアを蹴り壊す。子どもの成績が少し落ちたからと次から次へと塾を渡り歩く。

子どもがいうことを聞かないからと虐待する。担任が頼りないからと教育委員会に文句をいう。どんな物事がなくなり，順番・順序を守れない。思い違い，聞き違い，見間違いではないかとみずからをふり返ることなく，欲求・要求がとおらないと怒り出す。スポンジのように，頑丈なグローブのように，みずからに降りかかった試練やストレスをバシッと受け止めて，エネルギーに変えて投げ返すような弾力性を失った人々が増えたように思う。

　どんな物事にも必ず２面性がある。北に進むように見えて南に進む場合もある。妙なことをいう人だなと思っても，相手の背景や経歴や人間関係を思い浮かべつつ，身振り手振り話しぶり，眼球の動き，瞼（まぶた）の動き，眉毛の様子，指先の動きなどを観察していると，たいてい，なぜ相手がそのようなことを述べるのかが見えてくる。見えてくれば，もつれた糸ならばほどくことができるし，悪意があるかどうかも察しがつき，応対を変えることもできる。観察しているだけならばエネルギーもあまり消費しない。それなのに，流れてきた情報をじっくり多方面から観察し，値踏みし判断することはせず，たまたま見えた一面だけで判断をくだす人が大変多い。それは，情報量が増えたために，ひとつずつ吟味する時間がなくなったのだと，もっともらしく述べる人もいるが，そうは思わない。学校で使用する教科書も改訂のたびに，「ゆとり教育」の名目で，ページ数が少なくなっていることなどが問題視され，見直されることになった。新聞の活字も，「読みやすさ」のために，昔より活字が大きくなり，文字数が減っている。テレビ，ビデオ，インターネット，地上デジタル放送等々，メディアの種類は増えたが，情報摂取量がさほど増えたとは思わない。昔は２時間もののドラマとして放映していたものを，再放送のときには早送りにして１時間で放映しているならば，なるほど１時間あたりに接種する情報量は増えたことになるが，早送りにしたら会話を聞き取ることはできないのでそのようなことは誰もしない。２時間かけて読んでいた本を１時間で読めるようになったわけでもない。一昔前ならば夕食後にテレビを３時間見ていた代わりに，今は，テレビ１時間・ビデオ１時間・インターネット１時間などのように，ほかのメディアに分散されたに過ぎない。ただし，伝達スピードが速くなったことに異論はない。インターネットに接続されたビデオにより，ニューヨークの街角の様子を常時日本から見ることもでき，タイムリーに地球の裏側で起きている情

報を得ることができるようになった。伝達されるスピード（情報の新しさ）がどんなに速くなったとしても，1日で得られる情報量は，最大でも24時間分に過ぎない。

　それでは，なぜ弾力性を失ったのか，要因のひとつは，結果をすぐに出そうとする，物事にすぐに勝ち負けの決着をつけようとする傾向があるように思われる。「勝ち組」「負け組」という言葉をときどき見かけるが，なぜそんなことが簡単に決められるというのであろうか。栄枯盛衰，うまくいくときもあればそうでないときもある。負けて勝ちをとれともいう。内容は千差万別であるがだれにでも葛藤は常にある。葛藤を耐えられないストレスと感じるのか，次のステージへ伸びるためのバネとするのかは，その人次第である。

　弾力性のなさは，学習場面でも見受けられる。条件を当てはめただけでは解けない問題や，ねばり強くじっくり自分の頭で順序立てて考えていかないと理解できない問題を考えさせようとすると一目瞭然である。問題を読んで少し考えてわからないと，思考を止めてしまって，答え待ち受けモードに切り替わる子どもが増えつつあるようである。単純な答えを期待しているのであろうが，Aを示し，Bを示すことによって，Cが成り立つためにDが答えであるというような，ごつごつとした解答であると，「一生かかってもわからん」「めんどくせー」という反応が返ってくる。思考を止めた答え待ち受けモードのままでは，いつまでたっても理解できないことは明らかである。にもかかわらず，子どもが算数の文章題を理解できないのは，「教師の説明の仕方が悪い」と，教師のせいにする親がいて困っていると嘆いている小学校教師の話を聞いたことがある。

　境界線の喪失，ステレオタイプの喪失，弾力性の喪失を，人以外の生き物にたとえると，アメーバーが思い浮かぶ。境界線がなく無秩序に増殖し，決まった形をもたず，衝撃が加わると簡単に切れる。人類は，どんどん進化を遂げ，行き着くところは生物の原型に戻ってしまうというのか。いや，人類はそんなに愚かではないはずである。ルールを作ること，それをみなで守ることにより快適な環境が実現できることを，人類はよく知っているはずである。自分を守るための銃が自由に許可されている社会よりも禁止されている社会の方が安全であること，法律が厳しく遵守されている社会の方が快適であることをよく知

っている。車が誕生したときには何のルールもなかったが，厳密な交通ルールが作られ，今では免許証なしには車を運転することは許されない。小学校あるいは幼稚園に入学・入園すると，ひらがなを学ぶ以前に，横断歩道は左右をよく見て安全を確かめて渡ること，急に道路へ飛び出してはいけない，などの最低限の交通ルールを学ぶ。同様に，コンピュータやさまざまな情報機器の使用が大衆化された今，すべての人が遵守すべくルールが必要である。とりわけ，自分のなした行為は将来あるいは他人にどんな影響をおよぼすのか，予見する能力の未発達な段階の子どもにも守ることのできるルール作り，すなわち情報モラル教育が，今急務とされている。

さらに，個人情報保護法が2005年4月より施行され，情報モラル教育が急務の課題であることは，教育関係者であれば誰しもが実感していることではあるが，新しい課題であり，教員自身が受けてきた教育のなかにはなく，蓄積された指導事例が豊富にあるわけでもない。指導しなければと思っても，どう指導したらよいかわからないでいるのが実情であろう。

そこで，本書では，小学校および中学校の技術家庭科における電子掲示板使用の事例，高校でのネットワークを利用したさまざまな情報教育にともなう個人情報・著作権などを学ぶ事例，大学生の自己表現支援としてのＩＴ環境に関する事例，さらに教員研修をふまえた情報モラル教育に関する質疑応答などの，具体的な実践事例を示した。これから情報モラル教育を指導しようとされている方々の一助となれば幸いである。

CONTENTS
もくじ

はじめに　　　　i

第1章 1
子どもたちをつなぐネット社会で今起きていること
──情報モラル教育の必要性──

- **1節　今子どもたちの間で何が起きているのか** 1
  - 1　閉じたゲーム空間から開かれたネット空間へ 1
  - 2　死と生に対する感覚の異変 4
  - 3　開かれたネット空間の虜 9
  - 4　開かれたネット空間の罠 11
- **2節　情報モラル教育** 12
  - 1　情報モラル教育の必要性 12
  - 2　情報モラルに関する取り組み 13
- **3節　臨床心理士の立場から** 17
  - 1　**不登校とIT** 17
    不登校とは／ITを活用した不登校への支援／テレビゲーム時代をふり返って／心の友を求めて
  - 2　**ひきこもりとIT** 21
    ひきこもりとは／相談活動にみるひきこもりのインターネットの功罪／「NHKひきこもりサポートキャンペーン」の反響／ひきこもりとネット依存
  - 3　**IT時代と子どもの心の問題** 28
    「サイト権」は子どもの手に／人類史上「類をみない子ども時代」／思春期の心の危うさとたくましさ／子どもとITとの共存には／心の問題へのIT活用／おわりに

| 4節 | 情報モラルとセキュリティ | 33 |

| | 1 | インターネットと情報社会 | 33 |
電子データの怖いところ／情報社会における著作権・肖像権／インターネットは公共道路／パスワードの管理
| | 2 | アプリケーションのモラル | 39 |
電子メール／Ｗｅｂページ／ピアーツーピア（Peer to Peer）
| | 3 | インターネット・セキュリティ | 49 |
攻撃者の手口／悪意のある攻撃と悪意のない行為／コンピュータウイルス
| | 4 | セキュリティの維持とモラル | 58 |

第2章 ……… 61

情報モラル教育の実践事例

| 1節 | 小学校での子どもの実態と情報モラル教育の実践 | 61 |

	1	小学校のコンピュータおよびインターネット接続環境とその活用	61
	2	小学校における教育の情報化と情報教育	64
	3	子どもたちの実態	66
	4	情報モラル教育の必要性	68
	5	情報モラル教育を行なう環境づくり	70
	6	情報モラル教育の実際	71
インターネットの落とし穴／ネットワークコミュニケーション—思いやりの心で伝えよう—／個人情報の大切さを考える
	7	情報モラル教育における課題	77
	8	これからの情報教育の重点	80

| 2節 | 不正書き込みボランティアを利用した匿名電子掲示板リテラシー教育
—「荒らし行為」体験授業のデザインと実践— | 82 |

	1	匿名電子掲示板と「荒らし行為」	83
	2	「荒らし行為」体験授業の意義	85
	3	「荒らし行為」体験授業のデザインガイドライン	86
本物性／安全性／遊戯性

	4	中学校技術家庭科における「荒らし行為」体験授業のデザイン ……… 89
		電子掲示板の使い方と書き込み練習／「荒らし行為」体験／まとめ
	5	実践結果 ………………………………………………………………… 94
		教室内匿名掲示板のリアリティ／「荒らし行為」体験／集合書き込み方式の評価／不正書き込みボランティアからのメッセージ／不正書き込みボランティア方式の問題点／おわりに
	6	おわりに ……………………………………………………………… 105

3節　ネットワークを利用した情報教育における情報モラル教育 ……… 106

	1	授業ガイダンスでの情報モラル ………………………………… 108
	2	セキュリティの保たれた学習環境 ……………………………… 109
	3	学校は情報モラルの教材の宝庫 ………………………………… 110
	4	個人情報に関する情報モラル …………………………………… 113
	5	メールに関する情報モラル ……………………………………… 116
	6	アカウントおよびパスワードに関する情報モラル …………… 119
	7	著作権に関する情報モラル ……………………………………… 121
	8	携帯電話の情報モラル …………………………………………… 125
	9	おわりに …………………………………………………………… 127

4節　高等学校での情報モラル教育 ……………………………………… 129

	1	スパイラルな学習 ………………………………………………… 129
		身体感覚としての情報モラル／情報モラルの分類と項目
	2	実践の具体例 ……………………………………………………… 131
		掲示板システム　ウィキ（Wiki）を用いた，情報コミュニティ／ウィキ（Wiki）の特徴／実践事例の紹介／おわりに

5節　大学生の自己表現支援としてのＩＴ環境 …………………………… 146

	1	大学生は大学のＩＴ環境に何を望んでいるか ………………… 147
		「情報科学基礎」の授業／受講者へのアンケート／この調査に関する考察
	2	Only One を目指すプロジェクト学習 ………………………… 152
		コンピュータを「計算機」として見る／なぜ「情報科学」でＶＢＡを扱うか／「まねる力」としての作品づくり／プロジェクト学習と評価の基準／電子メール往復の事例
	3	学習共同体形成のための電子掲示版 …………………………… 164
	4	おわりに …………………………………………………………… 167

6節　情報モラル教育指導法に関する教員研修 …………………………168
- 1　著作権，肖像権について ……………………………………169
  著作権法第35条　学校その他の教育機関における複製等／音楽データの著作権について／児童生徒の作品の著作権／教師が作成した著作物の著作権
- 2　学校Ｗｅｂサイトからの情報発信について …………………172
- 3　情報モラルにおけるインフォームドコンセントについて ……173
- 4　情報モラル教育，情報安全教育の指導法について …………181
- 5　家庭での情報安全教育について ……………………………183
- 6　個人情報の取り扱いについて ………………………………186
- 7　教育委員会，管理職が行なうこと …………………………187
- 8　おわりに――研修講座での質問から ………………………188

第3章 ……………………………………………………191
インターネットから見えるものと見えないもの
―― 子どもたちは何を求めているのか，大人に何ができるのか ――

1節　親子のずれ ………………………………………………191
- 1　調査から見えること …………………………………………191
- 2　親世代に見えない子どもからのメッセージ …………………193

2節　子どもたちが求めていること …………………………194
- 1　不器用な子どもたちのコミュニケーション …………………194
- 2　親子の助走の必要性 …………………………………………195
- 3　学校と家庭の連携の必要性 …………………………………196

3節　子どもたちの電子情報機器の利用――今後のゆくえ ……202
- 1　おもちゃとしての電子情報機器 ……………………………202
- 2　電子情報機器の利用状況 ……………………………………203

4節　情報モラル教育のチェックリスト ………………………209

引用・参考文献　213
索引　219
おわりに　221

# 実践
情報モラル教育

ユビキタス社会へのアプローチ

第1章

子どもたちをつなぐネット社会で今起きていること
——情報モラル教育の必要性

1節　今子どもたちの間で何が起きているのか

1　閉じたゲーム空間から開かれたネット空間へ

　情報機器の移り変わりはすさまじい。どんなにすさまじい移り変わりであっても，子どもたちの関心事は高度情報通信時代の最先端を追いかけている。それに比べて，教育現場での情報機器の導入は，なぜか1歩も2歩も遅れてしまう。子どもたちの関心の先をいくことはほとんどない。学校で新しいモノを利用して学習をしたら興味がもてたために，子どもたちの間に普及した事例は思い浮かばない。流行廃れが急激だった情報機器のひとつに，ポケットベルがある。休み時間になると公衆電話に走り，うしろで待っている人と時間を気にしながら，急いでメッセージを送った。しかし携帯電話が普及すると姿を消し，今では携帯電話が使用できない病院などの職員間の呼び出しに使用されている場合があるに過ぎない。流行る期間があまりに短すぎたために，ポケベルを利用した学習が普及することはなかった。携帯電話は，カメラがついたりテレビがついたりキャッシングができるようになったり，内部的機能の進化を遂げつつ，比較的長く流行が継続している。携帯電話が子どもたちに普及して数年た

つこのごろ，携帯電話も教育現場に取り入れはじめ，携帯電話を活用した学習方法も普及しつつある。

　子どもたちが外であまり遊ばなくなって，もう20年，30年近くがたつのではないだろうか。その背景には，子どもたちが外での遊びより，家のなかでできる遊びに関心が移ったというだけでは説明できない側面もある。塾や習い事が増えたために時間がなくなったというだけでも説明がつかない場合もある。『ドラゴンクエスト』が人気となり，ファミコンが流行りはじめた1980年代前半よりも少し前の1970年代後半に，「口裂け女」「通り魔」などが流行った。当時，私自身子どもであったが，同級生が歩道橋のうえで，知らない大人にカッターで斬りつけられる事件や，公園での誘拐事件などが立て続けに起き，子ども同士では公園で遊んだり，歩道橋や地下道を通ってはいけないことになった。小学校のグラウンドは，少年野球やサッカーが独占しており，なかなか遊びには利用できない。家の近所でボールを投げて遊ぼうとすると，個人商店の店員に商品が壊れるからと追われる。デパートの屋上で縄跳びをしようとすると，人工芝が痛むから，遊んではいけないと追われる。デパートの傘袋をふくらませてチャンバラごっこをする遊びが流行りはじめると，傘袋の脇にデパートの店員が立ち，傘を持っていないと傘袋をもらえなくなる。家のなかでゲーム機で遊んでいれば，周囲の大人から注意されずにすむために，内での遊びに落ち着く場合もある。このような場合は希であるかもしれないが，何かひとつの現象が生じるとき，その要因はひとつやふたつではなく幾重にも要因が重なり，新しい現象が生起するはずである。

　一昔前であれば，人間関係そのほか諸々の試練に傷つき挫折をすると，自宅の自室に鍵をかけて閉じこもり，家族が生活している間は眠りにつき，寝静まったり留守になると冷蔵庫などをあさる。ケースバイケースであるが，内へ内へと閉じた空間にしばらくひきこもったあと，徐々に心を開き，アルバイトなどをはじめたり，学校に通い始め，開かれた世界へのアクセスは解決の兆候であった。しかし，人と人の関係性を絶ち，社会の摩擦から閉じた世界へ逃避する「ひきこもり」が増えた時代はすでに過去となりつつあり，今新たな現象が生起しつつある。

　最近よく見かけるニュースに，数人が１台の車で練炭を用いた集団自殺があ

る。その多くは，インターネット上の自殺サイトで仲間を募り，計画を立て自殺するのである。戦時中の集団自決とはかなり様相が違う。集団自決は，辛苦をともにしてきた仲間同士が無念さなど共通する意識から実施された。しかし，自殺サイトで集まった仲間は，多くの場合これまでの人生にほとんど何の接点ももたない全くの他人であり，「自殺したい」という意識は同じであっても，真にわかりあおうとしているとは思われない。

　人間関係そのほか諸々の試練に傷つき挫折しひきこもる，その後がインターネットの普及とともに変わってきたように思う。かつてであれば，孤独に耐えられなくなり，少し人との関係を求めたとき，アクセスできる開かれた世界は，家族であったり友だちであったり，ひきこもる以前に接していたもとの世界である。もとの世界に戻るしかないことを悟るのである。親であれば，どんなに暴言を吐いた息子であっても，真に社会復帰することを願っており，立ち直るまで見守ってくれる。

　今では，インターネットの普及とともに，容易に開かれた世界へアクセスできるようになった。諸々の試練に傷つき挫折しひきこもり，孤独を感じたとき，無理にもとの世界に戻らずとも，ネットの世界がもとの世界の代わりに孤独を癒してくれる。さまざまな事柄に対する不平不満を書いたサイトは山のようにある。何かいやな思いをしたときに，自分と同じ思いの書き込みを見ると，癒されることもあるだろう。

　しかし，ネット社会での出会いは，あくまで他人であり，傷ついた心を表面的に癒してくれることはあっても，家族や友人のように，本質的な解決を手助けしてくれることはほとんどない。互いに自分のことをわかってほしいと主張しあっているに過ぎず，勇気をもって自分の悩みの内を打ち明けたとしても，ネット上での聞き手は，「あなたの気持ちはとてもよくわかるから，今度は私のことをわかって」と，悩みを打ち明けはじめ，語り手となる。そこでのやりとりは，十分な会話が成立していない。互いが自分の話を聞いてほしいに過ぎず，相手の話などうわの空，つまり語り手ばかりで真の聞き手がいないのである。自分のことだけで精一杯で，助けを求めている者同士が，他人の悩みまで受け入れて解決方法を見いだすまで面倒を見ることはとてもむずかしい。もしそれができるのであれば，まだゆとりがあり，自殺にいたるほどには思い詰

ていないはずである。相手の話を親身に聞き，相手の悩みの解決にエネルギーを注いでくれる人がいれば，自殺サイトでのコミュニケーションであっても，社会復帰への糸口となり得るし，そのようなサイトも存在する。

　実際，自殺サイトを観察していると，思いの丈を打ち明けると，自分自身で解決の糸口を見いだしていく場合も少なくない。書くことによって，できごとをもう一度ふり返ることになり，「メタ認知」によって，客観的に自分が見られるようになるのである。客観的に見つめ直すことができれば，おのずと解決策も見いだせる。この場合，書き込むところは自殺サイトでなくとも，自分の日記帳でもかまわない。

　これまでは，「傷つく」⇒「ひきこもる」⇒「孤独」⇒「開かれた（現実）社会へのアクセス」⇒「癒し」⇒「解決」と，シンプルであったが，ネット社会の登場により，「傷つく」⇒「ひきこもる」⇒「孤独」⇒「開かれた【ネット】社会へのアクセス」⇒「【擬似的】癒し」この後は，容易に「解決」にはつながらない。自傷行為へつながるほか，「ドラッグ」などの犯罪の道につながる場合もある。

2　死と生に対する感覚の異変

　図1-1は，2004年（平成16年）7月発表の警察統計資料による自殺者数の年度推移である。1998年（平成9年）あたりまでは，毎年2万人から2万5千人の間にとどまっていた。しかし，1999年（平成10年）以降3万人を下回る年はない。不況，失業者の増加など社会的背景があるにせよ，確実に増加している。増加には3つの要因が考えられる。まず，これまでは，生活苦，病苦などからやむにやまれず自殺に追い込まれるケースが多かったが，今では問題解決の手段として安易に自殺を選ぶほどに，生命に対する畏敬が喪失している傾向が見られるのではないかという点である。2つ目は，死にたいけれどひとりでは死にきれなかったタイプが，インターネット上で仲間を見つけ，同じ思いをしている仲間とならば実現できる，あるいはあと一歩のところで踏みとどまっていた気持ちを後押ししてくれるようになったという見方である。3つ目は，インターネットが，自殺方法の伝達・流布の役割を果たしていると考えられることである。これまで，友だちの父親など身のまわりの者が2人ほど，車のなかで

1節　今子どもたちの間で何が起きているのか

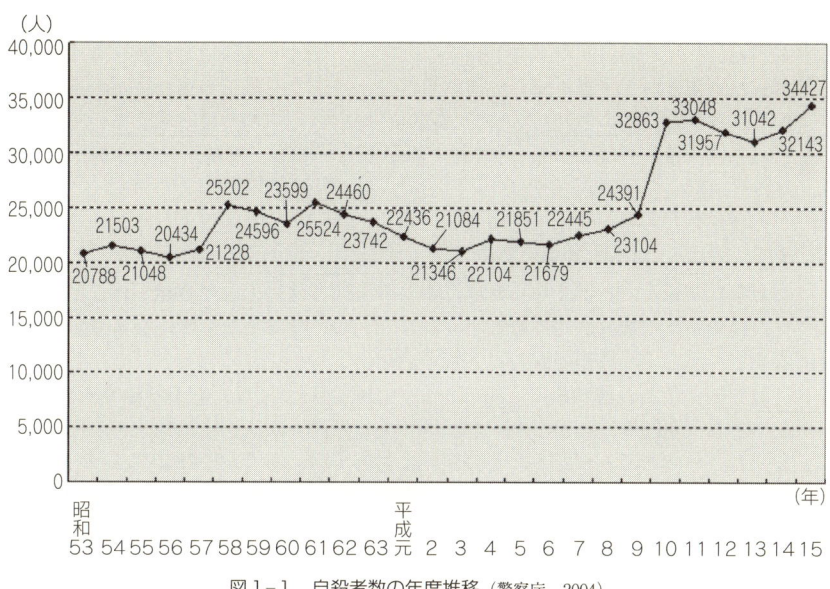

図1-1　自殺者数の年度推移（警察庁, 2004）

自殺をするというできごとに遭遇してきた。その場合いずれも，ガソリンの排気口を車内に引き込んでの方法であったが，たぶんその方法は昔からとられていたと思われる。しかし，車の中で集団自殺をしたという最近のニュースを見ると，大半が練炭を用いる方法を選択し，ネット自殺を報道するニュースも頻繁に目にするようになった（資料1-1）。練炭を使用した自殺46件中14件（2002年7月14日～2003年10月25日，著者調べ）が，仲間をネットで募っての集団自殺である。

また，子どもたちの死と生に対する感覚の異変を問う調査がある。中村博志氏，服部慶亘氏，藤田康郎氏，野崎佳子氏による調査で，下記のような結果が得られたそうである。日本小児保健学会発表資料「死を通して生を考える教育の重要性―バーチャルリアリティーと死の認識の関連性について―」より引用する。A小学校100名，B小学校272名合計372名の小学生で，学年別内訳は，3年生が74名，4年生が126名，5年生が66名，6年生が106名である。性別では男が89名，女が92名である。

一度死んだ人が生きかえることがあると思うかとの問いに対して，あるとの答えが126例（33.9％），ないが126例（33.9％），わからないが117例（31.5％）であった。死という言葉を聞いて何を思い浮かべるかを以下の選択枝から選んでもらった結果は，恐い237例，息苦しい49例，悲しい283例，堪えられない72例，苦しい65例，重い57例，つらい197例，むずかしい53例，素晴らしい5例，寂しい157例，暗い120例であった。
　人は死んだらどうなるかとの問いに対しては，天国や地獄へ行くという回答が多かった。
　あなたが死んだらどうなると思うかとの質問では，天国や地獄へ行くとの回答や，親や家族や親戚が悲しむと言う回答と，骨になるとか，暗くなるや悲しくなるなどの反応の3種類の回答に大別できた。
　魂や霊魂がこの世にあると思うかとの問いに対しては，あると思うが164例，ないと思うが90例，わからないが21例であった。
　死ねといったことがあるかとの問いに対しては，ありが237例，ないが122例であった。どんな時，誰にいったかとの質問では，けんかの時に，友だちや兄弟にいうとの回答が多かった。また，ふざけていうとの回答が，うち23例に見られている。死ねといわれたことがあるかとの問いに対して，ありが348例，ないが17例であった。これも前問と同様で，けんかの時，友だちからという回答が多く，この場合も，ふざけてというのが18例に見られていた。生まれたときの話を聞いたかとの問いに対して，ありが369例，ないが1例であった。

　この結果を見て，まず驚くことは，死んだ人間が生き返ると考えている子どもが372名中126名もいたことである。たしかに，ゲームに登場する悪役は，首を切られてもすぐに元通りになりまたおそってくるという設定場面が少なくないし，主人公すら何らかの方法をとれば生き返る設定になっている。リセットボタンを押せば，何事もなかったかのようにスタート段階にもどることもできる。基本的な人格形成がなされる幼いころに，このようなバーチャルな空間を遊び場にしていることが，上記のような生と死に関する感覚を育成しているのではないだろうか。
　魂や霊魂がこの世にあると思うかとの問いに対して，あると思うが164例という点も驚きである。これほど科学技術や医療が発達した現代に生まれ，なお，霊魂の存在を肯定する考え方も，死んだ人間が生き返るという感覚が背景にあるのではないだろうか。
　さらに，死んだ人間が生き返ると考えているからこそ，安易に「死ね」とい

1節　今子どもたちの間で何が起きているのか

資料1-1　練炭を使用した自殺例

NO.	1	2	3
年月日	2003年7月14日	2003年7月8日	2003年6月20日
場所	八王子市裏高尾町	栃木県塩原町下塩原	奈良県野迫川村
出所	読売新聞	読売新聞	読売新聞
概容	都道（旧甲州街道）脇に止められた乗用車内で，男性2人と女性2人が意識もうろうとなっているのを，当て逃げ事件で付近を捜索中の高尾署員が発見した。調べによると，男性の1人は兵庫県在住で，ほかの3人は都内在住。男性2人はともに36歳，女性は26歳と24歳で，インターネットで知り合ったという。	塩原町下塩原の国道400号沿いにある駐車場で，帰宅途中の男性郵便局員が，エンジンをかけたまま停車していた軽乗用車のなかで女性2人がぐったりしているのを見つけ，近くの交番に届けた。大田原署員が駆けつけたところ，2人はすでに死亡していた。同署によると，死んでいたのは，埼玉県北本市の無職女性（27）と，松山市の無職女性（20）。	山中で20日，ネットで知り合ったと見られる無職の男女2人が軽自動車の中で死亡していたことが23日わかった。自動車の中には七輪があり，男性の携帯電話には自殺サイトの掲示板が表示されていた。五条署の調べでは，男性は大阪市在住の39歳，女性は神奈川県相模原市に住む24歳。

NO.	4	5	6
年月日	2003年6月6日	2003年5月25日	2003年5月21日
場所	静岡県富士市大渕	京都市伏見区桃山町大島	群馬県上野村乙父
出所	毎日新聞	朝日新聞	産経新聞
概容	山中で，山菜採りの男性から「車の中に4人の男性が倒れ，死んでいるようだ」と110番があり，駆け付けた富士署が，4人が死亡しているのを確認した。調べでは，乗用車は「大阪」ナンバーで，4人は愛知県高浜市の会社員（36），埼玉県比企郡の無職男性（20），大阪府高槻市の会社員（20），東京都大田区の無職男性（24）と確認された。埼玉県の男性はインターネットのメールで自殺の方法や時期などについて打ち合わせをしたと見られており，「（自殺場所は）富士山の見える場所にしよう」「2日に新富士駅で会いましょう」といった記録もパソコンに残っていた。	マンションの一室で，男性1人と女性2人がベッドに横たわって死んでいるのを女性の家族の連絡で駆けつけた伏見署員が見つけた。調べでは，死亡したのは，この部屋に住む無職の男性（30）と名古屋市内のアルバイトの女性（21），群馬県群馬郡内の無職女性（18）。残っていた携帯電話のメールの内容などから，府警は3人が20日ごろに互いに連絡を取り合って男性の部屋に集まり，自殺したと見ている。室内のテーブルに男性の遺書があった。「俺（おれ）が死ぬのは，これからの世の中に悲観しているから」などと記され，借金を苦にしている記述もあったという。	林道脇で21日午後，乗用車内で死亡しているのが見つかった若い男性3人のうち2人は，千葉県松戸市の無職男性（30）と東京都足立区の男性アルバイト店員（28）であることが22日，群馬県警の調べで分かった。ほかのひとりは運転免許証から東京都杉並区の大学生（20）と見られ，県警は3人がインターネットで知り合い，集団自殺したとみている。調べでは，杉並区の大学生のパソコンには「自殺する仲間を募集します」とのインターネット掲示板への書き込みが残っていた。

NO.	7	8	9
年月日	2003年5月6日	2003年4月21日	2003年4月12日
場所	群馬県水上町藤原	佐賀県富士町	千葉県市原市大久保
出所	goo	goo	毎日新聞
概容	駐車場に止まっている乗用車の中で20代とみられる男女3人の遺体があるのを通りかかった人が見つけ，沼田署の駐在所に届けた。同署は，車内に練炭があり窓が閉め切られていたことから集団自殺とみて調べている。乗用車は練馬ナンバーのレンタカーだった。	林道に止めた乗用車内で，男性2人が死んでいるのを山菜採りの男性（65）が発見した。片方の男性の自宅に自殺をほのめかすメモが残されており，佐賀署は2人の関係などを調べている。調べによると，死亡したのは福岡市の男性（54）と東京都大田区の男性（30）。	林道で，若い男女3人が乗用車の中でぐったりしているのを，通りかかった男性が発見。午後4時45分ごろ到着した市原署員が，3人の死亡を確認した。死亡したのは，千葉市美浜区の大学生の男性（26），津市の会社員の男性（33），埼玉県川口市の栄養士の女性（22）。ダッシュボードに手書きで「ほかには関係ない」と書いた紙が置いてあった。また，車内から睡眠薬の箱が見つかった。

NO.	10	11	12
年月日	2003年3月17日	2003年3月16日	2003年3月5日
場所	香川県引田町	山梨県上九一色村富士ケ嶺	津市片田長谷町
出所	産経新聞	産経新聞	産経新聞
概容	町道脇に止めた乗用車の中に若い男女3人が倒れているのを，通りかかった同町の男性が見つけ110番した。3人はすでに死亡。板野署の調べでうち2人はいずれも愛媛県内の23歳の女性，1人は大阪府内の男性（27）とわかった。	県道沿いの空き地で，「目張りをした車の中に数人が乗っている」と，110番通報があった。富士吉田署員が駆けつけたところ，乗用車のなかで，いずれも20代と見られる男性3人と女性1人の計4人が倒れていた。4人は病院に運ばれたが，一酸化炭素中毒で意識不明。	山中で，空き地に止めた乗用車のなかで男女3人がぐったりしているのを散歩中の男性が見つけ，110番した。津署員が駆けつけたが，3人は一酸化炭素中毒のためすでに死亡していた。車内に「身勝手なことをしてみなさんに迷惑をかけます」と書かれたノートや，七輪が残されており，津署は自殺と見ている。

NO.	13	14
年月日	2003年2月11日	2002年10月24日
場所	埼玉県入間市下藤沢	東京都練馬区
出所	毎日新聞	読売新聞
概要	アパート1階の空き室で，近くに住む無職男性（26）と若い女性2人が倒れ，死亡しているのを栃木県内の女子高校生(17)が発見,119番通報した。狭山署は，3人は自殺志願者が集まるインターネットのホームページを通じて知り合い，集団自殺をしたとみて，女性2人の身元確認を急いでいる。	東京都練馬区の無職男性（30）がインターネット上で知り合った大阪市内の会社員女性（32）とともに練炭でCO自殺。

う残酷な言葉を発したり，浴びせられたりしているのであろう。

3　開かれたネット空間の虜

　退屈なときに，自分の好きなことに関するキーワードを検索しながら，ネットの海を漂えば，あっという間に時間は過ぎる。辞書を持っていなくても，ネット上に国語辞典，英和辞典，和英辞典はもちろん，たいていの辞典がある。わからない言葉があればすぐに調べることができる。精度はあまり高いとはいえないが，翻訳さえネット上で行なうことができる。飛行機や宿の予約，市場に出回る前の新製品の購入，古本の購入，写真の注文などほとんどのことが机の前に座って，パソコン画面を操作するだけで，容易に行なうことができる。とても便利な世の中になったことにだれしも異論はない。

　インターネットは，人と人の迅速なコミュニケーションにも随分貢献している。言葉だけではうまく伝わらず，誤解されたかなと思ったときに，即詳細を説明する図を添付したメールを送ることによって，こじれる前に誤解を解消す

ることもできる。朝から夕方まで顔をあわせていたクラスの友だちであっても，言い忘れたことがあれば，すぐに写真や添付ファイルつきのメールを送り，やりとりの続きが行なえる。

とても便利であるけれども，過剰になりすぎると，予測しないトラブルの原因となる。兆候の一つとしては，つながっていないと不安になる人々が増えたことである。ネット依存症，チャット依存症などとよばれる。これらは2つのタイプに分けられる。クラスの仲良しグループなどのように，現実に属している集団でのコミュニケーションの一部がネット上でなされている，「現実延長タイプ」である。もう1つは，現実社会とは切り離された形で，もうひとつのネット社会を形成している「脱社会的タイプ」である。これは現実社会のなかで「居場所」喪失感をもつ人々が陥りやすい。社会のルールに従わない反抗的な人々は「反社会的」とよばれるが，現実社会から逃避し，ネット空間を漂い，バーチャルな社会を居場所とする人々は「脱社会的」とよばれる。脱社会的な人々にとって，現実社会のルールや常識にはほとんど関心がないのである。世の中がどう動こうとも，自分とは無関係な社会なのである。

上記分類の，「現実延長タイプ」の方であるが，現実社会でのコミュニケーションの延長がネット上でなされている場合，自分の使用したサーバーが止まってしまうなどのトラブルで，グループの他のメンバーの会話を見ないまま学校に行くと，すでに話題についていけないことになる。1回ぐらいならばネット上でなされた会を説明してくれるが，度重なれば相手にされなくなる。学校で出される宿題よりずっと重大な毎日の日課とならざるを得ない。このとき，オフライン上での会話は，オンライン上での会話の延長であり，そこでの発話は現実社会そのものである。

2004年に起きた佐世保市の小学6年生女児による同級生殺害事件の原因のひとつが，オンライン上での会話にあったとされている。直接女児に会ったわけではなくメディアより得た二次的情報であるが，加害女児は身体的特徴に関する被害女児の書き込みによって，心が傷つき殺害に及んだといわれている。傷つくことを書いたから殺すことが許されるわけがないけれど，おそらくその判断がつかないほどに，逆上したのであろう。逆上し殺害に及んでしまう背景には，先に示した死んだ人間が生き返ると考えている「生死観」が少なからず影

響を与えているのではないだろうか。

　さらに，閉じたゲーム空間が，ひきこもり・閉じこもりなどのように，閉所へ向かう弊害を引き起こしたように，いま，開かれたネット空間は，閉所とは逆の弊害を引き起こす。孤独なひとりだけの世界にいても，インターネットに接続したとたん，そこはプライベート空間でなく公の場になる。会話のなかで，相手の秘密を口走った場合，1対1の会話では「ゴメンネ」の一言で許しあえるところが，ネット上ではすでに第三者に知られてしまっている点で，「ゴメンネ」が通用しづらくなる。

4　開かれたネット空間の罠

　出会い系サイトにまつわる犯罪は，援助交際，児童買春，恐喝，強姦，殺人など，あとを絶たない。警視庁の資料によれば，出会い系サイトに関係した事件の検挙数は，2002年（平成14年）の1年間で1,731件。2001年（平成13年）の888件に比べ2倍近くの数となった。なかでも多いのが"児童買春・児童ポルノ法違反"で813件（平成13年は387件，以下同），次いで"青少年保護育成条例違反"が435件（221件）で，両者で全体の7割以上を占めている。また全事件のうち携帯電話を利用したものが1,672件（714件）と圧倒的に多いほか，事件の被害者1,517人のうち18歳未満の児童が1,273人と，8割以上に達している。これをどう見るのか，18歳未満には携帯電話・インターネットすべてをご法度にすれば解決する問題ではないし，いたるところに情報機器があふれている今，到底無理なことである。

　現実世界にはなかなか理想とする異性はいない。それは，現実世界では，少なくとも容姿に関しては，一目で見えてしまう。しかし，バーチャルなネット上では，簡単に嘘がつけるし，嘘をつかなかったとしても，自分の欠点は隠しておくこともできる。これは匿名性にまつわる問題で，普段の自分とはまったく異なる人格の人間としてふるまうことが可能であり，嘘や偽りが一人歩きすることがある。よいところだけに関する情報からイメージする相手は，現実世界では出会えない理想の相手なのである。そして初めて出会って理想とかけ離れていることに愕然とし，関係が壊れたからと殺害に及んだり，さまざまな金銭トラブルが発生しているのである。ネット社会と現実社会，ふたつの社会が

並行して走っている間は心地よいのかもしれないが，クロスしたときにトラブルが生じているようである。発達段階が未成熟であればあるほど，バーチャルな社会での自分と，現実社会での自分を客観視することができず，トラブルに巻き込まれやすいようである。

2節　情報モラル教育

1　情報モラル教育の必要性

　佐世保市の小学生による殺人事件では，小学生自身によって作成された電子掲示板における書き込みがいさかいの要因となっていた。これは，しばらく前であれば電子掲示板の設置は難易度の高いことであったが，今日のインターネットの利用や情報機器の多くの使用方法は極めて単純で，識字能力さえ備わっていれば教えられずとも使用したいというモチベーションさえあれば容易に使用できることを，再認識させられる事件であった。

　しかし，アクセスを禁止するのでは意味がない。かといって，危険なことばかり教えるとかえって関心をもってしまう。「寝た子を起こすな」ということになる。それなら，正統的に好ましい利用方法だけをどんどん教えていけばいいと，振り子のように，揺れる。

　インターネットがこの世に誕生して半世紀が過ぎ，社会における役割も利用方法も大きく変わったのである。開発当初は第二次世界大戦中の（アメリカ軍の）軍事用であったが，戦後，科学者等の一部の専門家間でのデータの共有・コミュニケーションツールとして活用されてきた。しかしここ10年あまりの間に，パーソナルコンピュータと携帯電話の急激な普及にともない，インターネットは一部の専門家の道具ではなく，小学生にも身近な道具となったのである。

　一方で，ディジタルデバイド（情報格差）が強調され，高度成長期型教育のなごりから，情報技術に関する資格試験を目指した技術教育が進んでいる。昨年から開始された高等学校普通科「情報」は，技術教育でないことが強調されつつも，やはり情報の仕組みや情報機器の活用が中心で，いずれの教科書を見

ても「情報モラル教育」を章のタイトルに掲げている教科書が見られない。いつの時代の道具であっても，道具の使用には必ず暗黙のルールがある。「火」は，煮炊きをしたり湯を沸かしたりとても便利な道具であるが，燃えやすいものの近くで使用してはいけない等のルールは，物心がつく頃には教わっている。パーソナルコンピュータや携帯電話などの情報機器は，「火」のように，一目瞭然に危険な道具とは認識されにくい。しかし，情報機器を活用した犯罪（詐欺，自殺幇助，恐喝，不適切な人間関係など）は，日常茶飯事になりつつある。それにもかかわらず，情報機器使用にまつわるルールに関する教育である「情報モラル教育」が，現代の学校教育のカリキュラムに組み込まれていないのはなぜであろうか？

　情報機器の使用はむずかしいことではなく，最近の新しいアプリケーションなどは，使用方法を教わらずとも，子どもでもすぐに使用可能となり，手軽に使用して複雑な作業が可能となったのである。ボタンを押せば文字入力もデータ入力も可能であり，使用方法につまずいても「ヘルプ」で検索すれば，操作方法は容易に検索できる。しかし，電子掲示板を設置し管理するために必要な約束事は，ボタンを押しても出てこない。ボタンを押しても出てこないことこそ教育の担う役割である。小学校・中学校・高校・大学すべての学校種において，今，「情報モラル教育」を実施すべきであろう。

2　情報モラルに関する取り組み

　情報モラルに関する取り組みは，学校単位での取り組み，地域での取り組みなどさまざまな人々によって行なわれている。文部科学省（2004）の「児童生徒の問題行動対策重点プログラム」のなかで，「情報社会の中でのモラルやマナーについての指導のあり方の確立」がうたわれているが，具体的な取り組みという点では，もう一段階何らかの取り組みが必要なようである。民間の団体では，特定の分野に特化する形で，基準作りが進められている。著作権保護に取り組んでいるのは，社団法人コンピュータソフトウェア著作権協会（ＡＣＣＳ）である（http://www.accsjp.or.jp/）。

　また，特定非営利活動法人コンピュータエンターテインメントレーティング機構 COMPUTER ENTERTAINMENT RATING ORGANIZATION〔略称：C

ERO〕（http://www.cero.gr.jp/）は，コンピュータエンターテインメント文化の発展にともないコンピュータゲームの多様化が進行するなか，ゲームソフトの年齢別レーティングを実施することにより，一般市民やユーザーに対しゲームソフトの選択に必要な情報を提供し，青少年の健全な育成を図りかつ社会の倫理水準を適正に維持することを主たる目的としている（資料1-2）。

この制度は，ゲームソフトの表現内容により，対象年齢等を表示する制度である。年齢別レーティング制度は，社団法人コンピュータエンターテインメント協会（略称：CESA）および業界各社の協力のもと，海外の例を参考に1年あまりに及ぶ研究と検討を行ない，実現した。国内で販売される家庭用ゲームソフトのすべてを対象に年齢区分マークの表示をしようとするものである。表示する「年齢区分マーク」は，CERO倫理規定に基づいて審査され，それぞれの表示年齢以上対象の内容が含まれていることを示している。なお，購入の際は情報として活用するだけであって，法的規制はない。

資料1-2　CEROによるレーティング規制（http://www.cero.gr.jp/rating.html）

1．レーティングの適用範囲

　レーティングの適用範囲は，日本国内で販売される家庭用ゲームソフト（携帯型ゲームを含む）です。ゲームソフトの本編だけでなく，隠しコマンドや裏技等，収録する全ての表現が審査の対象となります。将来的に次世代のハード用ソフトも視野に入れていきます。家庭用ゲームソフトとは，以下の家庭用ゲーム機用に開発・販売されるものをいいます。

株式会社セガ	ドリームキャスト
株式会社ソニー・コンピュータエンタテインメント	プレイステーション プレイステーション2 プレイステーション・ポータブル
任天堂株式会社	ニンテンドウ64 ニンテンドーゲームキューブ ゲームボーイ（カラー含む） ゲームボーイアドバンス ニンテンドー・ディーエス
株式会社バンダイ	ワンダースワン（カラー含む）
マイクロソフト株式会社	Xbox
パソコンメーカー各社	パーソナルコンピュータ （対応OS：WINDOWS各種，MAC各種）

(2004年6月現在・メーカー名は，五十音順)

2．レーティングの対象となる表現項目

〔暴力表現〕	〔性表現系〕
●出血描写 ●身体分離・欠損描写 ●死体描写 ●対戦格闘・ケンカ描写 ●殺傷 ●その他青少年に極度な恐怖を与える描写	●キス　　●抱擁 ●性行為　●水着・コスチューム ●裸体　　●性風俗業 ●排泄 ●性的なものを強く想起させる表現 ●下着の露出 ●不倫
〔反社会的行為表現系〕	〔言語・思想関連表現系〕
●犯罪描写 ●非合法な飲酒及び喫煙 ●麻薬 ●非合法なギャンブル ●虐待行為 ●近親姦・強姦 ●売春・買春	●言語・思想関連の不適切な表現

3．「CERO レーティングマーク」

　CEROレーティングマークは，「年齢区分マーク」と「その他のマーク」に大別されます。

　a．年齢区分マーク

　　「年齢区分マーク」は4種類で，審査の結果次のマークがパッケージに表示されます。

年齢区分マークは，CERO倫理規定に基づいて審査され，それぞれの表示年齢以上対象の表現内容が含まれていることを示しています。ただし，表示された年齢により購入を規制するものではありません。ご購入の目安としてご活用下さい。

　b．その他のマーク

　　その他のマークについては，次に掲げる「教育区・データベース」，体験

版に表示される「ＣＥＲＯ規定適合」，及びゲームメーカーが制作中のソフトを宣伝する場合に，販促物などに表示する「審査予定」（この時点では，審査はされていません）の３種類です。

４．コンテンツディスクリプターアイコン

　現在ゲームソフトのパッケージ表面にはレーティングマークが表示されていますが，このマークに加えコンテンツディスクリプターが新設され，裏面にアイコンで表示されます。コンテンツディスクリプターアイコンは，対象年齢を決定した根拠となる表現を示すもので，９つのカテゴリーに分かれています。

恋愛　　セクシャル　　暴力　　恐怖　　飲酒・喫煙　ギャンブル　犯罪　　麻薬　　言葉・その他

５．審査方法

　レーティング審査から年齢区分マーク表示までの流れは，次の通りです。

１）ＣＥＲＯが，ソフトウェアメーカーからゲームソフトの倫理審査の依頼を受ける。

２）依頼された作品について複数の審査員が，表現内容等に付，倫理規定に基づいて審査する。

　　＞＞ＣＥＲＯ倫理規定（pdf 22.6KB）

３）それぞれの審査結果をもとに，年齢区分を決定する。

４）判定結果をソフトウェアメーカーに通知する。

５）ソフトウェアメーカーは，判定結果に基づき年齢区分マークを製品に表示する。

　審査員は，広く一般から募集した，20才代～60才代までの様々な職業の男女で構成されていて，事前にＣＥＲＯによるトレーニングを受けています。審査員は登録制で，審査内容について守秘義務があります。個々の審査には，審査員の性別や年代などの属性に偏りがないように配慮しています。また，ゲーム

> 業界と関連のある方は採用しておりません。

3節　臨床心理士の立場から

　思春期の発達課題である自我同一性を唱えたエリクソン（Erikson, 1968）は子どもの自我が家族や広範な社会的場面の中で発達していくとして，子どもにとっての生育環境という社会文化的現実の重要性を強調した。現在この社会文化の流れのなかに大きく位置するものとしてＩＴ（Information Technology）がある。ＩＴは情報に関する技術的なものすべてを含む概念だが，このＩＴの影響力の大きさは，世界的な産業革命というグローバルな視点からするとわかりやすい。ＩＴ革命とよばれるものは，18～19世紀のイギリスの産業革命，19～20世紀のアメリカの産業革命に継ぐ，第三の産業革命といわれるほどでもある。ＩＴの内でもとくに大きな位置を占めるインターネットはあらゆる情報が瞬時に世界を駆けめぐり，人々の生活を大きく変化させた。そして当然ながら子どもの生育環境のなかにも入り込み，ここに多大な利便性とともにその裏腹にある深刻な問題ももたらすことになった。

　ＩＴと子どもの問題を検討するにあたって，現在思春期の子どもの状態像として大きな社会現象となっている不登校やひきこもりの問題とＩＴとの関連を，筆者の児童相談所や精神保健福祉センターにおける相談業務や心理治療の経験を基に述べてみたい。

1　不登校とＩＴ

(1) 不登校とは

　文部科学省では，「病気や経済的理由以外で年間30日以上欠席した児童生徒を不登校」と定義している。「不登校は誰にでも起こりうる」と文部省がセンセーショナルな発表をしたのが1992年（平成4年）であり，不登校は特殊な問題ではないという意味をもって社会的に認知され，その呼称もこのとき登校拒否から不登校へと変更された。1975年以降不登校は増加傾向を示し，図1-2

に示すように1991年から10年間で，2倍以上の約13万9千人になった。2002年，2003年と連続減少したが，それでも全国で2003年（平成15年）には12万6,212人，中学生では37人に1人が不登校という実態である。

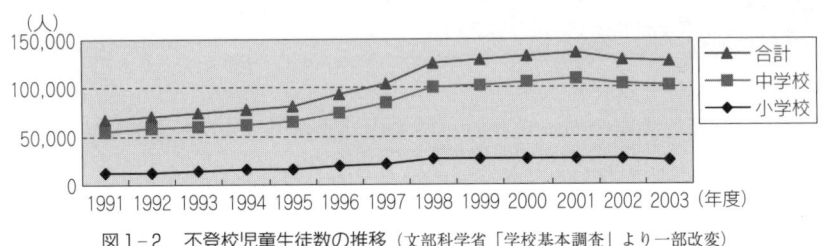

図1-2　不登校児童生徒数の推移（文部科学省「学校基本調査」より一部改変）

(2)　ITを活用した不登校への支援

　不登校問題ばかりでなく，学級崩壊，いじめ，家庭内暴力，非行，ADHD（注意欠陥多動性障害），虐待など，子どもを取り巻く問題は多種にわたり，これらに対する文部科学省の施策として学校現場に心の専門家を導入する「スクールカウンセリング」制度が，1995年（平成7年）からスタートしている。

　その後，小・中学校ではIT化が進められ，直接的な対人支援のできにくいひきこもりがちな不登校児童生徒へのIT活用関連事業が開始された。1998年（平成10年）6月30日，中央教育審議会答申において「パソコン通信等を活用して，関係機関との連携のもとに相談活動を行なうことの意義」や「マルチメディアを積極的に活用した補充教育などを行なっていくことの重要性」が指摘され，1997年（平成9年）度には文部科学省の生徒指導に関する施策のひとつとして「不登校児童生徒に関するマルチメディアを活用した補充教育についての調査研究」が始まった（古屋，2002）。その経緯の中，2003年（平成15年）度から不登校への早期の対応と，家庭にいる児童生徒について学校復帰の支援を行なうため，不登校児童生徒の学校外の居場所である教育支援センター（いわゆる適応指導教室）を核として，地域ぐるみのネットワークを整備する「スクーリング・サポート・ネットワーク整備事業（SSN）」を実施し，このなかで不登校児童生徒の支援に向けたITの有効な活用のあり方についての展開が見られている。

(3) テレビゲーム時代をふり返って

　文部科学省での各種の不登校対策が講じられる以前は、児童福祉分野で相談や心理治療が実施されており、児童相談所はその第一線機関としての役割を担っていた。児童相談所では不登校児童生徒の個別相談のほか、グループワークやキャンプ、宿泊事業などの一連の対策を実施していたところが多く、それは1990年前後の児童相談所における重点的な取り組み課題であった。当時筆者は児童相談所に勤務し不登校児童生徒への心理治療に当たっていたが、ニューメディアとしてのテレビゲームが登場し、子どもたちは一様にゲームに向かっていた。テレビゲームについてはてんかん発作を誘発する場合があるなど健康への被害や心理的な影響について多く論じられ、当時テレビゲームを新しい社会現象ととらえた山田（1994）がテレビゲームの遊び方のガイドラインを提唱していたことからもわかるように、子どもの遊びには一大変化が起きていた。

　不登校になって家ではテレビゲームに興じてばかりで、昼夜逆転してしまったがそれでも児童相談所のグループワークに何とか出かけられるようになった子どもたちも、最初の相談・心理治療への参加の動機がプレイルームにゲーム機があるなら行ってもいいというほどの加熱ぶりであった。ただ、テレビに向かう子どもたちの姿はたしかにゲームに集中し、ゲームの世界を楽しんではいたが、それだけではなく、彼らが求めたものは仲間とのコミュニケーションであり、いっしょにゲームのことを話したり、対戦をしたりする仲間を欲するがために、児童相談所の一角までわざわざ出かけてきたのだ。いったん対人関係ができ上がってくると、子どもたちの話題はゲームに関する新しいソフトや発売予定のゲーム機のこともありはしたが、修学旅行は参加すべきか否か、進路はどこがよいかといった現実と向きあう話題にすら及ぶことがあった。

　子どもたちの遊びを一新させた当時のテレビゲームは、今ふり返ってみると、子どもたちの最も強い関心事の「遊び」であるがために、ひきこもっていた子どもたちが学校でかつてあったいやなできごとを忘れ、今の苦しい心情に正面から向き合わなくてすむ、集中できる唯一のものであった。この反面、テレビゲームは子どもたちを戸外へよび出す原動力になり得たし、また子どもたちの人間関係を構築する一助になっていたように思える。

　当時、テレビゲームの精神的影響として、「待つ」ことが苦手になるといっ

た時間感覚の加速と，現実世界からの遊離傾向があると指摘されていた（島井，1994）が，それでもインターネット以前のこの時代のテレビゲームは「終了」があり，ひとり遊びの世界の延長線上のもので，現在の「ネット依存」を生み出す際限のないオンラインゲームとはかなり質的に異なっていた。

(4) 心の友を求めて

　全国の各都道府県において，さまざまなIT活用事業がその展開を見せている。この例としてNHK（2004）で紹介された岐阜県可児市による「ほほえみホットライン」という事業がある。これは，従来の対面方式では対応が不可能であったひきこもり傾向の児童生徒に電子メールを活用し，ほほえみ教室（不登校児童が集まって学習や交流をする場）への参加，さらには学校復帰の実現をねらいとするものである。そのためにITサポーターといわれる子どもの年齢に近い若いスタッフが，昼夜なくメール交換をするなどの支援を行なっている。在宅のままでITサポーターとメール交換をしたり，パソコンによる学習をすることが学校の出席扱いになるといった配慮も，子どもの学校復帰や社会参加への意欲を高める試みである。

　この例の内容は筆者に，1992年（平成4年）に全国の児童相談所でスタートしたメンタルフレンド派遣事業（ふれあい心の友訪問援助事業）を想起させた。この事業は当時の厚生省の事業として行なわれ始めた「ひきこもり・不登校児童福祉対策モデル事業」の一環の取り組みで，当該の子どもに近い年齢の大学生らに家庭訪問をしてもらい，お兄さん，お姉さんとして心の交流を図ることで，孤立感を緩和し情緒の安定と自己回復力を引き出すことを目的とし，現在も引き続き実施されているものである。筆者はこの流れのなかで児童相談所において，ある中学2年生女子の事例を扱った。彼女は母親からメンタルフレンドの説明を受け，「どうしても家から出られない」「でもメンタルフレンドには是非家に来て欲しい」と訴えるのであった。本来はメンタルフレンドの派遣実施にあたっては本人との事前面接を行なうことになっていたが，ひきこもり状態にあるためそれができず，家族による本人への意思確認のみから判断し，派遣に踏み切った。案の定，1回目の訪問に本人は顔を出さず，隣室から様子をうかがっている状態で，そうした対応がその後数回続き，メモや手紙でのやりとりをくり返すうち，対面での会話が可能になり，次第に外出などもスムーズ

にできるにいたった。不登校児童の回復への道はさまざまであり，その手法も個々の事例にあわせて取り入れるが，もしこのとき，電子メールが存在したのなら本人への初期介入のアプローチとしてこれを積極的に取り入れることが考えられた事例である。

　対人関係に自信をなくしてひきこもった子どもたちは，「心の友」を求める。そんな時，インターネットは閉ざした心をオープンにするひとつの手段として活用が可能になる。ただし，ここで重要なのはまずＩＴありきではなく，人が介在してＩＴ活用に結びつけることである。不登校対策に一定の枠組み，たとえば公的機関が実施していることや信頼できるスタッフのもとで電子メールやパソコン学習を行なうことはＩＴのメリットに注目した取り組みといえる。

　子どもたちはまわりとの関係性を閉ざした不登校という状態にいたっても，人との「心のつながり」を希求しており，この回復への新たなアプローチとしてのＩＴ活用がある。

　不登校児童生徒の約２割が大人へのひきこもりへ移行していく（斉藤，2002），さらにひきこもりの約６割に不登校経験がある（厚生労働省「社会的ひきこもりに関する相談・援助状況実態調査」，http：//www.mhlw.go.jp/topics/2003/07/tp0728-1f.html）との見地からも，これまで援助がむずかしいとされたひきこもり傾向の不登校児童生徒に対して適切な援助がなされなければならないのはあきらかである。ここにＩＴ活用による支援の輪が拡大していくことが期待され，また，それは次に述べるひきこもり対策の予防的視点とも重なる。

2　ひきこもりとＩＴ

(1) ひきこもりとは

　ひきこもりは単一の疾患や障害の概念ではなく，その状態像を示す言葉であるため，その概念や定義については明確ではないが，統合失調症などの精神病圏の疾患によるひきこもりと区別している場合が多く，精神科医の斉藤（2002）は，「社会的ひきこもり」を「（自宅にひきこもって）社会参加をしない状態が６か月以上持続しており，精神障害がその第一原因とは考えにくいもの」（ただし「社会参加とは就学・就労しているか，家族以外に親密な対人関係がある状態を指す」）と定義している（以下「ひきこもり」と表記）。また，その数を

全国で100万人以上と指摘している。一方、山梨県精神保健福祉センター長で精神科医である近藤（2001）は、①広汎性発達障害を中心とした「対人関係に生来的なハンディキャップをもつ人」、②統合失調症を中心とする「人生のどこかで発症した精神疾患を背景とする人」、③神経症やパーソナリティ障害圏を中心とする「心の癖を背景とする人」という3群に分けて説明し、③の群が斉藤の定義に近い内容となっている。

　ひきこもりは、2000年（平成12年）に起きた新潟の少女監禁事件や佐賀のバスジャック事件などひきこもり者が起こした事件を引き金に社会的に認知されたが、斉藤（2002）は1970年代後半くらいから徐々に増加して今日にいたったと推定することができるとしている。

　一連の事件を受けて、厚生労働省はひきこもり対策に着手し、実態調査を実施しその結果をふまえ『10代・20代を中心とした「社会的ひきこもり」をめぐる地域精神保健活動のガイドライン　精神保健福祉センター・保健所・市町村でどのように対応するか・援助するか』（2001. 5暫定版，2003. 7最終版）を作成し各関係機関に配布し、その対応策を示した。『「社会的ひきこもり」に関する相談・援助状況実態調査』（http : //www.mhlw.go.jp/topics/2003/07/tp0728-1 f.html、全国の保健所582か所、精神保健福祉センター61か所を対象に2003年3月に実施）による全国の保健所と精神保健福祉センターへの来所相談の3,293人を対象としたひきこもりの概略は以下である。性別では男性76.4%、女性22.9%と男性が圧倒的に多い（図1－3）。平均年齢は26.7歳で年齢の内訳は図1－4による。

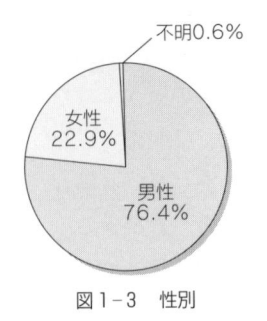

図1－3　性別

注）図1－3〜7「社会的ひきこもり」に関する相談・援助状況実態調査報告（ガイドライン公開版）（厚生労働省，2003）より著者が加工

図1-4 年齢分布（平均26.7歳）

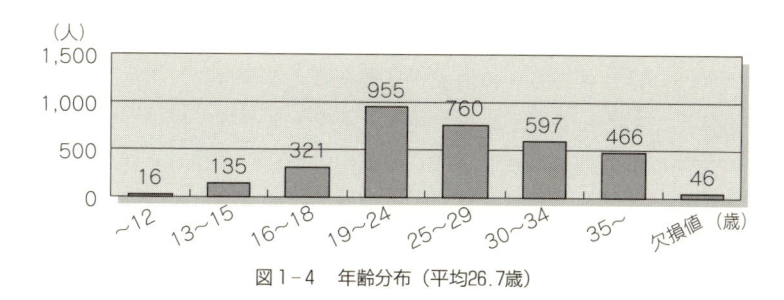

　不登校を含めた最初の問題発生の年齢は平均20.4歳で主として19〜24歳が多く，18歳までに問題が発現した事例は46.8％である（図1-5）。問題発生から現在までの経過年数は，平均4.3年で，半数は5年未満だが，10年以上と経過の長い事例も2割近くある（図1-6）。

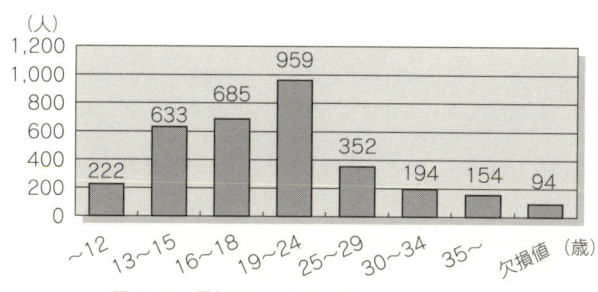

図1-5 最初の問題発生年齢（平均20.4歳）

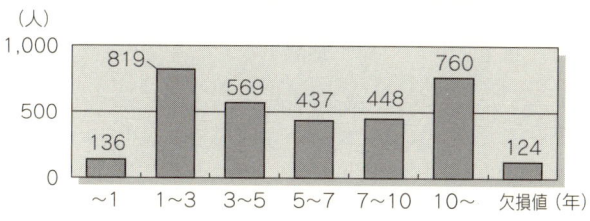

図1-6 問題発生から現在年齢までの経過年数（平均4.3年）

　前述のように2000年（平成12年）以降，厚生労働省の対策に基づき公的機関である精神保健福祉センターや保健所でその取り組みが進められ，また民間支援組織においても，家族の会の結成や当事者の居場所作りあるいは就労支援といったさまざまな形で援助の輪が広がっている。

(2) 相談活動にみるひきこもりのインターネットの功罪

　斉藤（2002）はひきこもりの治療や支援を考える場合に，インターネットはもはや必需品であると考えていると述べ，チャットや掲示板についても一定のルール（誹謗中傷の禁止やプライバシーの配慮など）を守って利用すれば親密さを維持するうえで非常に役に立つとの見解を示している。ひきこもり状態にある人にとって，テレビなどほかのメディア同様，外界との接触の手段として，インターネットの使用は有用であることを示唆しているが，筆者の経験からするとその使用が功を奏している場合と，そうではない場合とがあり，次にいくつかの事例を見てみたい。これらの事例は筆者が勤務していた精神保健福祉センターで，ひきこもり者の家族支援として心理教育アプローチによるグループ活動を実施していたときに，家族によって当事者のパソコン使用について述べられたものからの抜粋である。

●事例1（26歳　男性）
　中学生で不登校になって以降ひきこもりが続いている。父親との関係に葛藤があり，直接的な会話ができない状況にあったが，電子メールを使用することでお互いに伝えたいことをいいあえるようになり，次第に関係改善が見られ，現実場面において父子でいっしょに料理を作ったりできるまでになった。

●事例2（32歳　男性）
　大学卒業後，数年間はパソコン関連の会社で就労していたが，あるトラブルをきっかけに仕事を辞め，働く意欲をなくし在宅生活が続いている。
　機械に弱いという母親は，この息子に得意なパソコンを教えてもらうことでコミュニケーションを図り，穏やかな関係で家庭生活の維持ができている。

●事例3（30歳　女性）
　大学卒業後，証券会社に就職したが，上司との関係が膠着し2年後に仕事を辞める。ひきこもり関連のチャットに入り込み，やりとりするうち，自分が書いた内容に対し誹謗・中傷する書き込みがあり，対人関係にさらに傷つき，ひきこもり状態が一時的に悪化する。

●事例4（23歳　女性）
　中学生で不登校になり，ほとんど外出できない状態が続いている。対面し

たことのない人とメール交換を始めるが，自分がメールした内容が相手にどう思われるかが脳裏から離れないようになり，また返事に何を書くべきかを一日中考えてしまい，生活にも支障が生じる。

ひきこもりの状態像はさまざまであり，さきの実態調査によれば，調査対象の全ひきこもり者のうち約3割弱の人がまったく外出できない状況にあり，その内，外出はできなくても家のなかでは自由に過ごせる人が約3分の2，自室で閉じこもっている人が約3分の1となっていてどちらの場合も，家族との関係が疎遠な状況である場合が多い（図1-7）。

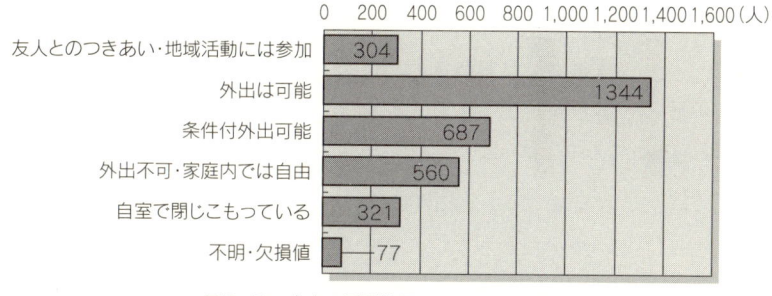

本人の活動範囲	人数
友人とのつきあい・地域活動には参加	304
外出は可能	1344
条件付外出可能	687
外出不可・家庭内では自由	560
自室で閉じこもっている	321
不明・欠損値	77

図1-7 本人の活動範囲（厚生労働省，2003）

筆者が出会ったなかにも，数年間ほとんど家族と口をきいたことがないとか，本人からの要求はすべてメモで間接的に伝えられるといった事例はめずらしくない。そのため家族支援の第一歩は，社会や家族との関係を断った当事者に対し，家族がいかにコミュニケーションの回復を図るかが課題となる。事例1，2は双方ともパソコンを新たなコミュニケーションの手段としてうまく活用できた事例である。このうち事例1では，こじれた親子関係のなかで直接向き合うことはできなくても，メールを通じてなら，冷静に自分を見つめ，正直な気持ちを表現できるなどが可能となった。一方，事例3においては，対人関係につまずき，ひきこもった人がチャットの中でさらに傷ついたという事例である。ここでの誹謗，中傷の程度がどれほどであったかは不明だが，チャットによるコミュニケーションが匿名性と非対面性を特徴としているため，ネット上では発言のエチケットやルールが徹底されず，時に自我肥大状態になり，現実とは別人格で何でも書き込んでしまえるという問題が起きたのではないだろうか。

事例4では，人からどう評価されるかを気にし恐れる対人恐怖症状が，直接的な対人関係でないはずのメールの相手にも生じ，相手の顔が見えない安心感やいつでも好きなときにやりとりができるといったメールの利便性が，それと裏腹のところで精神的な負担を余儀なくさせる場合であった。

(3) 「ＮＨＫひきこもりサポートキャンペーン」の反響

ＩＴを使ったひきこもり支援で，触れておきたいのがＮＨＫのテレビ放送50周年事業として2003年(平成15年)に開設されたホームページ(以下ＨＰと表記)「ＮＨＫひきこもりサポートキャンペーン」(http://www.nhk.or.jp/hikikomori/)である。このＨＰは，本人や家族から相談を受けつけるネット相談室，ひきこもりに関する基本的・一般的な情報やよくあるＱ＆Ａ，全国の公的相談機関リスト検索のほか，関連テレビ番組内容の要約や専門家のコラム，経験者の体験談などの記載や情報交換の場である掲示板など，ネット上でのひきこもり対策の全体像を網羅した内容となっている。ひきこもりというつかみ所のない状態であるために，これまでどこにも相談に行けなかった家族や当事者のなかには，何をどうすればよいかがわからず悩んでいた人も多かった。そうした家族や当事者にとってこのＨＰは，ひきこもりへの理解を促進し，支援を求める第一歩としての役割を果たしたようであった。実際に筆者の勤務先であった精神保健福祉センターへ相談に来た人のなかにも，このＨＰを手がかりとし，来所にいたった人も多く見られた。また当事者にとっては「ひきこもりの体験記」を閲覧したり，自身の思いを文字にして発信することで「苦しんでいるのは自分だけではない」「誰にも言えなかった悩みを伝えることができる」といった，孤独感から解放され，同じ悩みをもつ者同士がつながることができた安堵の声を直接聞いた。

インターネットによる情報伝達のなかでもこのように目的が明確で，必要な情報が開示され，しかも実在する相談窓口ともつながる方途を提供するなどの条件を満たしたときに，インターネットの特性である，情報が地域や時間の壁を越え，容易に瞬時に入手できるといったその有効性を充分に発揮するのではないか。

なお，この「ＮＨＫひきこもりサポートキャンペーン」は2004年（平成16年）4月からは呼称を「ＮＨＫひきこもり相談室」と変更して再スタートしている。

(4) ひきこもりとネット依存

　最近「ネット依存」の問題が注目されるようになってきた。元来,「依存」はアルコールやアヘンなどの化学物質の摂取によって生じる身体依存,摂取への抑えがたい欲望,社会的害などの症状をさす(逸見,1993)が,こうした薬物以外にもギャンブル依存,ショッピング依存,恋愛依存など,人間のさまざまな行為に依存(アディクション)の範囲が及んでいる。インターネットの普及による「ネット依存」は今後大きな社会問題に発展していく可能性をもつ。大学生の間においても,チャットでのやりとりに毎晩はまり込み,就寝時間が明け方になり,生活が不規則になって困るといった話を聞く。自分自身でのコントロールが困難な状況にあり,パソコンが壊れて修理に出したときだけ早く眠れた,との発言がでるような,まさに依存の世界に入り込んでいる様相がうかがえる。

　また,インターネット上の仮想世界で大勢の人といっしょに冒険を楽しめるというオンラインゲームが人気を集めており,不登校になりひきこもってしまった子どもたちのなかに,オンラインゲームにはまり込んでいる子どもたちの事例が多くなっている(牟田,2004)といわれる。コンピュータエンターテイメント産業の振興を目的としている,社団法人コンピュータエンターテイメント協会(略称：ＣＥＳＡ)によると,日本のオンラインゲーム人口は推計343万人という。これほどの人口を抱えるとチャットやゲームに寝食を忘れるほど夢中になって,通常の生活ができなくなり,次第にひきこもり状態へ移行し,単独での脱出が困難という状況にも発展する者も少なからず出現しうる。オンラインゲームは前述したようにオフラインのテレビゲームとはあきらかに違い,ネット上のバーチャルな世界にはまり込み,エンドレスにゲームに集中し,現実の人間関係からはますます撤退する危険性も高く,この意味でＩＴモラル教育とあわせて精神保健の分野での大きな課題をはらんでいる。

　社会との関係性から撤退したひきこもり者にとって,インターネットは社会とつながることができる有用な手段であるが,情報の信頼性の保持やＩＴリテラシーを含むモラルが不在の場合,とくに双方向でのやりとりがあるメールやチャットでは傷ついた人間関係をさらに悪化させてしまう危険性がある。次には思春期の子どもの特性と心の問題の中から,ＩＴとの関連について述べてみ

たい。

3　ＩＴ時代と子どもの心の問題

(1)　「サイト権」は子どもの手に

　日本ＰＴＡ全国協議会の調査（http : //www.nippon-pta.or.jp/oshirase040730/ oshirase_22.html，2003年11月～12月）によれば，インターネットの経験のある子どもが小学校5年生で約7割，中学校2年生で約8割，そしてその保護者は約6割との結果で，大人よりネットに親しんでいる子どもの姿に保護者の目が行き届きにくい現状が報告された。このなかで「インターネットを使うとき保護者はどうしているか」の質問に「何もせず，自由に使わせてくれる」は小学5年生で51.0%，中学2年生で80.3%，「そばに一緒にいる」は小学5年生で23.3%，中学2年生では6.9%と，小学5年生においても約半分の子どもたちは親の介入なしに自由にインターネットを使用している。この結果は，テレビのチャンネルとはとうてい比較できないほどの数のサイトが子どもの前に開かれ，しかもテレビの前に複数の人が存在して「チャンネル権」を争ったという事実が過去のものになりつつある現在，パソコンに向かうひとりの子どもの手に「サイト権」はすべてゆだねられている場合が多いことを意味する。

(2)　人類史上「類をみない子ども時代」

　1997年（平成9年）の神戸市須磨区連続殺人事件は「酒鬼薔薇聖斗」と名乗る殺人をゲーム感覚でとらえたと思われる14歳少年による事件，2003年（平成15年）にはこれも同年齢の少年が「インターネットで殺人サイトを見ていたら人を殺したくなり誰でもいい」ということで，小学校6年生の妹の頭を鉄の棒で殴りけがをさせた事件，そして2004年（平成16年）6月，佐世保の小学校6年生女子児童が電子掲示板への書き込みなどで関係が悪化した友人を殺傷するという事件が生じ，ここ数年新たなメディアが子どもたちの世界に入り込んだ影響と思われる事件が続いている。子どもの心の健康について語るとき，ＩＴと子どもの関係にある負の側面は明らかに看過できない問題となっているのがわかる。

　近年，思春期の早熟化が叫ばれ，前述の事件なども事件内容の残虐性とともに12歳から14歳という思春期の入り口にある低年齢の子どもによるものである

ことが，何より世間を震撼とさせた要因であることはあきらかである。健康な人格の基本条件は自我の強さにあるが，思春期は自分自身をコントロールするだけの自我が未確立で，この時期にＩＴがもたらしたニューメディアに没頭することによる弊害はさまざまに検討されているところである。発達段階にある子どもが身体を十分に動かし活動することは，否が応でも人間が触れあい，向き合い対話することを意味する。このことなしに無防備にインターネットに向かい，あふれる情報を得られるまま入手し，双方向とはいうものの，きわめて「限定された形での双方向」のチャットやオンラインゲームに興じる，というのが今の子どもの姿であるなら，この心身のバランスを欠いた成長過程を時代の流れとして放置してよいのだろうか。子どもたちが，人間の歴史上まったく経験のない児童期，思春期を通して大人になるということをどう受け止めて対処するべきなのか。

　心を育てることの大切さについて，大脳生理学の立場から唱えている森（2004）は，インターネットと向き合う時期について，現実とバーチャル（仮想現実）の区別がきちんとつく中高生が適当とし，小学生までは人間としての心，忍耐力，創造性などを獲得していくことの大切さを強調している。

(3)　思春期の心の危うさとたくましさ

　思春期の子どもの問題は，一見普通と思われる子どもが重大な事件を引き起こすという限られたものばかりでなく，思春期特有の問題に本人ばかりでなく家族や関係者が頭を悩ませることは多い。ＩＴが社会や家庭に入り込んでくる以前ももちろんそうであった。かつて筆者が経験した相談事例の中からいくつかを見てみたい。いずれも小学校時代は元気に友人と遊べ，宿題もやり，忘れ物もしないという，親にとっても教師にとっても申し分のない子どもたちが，中学校に入学後まもなく不登校に陥るといった事例である。Ｎちゃん（中学１年女子）は「口臭がありこのことでみなに迷惑をかけるから学校に行けない」と訴えた。何度か歯科を受診し口臭の事実はないことを歯科医から説明を受けるが，揺るぎない確信をもって口臭にこだわった。そのためやむなく外出をするときは，緊張感とまわりからの視線を意識するあまり，脇目もふらずに一直線に前方だけを見て自転車を走らせるという状態であった。また，Ｔくん（中学２年男子）は不登校になって２年と長期にわたり，ある雑誌を購入すること

が在宅生活のなかで唯一の楽しみとなっていた。その購入のため月に1度母親の車に乗せてもらい外出をするが、この準備にシャワーを3時間浴びて身支度を整えるという潔癖の域を超えた強迫症状が続いた。またUくん（中学1年男子）は登校時間になると頭痛や腹痛などの一般的な身体症状ばかりでなく、眼圧が上昇し目が見えない、時には足が痛くて歩けないといったさまざまな症状を呈した。

いずれも思春期は著しい身体の成長の受容、親からの心理的離乳、自我同一性の模索とライフサイクルのなかでも大きな発達課題と向き合う時期であるが、自分自身に関心が向き始め心が揺らぎ、友人との関係に過敏になるこの時期にＩＴが選択の余地なく入り込むとき、子どもたちは情報の渦に巻き込まれ、ネットにはまり込んでいくといった危険性と背中合わせになるのではないか。Nちゃん、Tくん、Uくんの3人はいずれも問題改善に向けて、家族や関係者のさまざまな介入のもと現実への適応が進むのと並行して、それらの症状は軽減、消失に向かった。

精神分析的自我心理学者であるエリクソン（Erikson, 1968）は、ライフサイクルという観点から個人の精神的発達を一生涯の時間的な流れという見通しをもって理解し、思春期の発達課題は自分の生き方を模索し、社会的に自立していく、アイデンティティ（自我同一性）の確立にあると唱え、これらができないとアイデンティティの拡散となり人間関係の親密さから孤立するというが、前述の3人はいったんはこの拡散状態に陥りながらも、たくましく思春期を乗り越え、現在はそれぞれ保育士、会社員、自営業者と社会人としての生活を送っている。

(4) 子どもとＩＴとの共存には

不登校やひきこもり、さらにネット依存など若者が社会から撤退していく原因はさまざまであるが、思春期の発達課題のつまずき、あるいはそれ以前の幼児期や児童期の心の問題の積み残しによって、問題が顕在化する場合が多い。不登校児童やひきこもり者とかかわるとき、たとえ本人が友人や教師、時には親との関係までをも絶ってしまうことがあっても、必ず自分を理解してくれる人の存在を求めている。また現実社会から逃避してゲームの世界に没頭しても、人との関係性をどこかで探し求めている姿を著者は見てきた。人とのかかわり

に接点ができ本人が生き生きした表情を見せるとき，本来の姿がやっと顔を出してくれたと安堵する。豊かな人間関係の形成に向けた全人格的な心の教育は古くて新しい課題である。

　ＩＴ時代の子どもたちの成長環境には厳しい条件が付されている。少子化，核家族化，都市化の進行のなかで人間関係が希薄化している。また成長期の身体を動かして遊べる空間は減少し，生き物のいる自然への興味深さや怖さを知ることのできる環境は「開発」の名のもとに周囲から消えている。全身のエネルギーを惜しみなく使って外の世界に働きかけることで，それを知り，成長していく子ども。この子どもの前にあるのは，コンピューターの世界である。

　心の危うさとともに自我成長のたくましさをあわせもつ思春期の子どもとＩＴとの共存を考えるとき，次の２つの側面を検討していくことが必要と思われる。１つには，現実世界での体験から自分の可能性を見いだし自己受容ができ，そしてまわりの人とも適度な心理的距離を保ったうえでの温かな人間関係を維持できるといった，心の成長を遂げるためにいま大人ができることは何か。社会の制度化を含めて専門家を中心に具体的に構想することである。自然体験，芸術文化に触れるなど既存の取り組みのほか，コミュニケーション能力を高める手法であるＳＳＴ（社会生活技能訓練）などの導入など多角的な検討が求められる。２つ目にはこれとあわせて，ＩＴのモラル教育をシステムとしていかに迅速に進めていくのかである。

　子どもの全体像をとらえたこれら２つの側面からのアプローチがあって初めて，子どもの心の健康に，そしてひきこもりがちな子どもたちへの支援として，ＩＴの光の部分を大いに活用でき，さらにネット依存などの予防的視点に立てるのではないだろうか。

(5) 心の問題へのＩＴ活用

　これまでＩＴによる子どもの心への影響を負の問題としていささか強調した面もあるが，心の問題への新たなＩＴ活用について紹介する。ジョインソン（Joinson, 2002）は，インターネット上で肯定的な体験（例：バーチャル・コミュニティに受け入れられ，オンライン上で友人ができる）がオフラインの現実社会のなかにも望ましい自己を活性化させると主張している。また，ウォレス（Wallace, 2001）は，バーチャルリアリティを使った脱感作プログラム（刺

激の弱い者から一定レベルのものまで段階的に与え，その都度条件づけを行ない，その刺激に対する反応を弱める）を精神分析医が利用したいと考えていることを述べている。

　これらの考え方から，ＩＴの活用によって従来のイメージトレーニングに視覚的なバーチャルリアリティを活用することで，より現実場面に近い不安を軽減し，適応的な行動をうながすという意味をくみ取ると，たとえば不登校児の学校復帰に応用ができるのかもしれない。具体的には「朝起きる⇒制服に着替える⇒朝食をとる⇒家を出る⇒通学路を通る⇒友達と会う⇒学校の門をくぐる⇒教室へ入る」といった場面を構成したプログラムを使って子どもを登校に向かわせる一助とするといったことであろうか。

　もちろんその導入については治療者との信頼関係は絶対条件であるが，ここに心の問題への新たな治療的アプローチとしてのＩＴ活用の可能性を見ておくことはできる。

(6)　おわりに

　子どもの心とＩＴとの関連を，現代の思春期の子どもの現象として大きな問題となっている不登校とひきこもりに焦点をあてて述べてきた。人と人との関係性が希薄化している現代社会の中で，子どもたちはいとも簡単にパソコンや携帯電話などのＩＴ操作を習得し，その一方で，心身ともに成長段階の未成熟な存在であるために，情報の適切な取捨選択ができず有害情報や，誹謗・中傷にさらされるといった危険性がある。それらを回避し，子どもとＩＴがほどよく共存していくためには，思春期の子どもの心の特性を理解し，発達課題に応じた心の成長をうながす取り組みと情報モラル教育との双方からのアプローチが大切で，このためにはあらゆる叡智を結集し社会全体で子どもを育てていくことの重要性について述べた。

　文部科学省は2005年（平成17年）度に児童生徒，教員，保護者を対象にインターネットを利用する際のマナーなど，情報モラルの習得を目的とした総合対策の実施を決定した（2004年8月13日中日新聞）。それによると子どものコミュニケーション能力を向上させる授業の実施，専門家が教員の相談に応じる窓口の設置や保護者向けの意識啓発講座の開催などが柱になるというが，これらの対策のためには知識や技法の伝達に加え「子どもの心を育てる」視点が重視

されることを期待したい。

4節 情報モラルとセキュリティ

インターネットが家庭に普及しはじめて約10年がたとうとしている。利便性を優先して拡大してきた情報社会は現在「犯罪の温床」という不名誉なレッテルを張られている。事実インターネットを利用した犯罪があとを絶たないが、それだけ利用者が多く、社会として形を成してきたともいえる。今後この新しい社会を維持・発展していくためには、住民の安全を確保するための取り組みが必要だろう。急成長を遂げた社会に対して、法の整備やモラルの育成が急務だといわれるのは必然のことである。

情報社会でのモラル育成が難しく思えるのは、現実社会での一般的な常識が通用しない場合があり、それを理解するには技術的な内容を理解しなくてはならないからである。本来若年層のモラル育成をつかさどるべき中高の年齢層が、その役目を果たせていないのは、突然現われた新社会に対する技術的な対応ができていないことが原因だろう。しかし、情報社会の基本的な仕組みは、それほどむずかしいわけではない。本質を正しくとらえることで、自己や周囲の関係者を危険にさらさない程度のモラルは手に入るのである。

情報モラルを考えるうえでセキュリティ知識は必要不可欠である。これはとくに情報社会だからという訳ではない。現実社会でも、子どものころには「知らない人に住所や名前を教えてはだめ」などといわれただろうし、初めて自分の銀行口座を持ったときには「むやみに印鑑を見せないように」といわれたことぐらいあるだろう。これらは、社会生活を送るうえで必要なセキュリティにかかわるモラルを伝えているのである。本節では、情報モラルを育てるうえで必要と思われる基本的な姿勢を取り上げ、それらが、技術的な問題点や情報セキュリティに対してどうかかわってくるかを述べる。

1 インターネットと情報社会

(1) 電子データの怖いところ

情報社会では，ありとあらゆる情報が電子データとして取り扱われる。この電子データは現実社会で利用される紙媒体のデータに比べて非常に大きな利点がある。以下の利点はよく知られているだろう。

01 情報モラルへの道しるべ
情報の集積量が多く，非常に小さな媒体に巨大なデータを収納できる

02 情報モラルへの道しるべ
劣化することなく完全な複製（コピー）が簡単かつ大量に作成できる

03 情報モラルへの道しるべ
容易にデータの改変ができる

　これらの利点は，何も正当な権利をもつ人にのみ与えられるものではない。1つ目の利点を利用すれば，巨大なデータをすばやく小さな媒体に封じ込め，情報を盗み出すことができる。しかも2つ目の利点にあるように，劣化のない完全なデータがそのままもち出せるのだ。もち出されたデータは3つ目の利点を利用して簡単に改変され，いろいろな形で使用できてしまうため，本来のデータとは区別がつかないよう変更することも可能だ。

　2004年（平成16年）に起きた，ある個人情報流出事件では，約460万件の個人情報がDVD-ROMに記録されていた。紙媒体であれば，1人分の情報がB4判1枚（約6g）に記憶されていたと仮定すると，約460万件分では約27,600kg＝約27tとなる。約27t分の情報量が，数枚のDVD-ROMにおさまるという電子データの利点は，同時に不正利用する者にとっても利点になることが浮き彫りとなる事件となった。

　電子データの利点は情報社会を利用するわれわれに大きな利潤をもたらすものであるが，同時に大きな被害をもたらす可能性もはらんでいる。利点の裏側にある怖さを知っておくことは，情報モラルを育成するうえでも，セキュリテ

ィに対する判断力を養ううえでも必要であると思われる。

(2) 情報社会における著作権・肖像権

　電子データはアナログデータとは異なり，容易に完全な形でコピーすることができる。これは利点でもあり，欠点でもあると前述したが，この欠点は電子データを扱う企業や著作者にとっては大変な脅威である。

04 情報モラルへの道しるべ
不正コピーはコンテンツの価値をさげる

　著作権をもつ電子データを扱う企業の商品の一例として，音楽CDがあげられる。たとえば，あるアーティストのアルバムが100万枚の売上を見込める商品だとする。しかし，電子データの利点である「容易に完全な形でコピーできる」という特性を利用して，インターネット上に安価なコピーが大量に出回ったとしたらどうだろう？　100万枚の売上を見込んだ商品も，安価なコピーにより，本来望めるべき売上が妨害されることになるだろう。たとえば，本来購入する予定だった100万人のうち50万人に不正コピーされた音楽CDがわたれば，企業は50万枚分の売上にしかならず，結果として，アルバム自体の商品価値が下がったことになる。

　これはDVDで提供される映画，OSやワープロソフトなどのアプリケーションも同様であり，企業や著作者にとっては権利侵害であると同時に深刻な死活問題である。

05 情報モラルへの道しるべ
写真の著作権と肖像権を理解する

　デジタルカメラやカメラ付き携帯電話の普及にともない，写真撮影が以前より頻繁に行なわれるようになった。電子データの写真は，電子メールで知人へ送ったり，Webサイトに掲載したり，さらには紙へ印刷するのに非常に便利である。しかし，写真に人物が写っている場合，その人物はその写真を他人が閲覧したり，Webサイトに掲載されたりすることをどのように感じるだろう

か？「写真の著作権」は撮影者にあり，その写真に写っている人物には「肖像権」が発生する。撮影された人物には，写真の利用範囲を制限する権利が与えられており，撮影者であろうとも写真の利用には写っている人物の許諾が必要であることを忘れてはならない。

(3) インターネットは公共道路

インターネットが世界中とつながっていることはよくご存知だろう。事実，私たちはコンピュータの前に座るだけで，さまざまな言語，文化，情報が飛び交う夢のような世界へ入り込むことができ，コンピュータに入力したデータを，世界中に張り巡らされたケーブルを伝って，どこへでも発信できる。

06 情報モラルへの道しるべ

インターネットは公共道路と同じ

使用する回線は，多くの人たちが同時に使用しているから，気をつけて使おうということを示している。実際にどのように気をつければよいかという問題はなかなかむずかしい。現実の公共道路であれば，スピードの出しすぎや集団で固まって走るような行為は，近くで見ているだけでも迷惑な行為であるとわかるので，そのような行動は慎もうという意識も自然と芽生えるだろう。しかし，インターネット上では，スピード違反なんてものはないし，他人の暴走行為を見て他山の石とすることもできない。

負荷の高い通信を行なっていても，ユーザがほかのユーザに対しての影響を直接知ることは非常に困難であるため，情報社会での暴走行為は，現実社会より悪質であることが多い。コンピュータウイルスにかかわらなくても，たったひとつのコンピュータの動作によって，多くの回線やサーバを止めてしまうことが可能なのである。これらを技術的に解決するためには，帯域制御や通信路を多重化して，それぞれの通信に優先的な通信帯域を与えて，他者の通信が妨害にならないようにする必要がある。しかしこれらが一般的になるのはもう少しさきの話だろう。それまでは，個々のユーザがまわりを思い描きながら，謙虚に通信をするしかない。

最近では，無線LANが企業や家庭などさまざまな組織で普及し始めている

が，これにも注意が必要だ。

07 情報モラルへの道しるべ
無線LANは有線LANよりも高いセキュリティ対策を必要とする

では，どのようなセキュリティ対策が必要だろうか？
① WEP[*1]，WPA[*2]などによる通信路の暗号化
② アクセスポイントのSSIDの隠蔽
③ MACアドレスによるアクセスポイントへの接続制御

がおもにあげられる。

無線であっても，通信内容は暗号化されないため，①の通信路の暗号化は必須である。有線の場合と異なり，電波の届く範囲，つまり半径数十mの範囲はどこでも受信可能であるので，暗号化を行なわない通信は拡声器を使って大声で内緒話するのと同じと認識すべきだろう。無線LANの通信路暗号化の規格にはWEPとWPAとがあるが，古い規格であるWEPにはすでに問題点が指摘されているため，WPAを使う必要がある。欲をいえばIPSecやSSL（情報モラルへの道しるべ17参照）などのVPNの技術と併用して多重の暗号化通信路を利用することを推奨する。

無線LANによるネットワーク接続にはハブ[*3]の代わりとなるアクセスポイント（AP）とよばれる機器が用いられる。APに対しての接続制御も正しく行なうべきである。強い電波は壁なども透過して伝達してしまうため，接続制御がなければ，隣の家や会社の無線LANを利用することが可能なのだ。現実でもそうした不正侵入の例は少なくない。そのため対策には，②のAPのもつSSID[*4]とよばれる識別子を隠蔽し，APへの接続のための手がかりをなくすことや，③のMACアドレス（ネットワークインターフェースがもつ固有番号）を利用して，APに接続可能なコンピュータを制御しておくことが有効である。

無線LANの接続経路は，有線LANよりも広範囲であり，接続されているかどうかを目視できず，不正利用の温床となりやすいため，より高いセキュリティを設けておくべきである。

(4) パスワードの管理

　ユーザIDとパスワードの運用は，情報モラルとしても，セキュリティの点から考えても，十分に注意を払わなくてはならない。

08 情報モラルへの道しるべ
ユーザID・パスワードは軽々しく人に教えない

09 情報モラルへの道しるべ
パスワードは記憶にのみ留め，メモなどに残さない

10 情報モラルへの道しるべ
パスワードはできるだけ長くて，簡単に予測できないランダムなものを使う

　上記のことはモラルやセキュリティにかかわるどのような文献にも書かれていることだろう。上記08はセキュリティ上なりすまし対策に最も有効な手立てであることはいうまでもない。情報社会でのなりすましはユーザIDとパスワードがあれば完了してしまうからである。09は08と同様である。本人を確認するための認証という動作は，本人のみが知り，常に本人とともにある情報をもとに確認することが前提となっている。メモを残すことで本人から分離可能となってしまった情報による認証は，本来の意味を成さないのである。

　10はセキュリティシステムが正しく機能するために必要な処置である。パスワードを長くする理由は大きく分けて2つある。1つは不正な人物によるパスワードの推定を難しくするためである。本人以外がなりすましを実現させるためには，ユーザIDとパスワードを知る必要がある。多くの場合ユーザIDは容易に知ることが可能であるが，パスワードは何らかの形で推測しなくてはならない。最も簡単な攻撃方法は実際のセキュリティシステムに対してユーザIDとともに予想したパスワードを入力して確かめることだろう。予測の方法にはいろいろあるが，その範囲を絞らせないためにもランダムで長いフレーズが必要となる。もう1つはセキュリティシステムには暗号技術が多く使用されて

おり，それらはパスワードを鍵として暗号化を行なう。現在の暗号技術の多くはある程度長い鍵において十分な安全性を実現する仕組みとなっていて，鍵が極端に短い場合はその安全性が保証されない場合が多い。

ユーザＩＤは情報社会で，その個人を証明する唯一の情報であることを，はっきりと認識させる必要があるだろう。しかし，現実ではユーザＩＤはそれほど重要視されていない。その要因は，情報社会のうえで個人のもつユーザＩＤが１つではないことが大きな問題だと思われる。銀行口座には各銀行のＩＤがあり，プロバイダやショッピングサイトも同様に個々のＩＤを利用している。最近では指紋や声紋，虹彩，手足の静脈のパターンなど人間のもつ固有情報をもとに認証を行なうバイオメトリックス認証が注目を集め，実用化され始めているが，普及するまでにはいたっていない。ユーザＩＤの煩雑さを解決することは今後の情報社会発展への鍵となるのかもしれない。

法律としても，他人のＩＤの利用が犯罪であることは明記されるようになった。1999年（平成11年）８月６日に成立し，2000（平成12年）年２月13日に施行された不正アクセス禁止法では，他人のＩＤを利用して不正アクセスを行なった場合，１年以下の懲役または50万円以下の罰金，他人のＩＤを他の誰かに公開するなどの不正アクセスを助長させる行為に対しては30万円以下の罰金を課されるよう定められている。

2　アプリケーションのモラル

(1) 電子メール

電子メールは現在普及しているインターネットアプリケーションのなかでも最も古くからあるアプリケーションであり，元々のシステムにさまざまな改良，拡張を経て今にいたっている。そのため，さまざまなサービスに利用されている反面，セキュリティ面で気をつけなければならない点が多い。ここでは，利用の際に知っておきたいモラルを紹介する。

11　情報モラルへの道しるべ

メールの宛先には要注意

メールを送る場合，宛先に複数指定が可能なのはだれもが知っていると思う。ここで注意しておきたいのは，複数指定した宛先（Ｔｏ）は，送られた側ですべて確認できるということだ。たとえば，Ａ氏から，Ｂ氏とＣ氏へ向けて１通のメールを書いたときを考える。Ａ氏は作成したメールの宛先にＢ氏とＣ氏の２人のメールアドレスを指定して送信する。メールを受け取ったＢ氏はＡ氏からのメールを見て，このメールが自分以外にＣ氏にも送られたことを知ることができる。このとき，Ｂ氏とＣ氏が互いに面識がなかったとすると，知るはずのないＣ氏のメールアドレスをＢ氏が知ってしまうことになる。Ｂ氏がこれを不正利用した場合，Ａ氏もその善悪を問われる可能性がある。こうしたことがないよう，メールアドレスのグループ分けや，多人数への告知にはメーリングリストを利用するなど，宛先の指定には十分な配慮が必要である。

　また，電子メールを使用する際に，宛先以外にＣＣやＢＣＣというアドレス記入欄がある。これらを正しく利用することも，モラルとして必要だろう。電子メールの宛先指定の規則では，

- 宛先（To）：本来の連絡対象であり，メール本文の内容に直接対応する相手を指定する。複数指定した場合，送られたアドレスはすべての受信者から確認できる。
- ＣＣ（Carbon Copy）：本来の送信先ではないが，関係者などに参考として送信する場合に指定する。宛先と同様，指定したアドレスはすべての受信者から確認できる。
- ＢＣＣ（Blind Carbon Copy）：ＣＣと同様の使い方。こちらに指定した場合は，宛先やＣＣに送られた相手からは送られていることが確認できない。

となっている。目的に応じて宛先とＣＣを使い分け，送り先間の関係が把握できていない場合は，それぞれに異なるメールを送るか，ＢＣＣを利用することが薦められる。

12 情報モラルへの道しるべ

メールの本文は誰にでものぞくことができる

　電子メールの内容は，伝送中は誰でものぞくことが可能だ。基本的にこれは

電子メールに限った訳ではなく，インターネット上を流れるデータは基本的にそのままのデータで流れている．そのため，おもに文字データが使われているメールの内容は，簡単にのぞき見ることができてしまう．メールという名前のせいか，一般的な封書と同じように，相手に届くまでは封がされていて，安全であるような印象を利用者に与えるが，電子メールは一般的な郵便とはまったく異なるシステムである．

本文に個人情報を含むプライベートな内容を書いた場合，それらが送信者以外のものに伝わらないという保証は全くないのである．もちろん，本文の内容を守るためのセキュリティ対策法は存在する．ＰＧＰ[*5]やＳ／ＭＩＭＥ[*6]を利用することで，本文の暗号化や署名を行ない，本文の内容を宛先に指定した相手にのみ正しく伝え，なりすましや改ざんが行なわれなかったことを証明することができる．ただし，これらはヘッダにかかれた内容，つまり宛先や送信元の情報は守れないことは，知っておくとよいだろう．

13 情報モラルへの道しるべ

送信元は自己申告，本文でもきちんと名乗ろう

あいさつや名前を名乗ることは，礼儀として必要だと思われていることが多いが，実はそれだけではない．電子メールの本文にあいさつや氏名を名乗ることはセキュリティのためにも有効である．送られてきたメールが誰から送られてきたかをたしかめるとき，本文中に名前がなければ，メールのヘッダに書かれている差出人の欄を確認する．"a-san@aaa.com" と書かれていれば，友人のＡ氏からのメールであると思ってしまうだろう．しかし，電子メールのその仕組み上，メールの差出人はいわば自己申告制である．メールを送る際に，メーラに入力してある自身のメールアドレスを送っているに過ぎない．そのため，簡単になりすましが可能なのだ．最近のウイルスメールや迷惑メールの多くは，差出人を偽装しているため，受け取ったユーザからは追跡が難しい．なかには送信元本人を装った内容の本文を送ってくるケースもあり，誤って危険な詐欺まがいのサイトへ誘導される可能性がある．

携帯電話のメールなどでは，メールアドレスが携帯電話内のアドレス帳にマ

ッピングされていて，差出人の欄には登録した氏名が表示されるため，本文中で名乗る行為はパケット代の無駄と思われがちである。しかし，迷惑メールの危険から自身と通信相手を守るためにも，ちょっとしたあいさつや氏名を名乗るという行為は必要なのである。

14 情報モラルへの道しるべ
HTMLメールやファイル添付されたメールは相手のことを考えて送ろう

　HTMLメールとは，電子メールにHTMLで記述された文書をファイルとして添付して送るメールのことをさす。対応するメーラで受信した場合，HTMLを自動的に展開して，装飾された図表や画像などが挿入された文書が表示されるため，表現力のあるメールのやり取りができる。最近ではOSに標準搭載されるメーラの多くが対応しており，NTT Docomoの提供するサービス「デコメール」でも利用され，利用者が急増している。また，メールへのファイル添付はHTMLメールの基盤になる仕組みであり，古くからMIMEとして知られている。携帯電話でもVodafoneの「写メール」など画像をメールで送るサービスで利用されている。

　提供されているサービスを利用することは悪いことではない。しかし，HTMLメールなどを表示させるためには，送信相手のメーラが対応していなくてはならず，ファイル添付されたメールはウイルスなどの感染手段として使われることが増えたため，送信相手がこちらの意図に沿ってファイルを展開してくれるとは限らない。

　また，画像や音声が添付されたメールは，文書のみのメールに比べ，非常に大きなサイズとなるため，ネットワークやサーバに大きな負荷をかける可能性もある。文書のみのメールが数十KB程度であるのに対し，HTMLメールや画像を添付したメールはその10倍以上に及ぶことが多い。プロバイダが提供する受信可能なメールの容量は十数MBが一般的で，大きなファイルを添付したメールは数十通が限界となる。そのため，ファイル1通あたりの容量制限をかけている場合もある。こうしたメールを送る場合，送信相手の環境を考慮することが必要である。

15 情報モラルへの道しるべ

迷惑メール対策の機能は理解して使おう

　電子メールの利用が可能な携帯電話など携帯端末の普及にともなって，利用者の同意なく広告，宣伝，勧誘などを目的として送りつけてくる，迷惑メールが大きな問題になっている。最近ではこの迷惑メールへの対抗策として，特定のキーワードやメールアドレス，ドメインをもつメールを受信拒否や削除を行なうメールフィルタがよく利用されている。メールフィルタは有効な手段であるが，正しく理解して設定を行なわない場合には思わぬ落とし穴に落ちる場合がある。

　プロバイダや無料のメールサービスで提供されるメールフィルタでは，あらかじめ拒否するアドレスが登録されている場合や，アドレス帳に登録したメールアドレス以外は拒否するように設定が行なわれている場合がある。たとえば，最近の大学生は携帯電話のメールアドレスやプロバイダ契約したメールアドレスを中心に利用しており，大学などで発行されたメールアドレスに送られたメールを，そちらのメールアドレスに転送している場合が多い。教員のメールアドレスが学生のアドレス帳に登録されていなかったため，教員が送ったメールがプロバイダのメールフィルタにブロックされ，学生はメールの存在に気づくことなく，教員と音信不通となってしまった。自動的に設定されたメールフィルタが起こした不幸である。

　メールフィルタに限らず，こうしたセキュリティ対策は随時追加され，その設定は環境によってまちまちである。ユーザは面倒でも，それらを理解しようとする努力が必要である。

(2) Webページ

　Webページは，電子メールとならび社会生活において必須なアプリケーションのひとつである。Webページは，ブラウザを通して文章，画像，動画，音楽などマルチメディアファイルを統合的に表示されるもので，マスメディア，通信販売，コミュニケーション手段など利用範囲は多岐にわたっている。

　しかし，電子メール同様，セキュリティ面で気をつけなければならない点が

多く存在する。

16 情報モラルへの道しるべ
リンク先には何があるかわからない

　Ｗｅｂページの爆発的な普及の要因のひとつにハイパーリンクがある。ハイパーリンクは，おもにＷｅｂページ内の見たい箇所をクリックするとほかのＷｅｂページにリンクできる機能であり，携帯電話においてはクリックするだけで，その箇所に記載されている電話番号に電話をかけることも可能である。

　しかし，利便性の高いハイパーリンクは悪用にも好都合であり，リンク先のＷｅｂページや電話番号が悪意ある人物へ接続される恐れがある。たとえば，「身に覚えのない送信者から届いた電子メールに記載されていたＷｅｂページにアクセスしたら，後日，Ｗｅｂページの利用料と称して料金請求が届いた」などの不正な手段に利用されることがある。この場合，電子メールに記載されていたＵＲＬに送信先の電子メールアドレス情報が組み込まれており，電子メールを受け取った人物は何も知らずにそのＷｅｂページにアクセスすることで，送信元の人物はＷｅｂページを閲覧した人物の電子メールアドレスを取得することができる。そして，Ｗｅｂページを閲覧した人物の電子メールアドレスに対してのみ不正な料金請求を行なうのである。

　また，携帯電話でＷｅｂページを閲覧する場合にも同様の危険性がある。NTT Docomo の提供する i-mode では，リンク先に電話番号を指定することができ，クリックすることによって自動的に指定された電話番号に電話をかけることができる。この機能を悪用すれば，携帯電話の番号を搾取できることが容易にわかるだろう。以前問題になった「ワン切り」も電話番号を搾取する方法として有名である。「ワン切り」では，悪意ある人物が不特定多数の携帯番号に電話し，ワンコールだけ鳴らして切り，受信が着信履歴に残ったその電話番号にかけなおすと，自動応答でメッセージが流れる。後日，悪意ある人物は着信履歴に残った電話番号に電話をかけ，情報使用料の不正請求を行なうのである。

　また，Ｗｅｂページの内容は一般的な情報であるにもかかわらず，まったく関係のないリンクにウイルスを含むファイルが指定されていて，ユーザがその

Ｗｅｂページを閲覧しただけで，ウイルスに感染してしまう。リンクはこのような悪意ある行為にも利用できる。

ハイパーリンクはＷｅｂページの普及につながったが，同時に不正手段にも利用されているので，「リンク先には何があるかわからない」ことを常に意識することが必要であろう。

17 情報モラルへの道しるべ
個人情報のやりとりは要注意

インターネット通販は，Ｗｅｂページで注文から支払いまでを一括ですませることができ，商品は宅配便で届く。Ｗｅｂページには商品の説明や写真が掲示され，欲しい商品をクリックすれば注文ができる。支払方法は，振込，クレジットカード，着払いなど消費者が選択でき，非常に便利な購入手段のひとつとして認知されている。また，テレビや新聞の広告など，どの通信販売でも同様であるが，商品を購入する際には，住所，氏名，電話番号，さらにクレジットカードによる支払の場合にはクレジットカード番号などの個人情報を販売会社に連絡しなくてはならない。インターネット通販では，Ｗｅｂページにそれら個人情報を入力して申込を行なうが，それら個人情報のやりとりにはいくつかのセキュリティ上の問題を含んでいる。

そのひとつが，インターネットに流れるデータは誰でも閲覧できるという現実である。道しるべ17でも述べたが，インターネット上を流れるデータはそのままのデータで流れるため，Ｗｅｂページでやりとりする個人情報もだれもが読めるデータとして相手に送信されるのである。悪意ある人物がインターネット上に流れている個人情報，たとえばクレジットカードの情報を盗聴した場合，本人になりすまして商品を購入することもできてしまうのである。

その対策として，ＳＳＬ（Secure Socket Layer）とよばれるインターネット上に流すデータを暗号化する技術がある。Internet ExploreでＳＳＬによる通信を行なっているときには，ステータスバーに鍵のマークが表示され，その際のデータはすべて暗号化されて守られている（図1-8）。

最近，Ｗｅｂページを日記として利用することができるブログ（blog）とい

図1-8　ＷｅｂブラウザのＳＳＬ通信

うサービスが注目を集めている。携帯電話からのアクセスや，特定の宛先にメールで内容を送ることで，その日の日記としてブログのページに書き込まれる。更新が手軽なので，つい個人的な内容を公開してしまいがちであるが，そのＷｅｂページは当然全世界からアクセスできる。また，よく知られている掲示板やチャットなども同様で，基本的に不特定多数の人々が書かれた内容を閲覧できるため，書き込んだ本人もしくは他人の個人的な情報を書き込んでしまうと，悪意のある人物がその情報を利用して，情報を公開された人物だけでなく，まったく無関係な人にまで被害を与えてしまう可能性がある。このような個人情報の書き込みはプライバシーの侵害もしくはその助長をしたことにあたるので，悪用した人物のほかに書き込んだ人物にも法的な処罰がくだる場合がある。

　Ｗｅｂページで個人情報をやりとりする際には，通信にＳＳＬなどでセキュリティが確保されているか，またその個人情報は，本当に公開してよいものかを常に意識する必要がある。

18　情報モラルへの道しるべ
Ｗｅｂページの作成には著作権，肖像権，プライバシーを考慮して

　インターネット上には，企業，学校，個人など制作主体の異なるＷｅｂページが存在する。学校の授業においても，自己紹介や授業の成果発表として学生にＷｅｂページを作らせることも多い。しかし，それら制作したＷｅｂページで使用した素材に問題はないだろうか？

　書籍，写真，映像などの著作物には，書籍であろうが電子データであろうが，著作者の権利を保護する著作権が存在する。逆にいえば，自分で作成した著作物には自分に著作権が存在する。著作者を自身に当てはめることで，なぜ著作権があるのかを考える意味は理解できるであろう。では，Ｗｅｂページを制作する際には，どのような点に注意しなければならないのだろうか？

たとえば，ある芸能人の写真が所属する会社の運営するＷｅｂページに掲載されており，その芸能人の写真をＷｅｂページからダウンロードして勝手に自分のＷｅｂページに掲載した場合，著作権侵害となる。また，教科書や書籍の文章を，あたかも自分が考察したかのようにＷｅｂページに掲載した場合も同様である。どちらもＷｅｂページに掲載する場合には，著作者への許諾と引用元の所在を明記することが必要になる。

　写真の場合は著作権と同様に肖像権，プライバシーにも配慮が必要である。Ｗｅｂページに文化祭などの行事で撮影した写真を掲載する場合，もしかしたら，その写真に写っている人物はＷｅｂページに掲載されたくないかもしれない。また，掲載した写真が原因で様々なトラブルに巻き込まれたり，犯罪を誘発する恐れがある。Ｗｅｂページは世界中の人間が閲覧可能であり，現実のポスターなどの掲示物のように物理的な距離に閲覧できる人間の範囲が縛られないため，想像を絶する被害が発生する可能性がある。Ｗｅｂページに人物の写っている写真を掲載しようとする際には，写真の著作権は撮影者にあろうと，写っている人物に掲載の許諾を得て，写っている人物の肖像権の尊重やプライバシーを侵害しないよう注意が必要である。

　インターネットが普及する以前でも，著作権，肖像権やプライバシーは当然存在したが，今ほど騒がれることがなかった。それは，それら権利侵害が表面化していなかっただけであり，ようやくそれら権利の重要性が社会に浸透してきた。ここではＷｅｂページについて扱ったが，電子データに限らず，紙媒体であろうと，情報発信する場合には，これら権利やプライバシーを十分考慮するべきだろう。

(3)　ピアツーピア（Peer to Peer）

　ネットワークの接続形態には大きく２つの形態がある。１つはクライアント・サーバ型であり，高性能なコンピュータ（サーバ）に多くの処理を任せ，ネットワーク中心に置き，ユーザは比較的低機能なコンピュータ（クライアント）を利用して，サーバとユーザ間の処理の仲介を行なう，役割のはっきり分かれている形態である。その対極がピアツーピア型であり，個々のコンピュータはすべて同じ機能をもち，互いに処理の委託をすることが可能な形態である。それぞれ対等の立場で直接通信を行なうそれぞれのコンピュータは，ピア（対等

者）とよばれたことから，その名がついたとされている。ピアツーピア（以下，P2P）は個々のピアにある程度高度な資源が必要されるため，実用的でないと思われていたが，最近のパーソナルコンピュータのネットワーク化，高機能化により注目を集めるようになった。

　現在では，P2Pは通信基盤としても認知され始めており，その対等な通信の利便性を高めるための多くの機能：
- ピアのもつサービスに対する高度な検索機能
- ピアのグループ化による仮想ネットワーク機能
- 間接的な通信を可能にする代理通信機能

を実現する枠組みが準備され，協調作業や分散処理の分野で注目を集めている。これらP2Pの機能を利用した代表的なソフトウエアにファイル交換ツールがある。その接続形態からP2Pソフトウエアともよばれている。最近では，そのファイル交換ツールが社会問題となっているため，以下を意識したい。

19 情報モラルへの道しるべ
P2P≠ファイル交換

　ファイル交換ツールとは，ネットワークに接続されたコンピュータ同士が個々に所有するファイルを互いに公開し，ダウンロードを可能にするソフトウエアである。問題となっているのは，交換されるファイルが，音楽や映画，ソフトウエアなど著作権の問題に抵触するものが非常に多いという点だ。ファイル交換ツールは，ファイルサーバを複数のユーザで共有するよりも，はるかに管理が容易で，手軽にユーザ間でのファイルのやりとりが可能である。

20 情報モラルへの道しるべ
交換することは悪ではないが，交換すると悪いものはある

　一般的に著作物は個人的な利用を目的とした複製以外は著作者の許可なく行なえないことになっている。複製を無断で他人に配布する行為も違法であることは，情報社会ができる以前から法律に明記されている。交換すること自体が

問題となる内容を取り扱うことは，ツールの問題ではなくユーザのモラルの問題であるといえるだろう。

　ファイル交換ツールがこれほど普及した理由は，Ｐ２Ｐによる通信は匿名性が高く，通信していることが他人にわからないと思われていることが挙げられるだろう。たしかに，Ｐ２Ｐによる通信は，サーバのようなログが集中的に記録される場所がないため，特定の通信を一括して追跡することはむずかしい。しかし，通信パケットそのものが傍受できないわけではないし，ソフトウエアのアルゴリズムやプロトコルから特徴を得ることで追跡が可能なのだ。したがって，

21 情報モラルへの道しるべ
Ｐ２Ｐだから追跡不能だと思うことは間違いである

　しかし，Ｐ２Ｐの利用法がファイル交換に偏っていて，開発されるファイル交換ツールは少なからず電子的な著作物の交換を目的としていることは事実だろう。このままでは，Ｐ２Ｐは違法なツールの一部として消えてしまうかもしれない。今後のＰ２Ｐ発展の鍵は，ツールを利用するユーザのモラルが正しく育成されることと，Ｐ２Ｐが正しく機能する，新しい利用法の開拓にあると思われる。

3　インターネット・セキュリティ

(1)　攻撃者の手口

　セキュリティシステムへの攻撃には大きく分けて２つの攻撃方法がある。１つはコンピュータやネットワークに施されたセキュリティ対策に対して，技術的な解析を行なって不正侵入する「クラッキング」とよばれる方法と，現実社会のルールや慣習を利用することで，不正侵入のための手がかりを得る「ソーシャル・エンジニアリング」とよばれる方法がある。

　クラッキングは，管理者の隙でできてしまう技術的な穴をついて攻撃を仕掛けてくる。したがって，

22 情報モラルへの道しるべ

クラッキング対策は，管理者の新しい情報に対する機敏な反応が重要

クラッキングとよばれる攻撃には以下の手口が有名である。

- ポートスキャン（Port Scan）：ターゲットとなるホストに対して通常のネットワークサービス利用者を装い，特定のポートに通信交渉を行なうことで，そのホストで動作しているネットワークプログラムの内容やバージョンを知ること。そのホストのもつ脆弱性を知ることができる。
- パケット盗聴（Sniffing）：ネットワークを流れているパケットを盗聴する。使用しているコンピュータやソフトウェアの調査や，ユーザＩＤやパスワードを知ることができる。
- パスワード解析（Password Cracking）：他人のパスワードを探し出すこと。認証プログラムにユーザＩＤと推測されるパスワードの組み合わせを問い合わせる，暗号化されたパスワードを入手して逆算するなどして，正しいパスワードを導き出す。
- バッファオーバフロー（Buffer Overflow）：ネットワークプログラムに処理不可能なほど大きなデータを送り，誤動作を起こさせることで，管理者権限の乗っ取りや，機密情報の入手，不正なプログラムの送信・実行をさせる。セキュリティホールへの代表的な攻撃法。
- ＤｏＳ，ＤＤｏＳ（Denial of Service, Distributed DoS）：サービス不能攻撃と呼ばれ，サーバに大量の接続要求を送りつけることで，サーバを負荷過多でダウンさせたり，正当な接続要求を拒絶させる攻撃のこと。
- バックドア（Back Door）：不正なアクセスを行なった後，管理者にわからないよう偽装した，攻撃者のみアクセス可能なプログラムを動作させること。以降のアクセスは管理者にわかりにくくなる。
- ログ改ざん：なりすましなどによる不正アクセスは，システム内にログという形で記録されるため，その足跡を消すために，ログを操作する行為。
- コンピュータウイルス：破壊活動を目的とし，自己伝染機能，潜伏機能，発病機能を持つプログラム。電子メールやＷｅｂなどの通常のアプリケーシ

ョンのデータとして配布，セキュリティホールを利用した侵入活動により感染活動を行なう。

　最初にポートスキャンや盗聴によって，使用しているOSやサーバの種類やバージョンを調査し，知られているセキュリティホールを使って，プログラムの挿入，管理者権限の乗っ取りなどを行なう。以後のためにバックドアを設置して，今回の侵入した軌跡をアクセスログから削除する。それが一般的な侵入の手順となる。

　また，コンピュータに対する攻撃にはアプリケーション特有の機能を利用したものも考えられる。

23 情報モラルへの道しるべ
そのコンピュータを操作しているのは，操作しているあなただけではない

　たとえば電子メールのメーラなどでは，URLや電話番号が本文にある場合，自動的にハイパーリンクが張られ，ブラウザや通信機器と連携をして通信可能となっている場合が多い。有料サイトや危険な内容のサイトにワンクリックで接続できてしまう。非常に大きなサイズのファイルをメールに添付することで，通信路やメールサーバに大きな負荷をかけ，受信者には多額の通信料を課すことができる。HTMLメールやブラウザなどは，ハイパーリンクによって画像や音楽の伝送，実行可能なプログラムそのものをユーザに送りつけ，自動的に動作させることが可能である。

　一方，ソーシャル・エンジニアリングは，人間の癖や，思い込み，習慣の死角をつくことで組織に対して攻撃をすることである。

24 情報モラルへの道しるべ
自分の興味のない場所に，攻撃者は潜んでいる

　ソーシャル・エンジニアリングとしてよく知られる手口を紹介しよう。
●電話によるなりすまし：電話で他人になりすまし，ユーザIDやパスワードを盗み出す。

- ピギーバック（Piggy Backing）：ロックのかかった建物や部屋などに，正規のものの同伴者を装って侵入する。
- ショルダーハッキング（Shoulder Hacking）：コンピュータを操っている者の肩越しにのぞき見をして，情報を盗み出す。
- ゴミ箱あさり（Trashing, Dumpster Diving）：ゴミ箱をあさって，捨てられた機密情報を探し出す。
- 廃棄データ修復（Data Salvage）：シュレッダーなどで裁断された書類や故障廃棄されたディスクから情報を修復する。
- 偽サイト（Fishing）：ダイレクトメールを装って偽のサイトにユーザを誘導し，個人情報を入力させる。

　一般的に不正侵入や機密漏洩などを行なう攻撃者には，攻撃対象となる組織の関係者が含まれていることが多く，攻撃への最初の手がかりをもっている。情報社会では技術的なセキュリティの導入に満足しがちで，社会的な手続きに対する対策を怠ってしまう場合が少なくない。こうしたことから，ソーシャル・エンジニアリングは，古典的な手法であるが，情報社会においても非常に有効に働いている。一人ひとりモラルをもって行動し，意識的にまわりを見渡し行動することが何より必要だろう。

(2)　悪意のある攻撃と悪意のない行為

　たとえば，あなたがある時間になったら学生全員に資料を送ろうと思い，自動送信の設定をしているとしよう。作成した資料にはたまたまウイルスが感染していて，送ってしまったあとに気がついた。資料を受け取った生徒はどう思うだろうか？　また，安全なデータであるがサイズが100MBのファイルを学生全員に送ろうと思ったら，サーバがダウンしてしまった。教員は何か悪いことをしたのだろうか？

　ウィルスメールを送られた学生や，ダウンしたサーバの管理者は，悪意のある攻撃を受けたと思うかもしれない。しかし，実際の教員には悪意はなく，便利な機能を利用して，熱意をもって学生への教育を行なったにすぎない。

25 情報モラルへの道しるべ

悪意のある攻撃と悪意のない行為は判別不能である

　悪意のある攻撃者の行なう潜入や破壊活動の行為の多くは，システムのもつ機能を利用して行なわれる。とくに便利だと思われる機能の隙をついてくる。実際に情報システム上で行なわれる行為から，悪意のあるなしを判断することは非常に困難である。先ほどの例だけでなく，ユーザが行なおうとする行為に悪意があるわけではないが，行なう内容によっては攻撃と思われても仕方がない行為となってしまうのだ。行為を攻撃と区別して抑制するのは，ほぼ不可能である。機械的に制限すれば，ユーザの行動範囲が狭くなり不便さが増すことになる。サーバ管理者なども同様に，誤った行為は悪意のあるなしにかかわらず，ユーザに迷惑をかけることを意識し，行動をおこす前に，もう一度設定や環境を冷静に確認することが唯一の方法である。

- 設定ミス
  - 毎週1回ファイルの更新が誤って毎秒1回に。
  - 通信帯域を10Mbpsに設定するつもりが0 Mbpsに。
- 操作ミス
  - コピーを100回するつもりが，誤って100万回に。
  - あるグループにメールするつもりが，全グループに送信。
- 運用ミス
  - ログの確認を怠り，不正アクセスの踏み台に。
  - アップデートを怠り，ウイルスの温床に。

(3)　コンピュータウイルス

　コンピュータウイルス（ウイルス）は情報社会の負の産物のひとつであり，通商産業省が1995年（平成7年）7月に公示した「コンピュータウイルス対策基準」において，表1-3のように定義されている。

表1-3　コンピューターウイルス対策基準（通商産業省，1995）

第三者のプログラムやデータベースに対して意図的に何らかの被害を及ぼすように作られたプログラムであり，次の機能を一つ以上有するもの。
(1)自己伝染機能
　　自らの機能によって他のプログラムに自らをコピーし又はシステム機能を利用して自らを他のシステムにコピーすることにより，他のシステムに伝染する機能
(2)潜伏機能
　　発病するための特定時刻，一定時間，処理回数等の条件を記憶させて，発病するまで症状を出さない機能
(3)発病機能
　　プログラム，データ等のファイルの破壊を行ったり，設計者の意図しない動作をする等の機能

　コンピュータがウイルスに感染した場合，どのような状況が発生すると考えられるだろうか？　共用のコンピュータがウイルスに感染した場合，ユーザ全員がコンピュータは使用できなくなり，コンピュータの管理者は復旧に時間を割くことになる。また「自己伝染機能」を有するウイルスがコンピュータに感染した場合には，ネットワークを経由してほかのコンピュータに二次感染を招いたり，ウイルスによる通信負荷の増大によりネットワーク全体をダウンさせてしまうことも考えられる。

26 情報モラルへの道しるべ
ウイルスの被害者は，次の瞬間に加害者となる

　このことは十分に理解しておかなくてはならない。ここでは，ウイルスの感染手段を理解することにより，ウイルス対策とモラルについて紹介する。
　ウイルスの感染手段は主に下記の4種が考えられる。
　①外部記憶媒体に保存されているファイルによる感染
　②電子メールの添付ファイルやＨＴＭＬメールによる感染
　③ＨＴＭＬのハイパーリンク機能を利用したＷｅｄサイトからの感染
　④セキュリティホールによる感染
　以降，これらの感染手段に絡めてウイルス対策とモラルについて説明していく。

27 情報モラルへの道しるべ
ウイルス対策ソフトを導入し，ウイルス定義ファイルを最新状態に保つ

　ウイルス対策としてまず考えられるのは，ウイルス対策ソフトの導入である。ウイルス対策ソフトの主な機能は，インターネットや外部記憶媒体から保存されるファイルのチェックである。電子メールに添付されているファイル，ワープロソフトで作成した書類，デジタルカメラで撮影した画像ファイルなどのファイルすべては，ウイルス対策ソフトのチェックを受けてコンピュータに保存され，問題がなければアプリケーションで開くことができるようになる。ただし，ウイルスであると判断された場合，そのファイルは隔離され，警告メッセージを表示してコンピュータへの感染を防御してくれるのである。

　ウイルス対策ソフトは，ファイルがウイルスを含んでいるかを確認する検索エンジンとウイルスの特徴などの情報が詰まったウイルス定義ファイルで構成されている。検索エンジンはウイルス定義ファイルを利用して確認作業を行なうため，ウイルス定義ファイルに情報がないウイルスからは防御できない点を理解する必要がある。さらに注意が必要なのは，ウイルス定義ファイルは新規にウイルスが発見されるたびに更新されるが，ウイルスが発見されてからウイルス定義ファイルが更新されるまでの期間はそのウイルスから防御できないという点である。

28 情報モラルへの道しるべ
OSやアプリケーションは，修正プログラムを適用して最新の状態に保つ

　OSやアプリケーションには，バグやセキュリティホールが含まれる。そのセキュリティホールをねらった有名なウイルスのひとつにBlasterがある。2003年8月に蔓延したBlasterは，WindowsやInternet Explorerのセキュリティホールをねらったウイルスであり，当時ウイルス対策ソフトを利用していても完全に防衛することが不可能であった。しかし，Blasterが蔓延する以前に，このセキュリティホールに対する修正プログラムが公開されており，深刻な被害を

招いたのは，ウイルス対策ソフトへの過信と修正プログラムへの軽視が原因であった。ウイルス対策ソフトが万全でないことを証明する結果であり，コンピュータを危険にさらさないためにも，修正プログラムの適用は重要である。

29 情報モラルへの道しるべ
ダウンロードしたファイルや他者から入手したファイルにはウイルスチェックをする

　現在のようにインターネットが普及する以前でも，ウイルスは当然存在していた。そのころのウイルスは，OSやアプリケーションの機能を停止させる，システムファイルを削除するなど攻撃対象がコンピュータ自身にとどまっていた。また感染経路もフロッピーディスクやCD-ROMなどの外部記憶媒体を経由するものが主流であったため，現在よりも遥かに感染能力は低かった。

　しかし，今やその感染経路はインターネットに変わり，Ｗｅｂサイトからダウンロードできるフリーソフトウェアやマルチメディアファイルに潜伏している例も増加してきている。他者とのファイルのやりとりのなかでも，そのようなウイルスに感染したファイルを受け取ることも考えられるため，出所や内容の不明確なファイルにはウイルスの危険性があり，それを感知する手段が必要である。

30 情報モラルへの道しるべ
電子メールの添付ファイルやＨＴＭＬメールはむやみに開けない

　電子メールの節でも触れたが，添付ファイルやＨＴＭＬメールは，現在の感染手段の主流といえるだろう。ウイルスは電子メールに添付ファイルとして送られてくることもあれば，ＨＴＭＬメールとして送信されてくることもある。それがあたかも知人から送られてきたかのように送信元を偽装したり，全くの他人を送信元として送られてくることもある。送信元が知人であろうと，添付ファイルを安易に開かないように注意が必要である。

　ＨＴＭＬメールの場合は，非常に危険性が高い。たとえばＨＴＭＬのハイパーリンクとスクリプト機能を利用して，メールの内容にはウイルスファイルが

添付されていないのに，スクリプトによってリンクさきに自動でアクセスさせることにより，ウイルスを感染させることが可能である。このようなウイルスの感染を防ぐには，メーラでHTMLのスクリプトを自動的に実行させないように設定することが効果的である。

31 情報モラルへの道しるべ
ソフトウエアがもつセキュリティ機能は有効に活用する

　Webサイトの閲覧がウイルス感染の手段として考えられることもある。HTMLメールと同様の手段やJavaScript[*7]やJava，Flash，ActiveX[*8]などのプログラムをはじめ，Microsoft社のOffice関連ファイルに含まれるマクロや不正な内容の含まれた画像ファイルを利用して感染するため，これらの表示可能なメーラやブラウザ側では，これらのファイルの処理に制限を設けるなどして不用意なプログラムの実行を避ける必要がある。

　最近のソフトウエアは，自由なプログラム環境が簡単に手に入るものが増えているため，その実行を制御するための仕組みも同時に実装している。Microsoft社のOffice関連ソフトウエアではマクロの実行制限を数段階のレベルに分けて設定することができ，マクロによるウイルス感染を防止できるなど，ソフトウエアの機能でもウイルス対策は可能である。

32 情報モラルへの道しるべ
ファイアウォールで使わない通信路を遮断する

　インターネットの発展はユーザの利便性を高めるためのみではなく，ウイルスにおいても有効な手段として利用されている。過去をさかのぼれば，ウイルスの感染は，Office関連ソフトウエアで利用されるマクロや，電子メールなどを介したものであり，ユーザの能動的な行動によるものであった。しかし，インターネットの発展により，受動的なウイルスの感染が増加してきた。

　2001年のNimda，2002年のKlez，2003年のBlaster，すべて有名なネットワークを介して感染するワームとよばれるウイルスである。とくに，Nimdaはネ

ットワークを感染経路として攻撃する初めてのウイルスだったために，ウイルスの被害は甚大なものであった。それは Nimda が新しいタイプのウイルスだったため，ウイルス対策ソフトでも感染を防ぐことができなかったのがひとつの理由でもある。当時のウイルス対策ソフトは，電子メールやマクロによるウイルス対策は考慮していたが，ネットワークによる感染を十分に考慮していなかったからである。

このようなネットワークにより感染するウイルスは，セキュリティホールを突いてくるケースがほとんどである。では，ウイルス対策が全くできないかというとそうでもない。WindowsXP やルータ*9 の持つファイアウォール機能を利用して，ネットワークからコンピュータへの不要なアクセスを遮断することにより，ウイルスやクラックなどの攻撃から防衛することが有効である。

窃盗から財産を守るために防犯技術が向上するように，ウイルスからコンピュータを防衛するための防衛技術も向上していく。しかし，攻撃する側も同様に，現れる新防衛技術に対する研究を怠ることはない。ウイルスに関する対策方法をいくつか述べてきたが，これらは技術の発達によって，新たな手法へと変化を迫られるだろう。完全だと思った防衛技術が時間とともに破られることは仕方のないことなのである。問題はその後の対応である。このようないたちごっこは，今後も続くと考えられ，ユーザが被害者となり，かつ加害者にならないためにも，ウイルス対策に関する理解と行動を惜しんではいけないのである。

4　セキュリティの維持とモラル

セキュリティシステムというと，はじめに思い浮かべるものは，何らかの暗号技術が利用可能な電子的ハードウェア，ソフトウェアの集まりであることが多い。しかし，組織のセキュリティ対策は，構成する人的要素も含めた対策が必要であり，この人的要素の能力がセキュリティの堅牢性に大きくかかわってくる。実際のセキュリティ対策は，3つの分野に大きく分けられる。

①「組織面の対策」
②「技術面の対策」
③「運用面の対策」

である。そして，考え出された対策には以下の2つが必要である。

33 情報モラルへの道しるべ
セキュリティ対策は毎日，同じクオリティで行ない続ける

34 情報モラルへの道しるべ
対策計画は常に改良を行なう

　セキュリティ対策には病気と同じで，予測しうる問題に対して可能な限り予防措置をとることと，問題が発生した場合には，可能な限り速やかに対応措置をとり，被害（リスク）を極小にとどめることが求められる。組織的な対策とは，セキュリティに対する危機意識を明文化し，その基本的な運用規定，判断基準や罰則などを示したマニュアルを定め，それを構成人員に遵守させることを指す。全体の対策姿勢はセキュリティポリシーとよばれている。技術面の対策としては，暗号技術を用いた電子機器が導入されることになるが，これはさきのセキュリティポリシーに基づき，コストと予想されるリスクとのバランスを考慮したうえで機器選定を行なう。

　実際の運用面では，示されたセキュリティポリシーや電子機器を個々の業務に適応させた作業体系を構成し，継続的に行なっていくことが重要である。セキュリティへの対応作業にムラがあれば，より意識の低いときをねらわれるのは目に見えているからである。また，業務中の問題対応に関する最終的な判断は，個人のモラルに依存する。対応マニュアルがいかに整備されていても，その意味を解さずに実行すれば，本来注意しなければならない点を見落とす可能性があるからである。モラルとセキュリティの切り離せない理由はこの点にある。モラルが個人に正しく形成されていなければ，高度な暗号技術も，適切なセキュリティポリシーも，正しく機能しないのだ。

　現実に，情報の漏洩にかかわる事件はあとを絶たないが，その原因は内部の関係者の誤ったモラルに基づいた行動によるものが多い。たとえば，重要機密書類をもつコンピュータをインターネットに公開したり，すでに権利を失った

ユーザＩＤを適切に削除していなかったり，ノートパソコンに書類をコピーして家に持ち帰っていたりと，正しいモラルがあれば容易に判断できる誤った行動である。情報社会において，モラルのない所にセキュリティは存在しないのだ。個人の意識からセキュリティホールは広がる。以下の点について，モラルとして正しく判断できますか？

- ●特権パスワードの定期変更をしない
- ●パスワードのメモ書き
- ●ＩＤカードの貸し借り
- ●入室キーや起動キーの貸し
- ●ロックのかけ忘れ
- ●バックアップの取り忘れ
- ●データの持ち出し
- ●システムに私的なソフトウェアのインストール

Note

＊1　WEP（Wired Equivalent Privacy）：無線ＬＡＮでの通信を暗号化するための規格で，40bit，104bitの鍵を使って暗号通信を行なう。最近，ＷＥＰそのものに脆弱性が発見され，安全性に問題があることが知られている。

＊2　WPA（Wi-Fi Protected Access）：ＷＥＰに見つかった脆弱性を補強し，セキュリティの強度を高めた無線ＬＡＮ暗号化通信の規格。最新の暗号アルゴリズムや多くの機能を備えることで，高い安全性が得られる。

＊3　ハブ：有線ＬＡＮにおいて，複数のケーブルを中断するための通信機器。

＊4　SSID（Service Set Identifier）：無線ＬＡＮのネットワークグループをあらわす識別名で，通常アクセスポイント単位で指定する。無線ＬＡＮに接続したいコンピューターは，SSIDを知っていなければ，そのネットワークに接続できない。

＊5　PGP（Pretty Good Privacy）：電子メールなどネットワークで通信されるデータを保護し，他の人からの覗き見の防止や改ざんの検出，送信者の確認をするための規格。

＊6　S/MIME（Secure MIME）：電子メールの内容を暗号化し，安全な送受信を実現するための規格。PGPとよく似ているが，S/MIMEは基本的に電子メールのための規格である。

＊7　JavaScript：HTML内に書くことができるプログラミング言語で，これを読み込んだWebブラウザがユーザ側のシステムでプログラムを実行し，結果をＷｅｂページの一部として出力する。

＊8　Java, Flash, ActiveX：JavaはSun Microsystems，FlashはMacromedia，ActiveXはMicrosoftから提供されているWebブラウザ上で外部プログラムを実行させる拡張機能。プログラム上から外部との通信や，ユーザ側の資源へのアクセスができる。

＊9　ルータ：ネットワーク同士を接続し，相互に送られるデータの中継を行なう通信機器。通信内容によって，中継するかどうかを制御する機能をもっている。

第2章

情報モラル教育の実践事例

1節 小学校での子どもの実態と情報モラル教育の実践

1 小学校のコンピュータおよびインターネット接続環境とその活用

　私が勤める埼玉県所沢市立荒幡小学校（以下本校）にLANおよびインターネットに接続されたコンピュータが導入されたのは，2001年のことである。本校には，以前からコンピュータが導入されており，コンピュータ室なども完備していた。また，教職員のコンピュータリテラシーも高いレベルにあり，さまざまな形で活用されていた。このコンピュータが，新しいものに更新されることになったのだ。

　導入されたコンピュータは，21台のクライアント機（デスクトップ）と1台のサーバ機，そして，20台のノートパソコンだった。その内数台のコンピュータが職員用となっているが，そのほかのものは，子どもたちが日常の授業やさまざまな活動のなかで使うことができるようになっている。ノートパソコンは，無線LANによって校内のネットワークに接続できるようになっている。そのため，コンピュータ室では，デスクトップとノートパソコンを合わせて，ほぼ1人1台の環境で授業などに活用できるようになっている。

これらのコンピュータは，校内ＬＡＮにつながっているのと同時に，光回線によって，インターネットに接続できるようになっている。以前に勤めていた学校でも，15台のコンピュータを校内ＬＡＮでつなぎ，ＩＳＤＮによってインターネットに接続していたため，本校での新しいコンピュータ導入に際しても，あまり違和感なくこの環境を学習に使おうと考えることができた。しかし，あれこれと活用のしかたを考えていくと，これだけの環境でも不満に思うことが出てくることがある。そこで，これらのコンピュータとはべつに古いコンピュータを持ち込んで，校内だけで使えるＷｅｂサーバを立てて，ＣＧＩ（Common Gateway Interface）という，利用者がブラウザを使ってサーバにアクセスする仕組みを利用して掲示板やチャットのほか，学習に使える教材などを作って子どもたちに使ってもらっている。子どもたちが使える学習環境を構築するためには，汎用性の高さとカスタマイズの容易さが必要である。それを実現する環境として，ＨＴＴＰ（Hyper Text Transfor Protocol）という，Ｗｅｂサーバがクライアント（ブラウザなど）にデータを送る仕組みと，そのなかでやりとりされるさまざまな技術に注目したということである。

　では，全国的にはどのようなコンピュータ環境がどの程度整いつつあるのか。「学校に置ける情報教育の実態等に関する調査結果（平成16年3月31日現在）」（文部科学省，2004）によると，公立小学校における教育用コンピュータの設置台数は，1校あたり27.7台で，2005年までの目標としていた「1人1台」の環境にはまだ遠い感じがある。インターネットに接続している学校は，99.7％と高い数字が見られたが，高速インターネット接続（ブロードバンド接続）になっている学校は，その内の68.0％であった。ナローバンドでの接続では，子どもたちが複数のコンピュータを使って，同時に校内ＬＡＮなどを通じてインターネットに接続するような使い方はできないと考えられるので，インターネットを日々の学習活動などで使うことができるのは，全体の67.7％程度の学校ということになる。さらに，普通教室へのＬＡＮ整備率は，31.1％にとどまっている。国の政策も手伝って，全国の公立小学校には，ほぼコンピュータが行きわたった感があるが，インターネット接続，教師や子どもたちが授業や学習に利用できる環境（コンテンツ），普通教室のＬＡＮ接続などの実質的な整備は遅れている状況が見て取れる。

次に,「第4回教育用コンピュータ等に関するアンケート調査」(日本教育工学振興会[JAPET], 2004)によると, 1人1台の環境が整っている小学校は, 29.1％とかなり低い数字にとどまっている。また, 校内LANの普及は進んでいるものの, 整備が完了しているのは, 小学校で36％程度であるという結果が見られた。

これらのことを考えると, やはり2005年までの目標を達成するのは難しいと考えざるを得ない。その理由として, ひとつには, 圧倒的に予算が足りないという問題が考えられる。もうひとつは, コンピュータやネットワークの整備のさきにある「情報教育」に対する認識の低さである。1つ目については, いち教員としてはいかんともしがたいのだが, 2つ目については, 今後の環境整備が進んだとしても問題になりそうな要素を多分に含んでいると考えられるので, こちらの方向へ論を進めたい。

コンピュータが全国各地の学校に導入され始めた当初, それは「夢の道具」としてさまざまな利用が試みられた。なかには現在まで続く息の長いプロジェクトとして成長したものもあれば, あっという間に消えてなくなったものもある。ただ, 共通していえることは, これまでの実践が,「非日常的」なものであったことである。特別に用意された特別な活動のための実践が多く, 見方によっては「コンピュータとネットワークを使うための実践」と思われてもしかたがない面があった。

しかし, こうした環境が当たり前になりつつある今日, それを「日常的」に活用するためにはどうしたらよいかを考えなければならない状況になってきた。つまり, 今までの「与えられた環境を使う」実践から,「よりよい教育のあり方を目指す」実践に転換しなければならないということである。

現状, 2005年までの目標に達するのは難しいとしても, その方向でコンピュータおよびネットワーク環境の整備が進められていくことに違いはない。将来的には, 各教室からインターネットに接続できる状況になることは間違いないだろう。しかし, それを実際の学校生活や日常の学習活動に生かすためには, 相当の知識と技能, 使いやすくする工夫や環境整備が必要である。コンピュータやネットワークを情報教育に役立つものにするために, また教育の情報化を図り, より効率よく教育活動が行なえるものにするためには, 学校現場のみな

らず，それらを導入する自治体や企業の意識改革が必要不可欠ではないかと考えるのである。

一方，家庭へのコンピュータの普及もめざましく，本校でも70％弱の家庭でコンピュータが使われていることがわかっている。これらのコンピュータは，子どもたちが日常的に利用しているようである。

これに対して，学校での利用状況は，決して頻繁ではない。たしかに，コンピュータやネットワークなどの環境は充実してきているといえるかもしれないが，学習活動や学校生活に利用するには，まだまだ壁が多い。多くの場合，Ｗｅｂサイトを利用した調べ学習や一方的な情報公開（Ｗｅｂページの作成）に使われる程度であり，先進的な実践を行なっている学校（教員）をのぞいては，日常的に利用しているという状況にはほど遠い。また，同じ学校内でも，教員による温度差は著しいことも多く，有効に活用されているとはいえないのが実情である。

2　小学校における教育の情報化と情報教育

小学校の学習指導要領には，「情報科」というものはない。つまり，小学校では「情報教育」が教科として位置づけられていないのだ。しかし，学習指導要領の端々から，情報教育的な要素を見て取ることができる。まず，学習指導要領の総則に，「総合的な学習の時間」の活動例として「情報」が例示されている。また，「第5　指導計画の作成等にあたって配慮すべき事項」のなかには，「(8)　各教科等の指導に当たっては，児童がコンピュータや情報通信ネットワークなどの情報手段に慣れ親しみ，適切に活用する学習活動を充実するとともに，視聴覚教材や教育機器などの教材・教具の適切な活用を図ること」と明記されている。

そのほか，各教科の目標や内容のなかにも，情報教育的な要素が含まれているものが多く見られる（表2-1）。

一方で，教育の情報化の流れのなかで，学校にコンピュータやネットワークシステムを導入する動きがあり，これらを使った教育活動の全てを情報教育だと誤解し，コンピュータやインターネットを使えば，それが情報教育だというような乱暴な実践も見られた。しかし，本来の情報教育は，さまざまな情報の

表2-1 小学校学習指導要領（平成15年12月一部改正）（文部科学省，2003）

教科	学年	情報教育に関係する教科の目標
国語	3年4年	(2)相手や目的に応じ，調べたことなどが伝わるように…適切に表現しようとする態度を育てる。
国語	5年6年	(2)目的や意図に応じ，考えたことなどを筋道を立てて文章に書くことができるようにするとともに，効果的に表現しようとする態度を育てる。
社会	5年	(3)社会的事象を具体的に調査し，地図，統計などの各種の基礎的資料を効果的に活用し，調べたことを表現するとともに…
算数	3年	(4)資料を整理して表やグラフに表したり用いたりすることができるようにし，それらの有用さがわかるようにする。

　なかから自分に必要なものを取捨選択して，それを自分なりに再構築して表現していくことを学ぶものであり，そうした学習活動を行なううえで備えておかなければならない心構えを含めて学ぶものである。つまり，道具に依存するものではないということである。とはいえ，情報を収集したりまとめたり伝えたりする道具としては，現状のコンピュータおよびネットワークが，一番統合的で便利な道具であることは間違いない。とくに，インターネットの活用が，情報を収集したり，発信したりするのに効果的であると考えられる場面が多くなってきた。そこで，コンピュータやインターネットを活用している学校が増えてきたのである。

　こうしたなかで，コンピュータとインターネットにかかわるさまざまな問題，とくに，子どもたちを巻き込む深刻な問題が起こっている。教育の情報化を図り，子どもたちへの情報教育を進めていく立場の人間としては，とても心が痛む問題である。しかし，こうした問題についてまるで人ごとのように考える教員もいる。それは，問題の多くが家庭において，野放し状態でコンピュータおよびインターネットを利用させていることや，家庭で携帯電話を買い与えたことによって，あるいは，子どもが勝手に携帯電話を使っていることを認識していなかったことによって問題に巻き込まれたというケースが多いからであろうと思われる。つまり，家庭内のことだから，学校はあずかり知らないという態度なのである。

　また，心配に思っていても，コンピュータについてもネットワークについても何がなんだかさっぱりわからないために，何をどう指導してよいかわからな

いという教師もいる。そのため，どうしても子どもたちにコンピュータを使わせることが怖くなってしまい，指導をしない，コンピュータを使わせないことにしてしまう場合もある。

いずれにしても，今後学校でコンピュータやインターネットを使わせることが日常的になっていくことが確実だとすれば，ネット社会の影の部分についても学校で指導していく必要があると考える。それでは，小学校では，どのように情報モラルの指導を行なっていけばよいのか。ここからは，筆者自身が実践してきたことを中心に論を進めていきたい。

3　子どもたちの実態

これまで，学校における現状を書いてきたが，子どもたちはどのような環境でインターネットを使い，どんな問題が想定されるのか。インターネット上には，さまざまな情報がやりとりされていて，それはけっして子どもたちに有益なものばかりではない。実際に，子どもたちにインターネットを使った調べ学習などをさせると，不適切な情報に行き当たってしまうことがある。また，子どもたちが話しているのを聞くと，そのままインターネットを利用させると問題が起こりそうなことも考えている状況も見て取れた。そこで，子どもたちのコンピュータとインターネット利用に関する実態を把握するために本校児童を対象に「コンピュータと携帯電話に関するアンケート」というアンケート調査を実施した。

調査を行なったのは，2004年の6月下旬。1年生から6年生までのすべての児童を対象に，コンピュータ，インターネット，携帯電話の利用について，その実態を把握するための質問に答えてもらった。低学年では，質問そのものの意味がよくわからない児童が多く，結果の数字に疑問が残るものの，高学年では，一定の信頼がおける結果が得られたと考えている。

まず，コンピュータの利用については，4年生以上で100％であった。これは，学校での利用が進んでいることを表わしている。本校では，中・高学年になると，キーボードの操作を含めて，インターネットでの検索作業，コンピュータでのプレゼンテーション資料の作成なども指導しているため，コンピュータの学習利用は進んでいる方かも知れない。しかし，モラル的なことについて

の指導はあまり徹底できていない。そのためか，「コンピュータを使う」というとすぐにゲームをやりたがったり，軽いいたずらのつもりで，他人のファイルを勝手に消してしまったり，ファイル名を変えてしまったり，校内のＷｅｂサイト上にある掲示板にいたずら書きをしたりということが起こっている。そのほか，コンピュータに慣れ親しみ，身近なものになっていくに従って，そのいたずらは度を超えていると思われるようなものも見られるようになり，対策に頭を痛めているところである。

　家庭でのネット利用の実態は，予想通りの結果だった。低学年では，学校で利用していない分，家庭で利用している児童が多いことがわかった。全体では，全校児童の半数程度が家庭でインターネットを使っていることがわかり，そのうち63％の子どもたちが，「1人で使っている」と答えている。この傾向は，高学年になるに従って高まり，6年生では，家でインターネットを利用すると答えた54人のうち，51人までもが「1人で使っている」と答えている。

　アンケートの最後に，インターネットを利用するうえで，気をつけていることはないか聞いたところ，まったく考えていなかったり，気をつけていることがないと答えたりする児童が多かった。なかには，数か月前に情報モラルの指導を受けたにもかかわらず，気をつけていることは何もないと答えた児童もいて，継続的な指導の重要性を深く感じる結果となった。

　もうひとつ気になったのは，携帯電話の利用についてである。自分の携帯電話を持っているという児童はさほど多くないのだが，家族の携帯電話を使ったことがあるという児童が全校児童の65％にまで達した。携帯電話は，家の電話やパソコン以上に「個人の道具」という性格の強いものである。最近では，情報ツールとしての機能も強化され，電子メールや専用Ｗｅｂサイトの閲覧だけでなく，ソフトなどのダウンロードもできるようになっている。さらには，電子マネーとしての機能をもつものさえあり，まさに情報のかたまりといっても過言ではない。しかし，それを使っている人は，あくまで電話の延長のようにしか考えていない。子どもたちの話を聞いていると，携帯電話を「貸して」とか「見せて」という言葉が聞こえてくる。まさにそういう意識が育っていない証拠であると考える。家庭でも，家族の携帯電話を安易に貸し借りし，共有して使っている現状がある。このままでは，安易に個人の情報ツールを貸し借り

してよいという考えが育ってしまう恐れがある。

　さらに，親が携帯電話に対してイメージが，単なる家電製品のようなものと考えているように感じる。本当は，携帯電話が世界につながっているという意識をもって使わせる必要がある。また，個人情報の大切さとそれを管理する責任についても指導し，その自覚なく不用意に扱うと，他人に迷惑がかかることを十分に理解させてから使わせる必要があると考える。今の実態から考えると，こうしたことを指導して使わせている家庭がどのくらいあるのだろうか。背筋の寒くなる思いがする。

4　情報モラル教育の必要性

　インターネットの情報は，まさに玉石混淆である。インターネットへの情報発信は，比較的容易であり，個人・団体の別にかかわらず，ある種の意図をもって情報公開をすることが可能である。有益な情報もたくさんあるのだが，一歩足を踏み外せばたくさんの罠が持っている。日常とは切り離された，異種独特の世界。匿名性が高く実感がともないにくいために，感情を増幅させやすい。だれもが情報の発信者になることが可能であり，その情報の信憑性についての責任を問われることが比較的少ない状況にある。そのため，普段の生活では，やりそうもない，できそうもないようなことをやってしまう怖さがある。

　インターネットの利用形態として一番多いのが，電子メール，ＢＢＳ，チャットなど，いわゆるコミュニケーションツールとして使う形態であろう。電話や手紙などを使ったコミュニケーションは，リアルな人間関係を背景にしたコミュニケーションである場合がほとんどだが，ネットを介したコミュニケーションは，リアルなコミュニケーションをともなわないものも多くなる。

　一面では，実際には出逢うことができないようなさまざまな人々と，交流できるという利点があるといえる。年齢，性別，国籍，時間，場所を問わないコミュニケーションが可能であるということは，インターネットのよさでもある。

　反面，必ずしもリアルなコミュニケーションをともなわないために，人に対しているという意識が薄く，時には言葉の応酬になってしまったり，ネチケットを守れなかったり，悪ふざけ（荒らし，迷惑メール，チェーンメール，メールボムなど）を誘発してしまうことがある。

しかし，そこにアクセスしている自分自身が生身の人間であるのと同様に，画面の向こう側にいる相手も生身の人間なのだ。その自覚がないまま，インターネットを利用することでトラブルに巻き込まれる可能性は十分に考えられる。

ネット社会では，さまざまな人たちが活動をしている。なかにはよからぬことを考えて，ウイルスをまいたり，他人のコンピュータに侵入したり，個人の情報を盗み出そうとする者もいる。無認識な状態でネット利用を続けていると，思わぬところで被害者になってしまう場合がある。また，相手の姿が見えず，本性や本心が見えないにもかかわらず，コミュニケーションの相手を闇雲に信じてしまい，事件性のあることに巻き込まれてしまうケースもある。さらには，人の親切心を利用して，個人情報を聞き出す手口もある。そうなると，知らないうちに自分自身が加害者になってしまう場合さえあるのだ。

ネット社会は，よくも悪くも自己責任の社会である。「知らなかった」「問題があるとは思わなかった」といういい訳は通用しない。無責任な態度は，そのまま多くの人たちの迷惑につながるからだ。

こうした自覚や態度を育てるためには，閉じられたネットワーク環境で他者とのコミュニケーションを経験させながら，相手を意識させるような指導が必要だろう。このことに関しては，家庭での教育だけに頼るわけにはいかない。親たちも十分な知識を持っていないし，何がどう問題なのかということがわかっていないからだ。そこで，本校のＷｅｂサーバを利用して，情報モラルを育てる取り組みを始めた。

もともと，モラルやマナーということについては，必ずしも学校教育が担うべき領域であるとは思っていない。なのになぜ情報モラルの教育を学校で行なう必要があるのか。ひとつは，学校でコンピュータを活用した学習を進めるのであれば，現時点で情報モラルの教育は，学校教育が担うべきであると考えるからである。もうひとつは，消費者教育的な観点である。コンピュータや携帯電話を作っているメーカーもそれを売る小売店でも，魅力的なところしか説明をしない。これらには，影の部分があり，自分の責任において気をつけなければならないことがたくさんあることなど，まったくといっていいほど説明されていないのだ。企業の論理からいえば，それは当然のことと考える。消費者である私たちは，企業からの情報を鵜呑みにするのではなく，注意深く見定めて，

何に気をつけなければならないのかということを知る努力をしなければならない。コンピュータやインターネットの世界が自己責任の世界だからである。とはいえ，そういうものの見方は，簡単にできるものではない。いろいろな事例や体験を通して，くり返し学ぶことによって培われていくものであると考えている。

5　情報モラル教育を行なう環境づくり

　情報モラルの指導方法は，体験的に学ばせる方法と事例から学ばせる方法に大別される。体験的に学ばせる方法では，さまざまな情報のやりとりを体験させながら，問題場面を考えさせて，気をつけなければならないことに気づかせるようにする。これに対して，直接的に事例を示して，なぜ問題なのか，どうすればよかったのかを考えさせる方法もある。いずれにしても，そのためのネットワーク環境や教材が必要である。

　情報モラルの教育を行なう際，一番手軽に使えたのは，WinPopup というソフトである。これは，WindowsMe 以前の Windows に標準でインストールされているもので，サーバを介さずにコンピュータ同士で簡単な文字通信を行なうことができるソフトである。見た目が，電子メールソフトの動きに近いため，電子メールでのコミュニケーションの練習をすることができる。現在のＸＰにも同様の機能を持つものが用意されているようだ。その他のＯＳに対応したフリーウエアもある。

　次に使ったのは，ＣＧＩを利用したチャットや電子掲示板である。先述の通り，校内だけで使えるＷｅｂサーバにチャットや掲示板を用意して，子どもたちがいつでも使えるようにしてある。この環境は，情報モラルの指導のためだけの環境というわけではないが，コミュニケーションの練習をするための掲示板もあるため，情報モラルの指導にも使うことができるようになっている。

　また，子どもたちに架空のＷｅｂページを見せて，何が問題なのか，どう対処したらよいのかを考えさせる「インターネットの落とし穴」(http://www.geocities.jp/yossy_work/kyouzai/rinri98/joho_rinri.html)や「５分間情報モラル」(http://www.geocities.jp/yossy_work/kyouzai/5 minute/5 minute_moral00.html)といった教材も用意している（表２-２）。

表2-2 「インターネットの落とし穴」の概要
(http://www.geocities.jp/yossy_work/kyouzai/rinri98/joho_rinri.html)

ページのタイトル	内容や意図
緊急ニュース！	災害が起こることを伝えて，パニックをあおるような内容のページ。ウソだと思っても，本当だったらどうしようという不安が，チェーンメールの発端になったり，集団をパニックに陥れたりする可能性がある内容。
友達のこと教えて	掲示板のシステムによる読者の投稿によって成り立つページ。何気ない悪口やうっぷん晴らしのつもりで書いたものが，全世界に公開されてしまうことによる影響を考えさせるための教材。
アンケート	懸賞つきアンケートの形で個人情報の収集をするもの。すべてのアンケートが悪いわけではないが，日ごろから個人情報を個人情報の大切さを考えさせるための教材として作った。
ひみつの部屋	いわゆるアダルトサイトをイメージして作ったもの。インターネット上で18歳未満禁止となっていても，それは何の規制にもなっていないことや不用意にダウンロードをクリックしてはいけないことなどを学ぶ。
メール送ってね	メール友達（メル友）を募集するページ。Ｗｅｂページに書かれていることを信じて，だれかもわからない人にやたらとメールを出すとどういうことになるか考えさせるための教材。

　このほかにも，インターネット上で公開されているさまざまな教材がある。なかでも，コンピュータ教育開発センター（ＣＥＣ）のＥスクエアプロジェクトの一環として作られた「ネット社会の歩き方」がある。この教材の作成には，筆者自身も参加させていただいている。教材の内容は，インターネットを活用するうえで知っていると便利なことや基本的なマナー，問題場面への対処方法などについて，小学生から高校生までが自学自習することができるようになっている。また，学校の授業でも活用できるように，一斉指導用の教材も用意されている。

　私は，こうした環境や教材を利用して，情報モラルを育てる指導を行なってきた。次に，その実際の指導についに紹介する。

6　情報モラル教育の実際

　私が行なってきた情報モラルの指導について，以下にその指導案を示し，概要を紹介する。

(1) インターネットの落とし穴
  ●授業の目的
　インターネットの情報には，何らかの意図があり，すべてを正しいものと考えては危険な場合があることを，子どもたち一人ひとりに認識させ，インターネットを活用するうえでの心構えを育てる。
  ●使用した教材
　この学習には，先述の「インターネットの落とし穴」という教材を使った。これらのページを見せて，どのように感じたか，何に気をつけなければならないのかを考えさせ，話し合わせた。
  ●授業の内容（1／2）

時間（分）	学習活動	指導上の留意点	備考,準備,資料など
5	1．インターネットについての話を聞く「今までのＷｅｂページを利用した学習でインターネットが便利なことはわかったと思います。」	・今までのＷｅｂページを使った学習を思い出させる。	
5	2．本時の学習課題を知る「インターネットには，たくさんの情報があってとても便利だけれど，気をつけなくてはならないこともあります。今日は，先生が作った教材を見ながら，こんなページに出会ってしまったらどうしたらよいのか考えてみましょう。」　　いろいろなＷｅｂページを見て，気をつけなければいけないことを考えよう	・課題を明示し，学習の方向性を見失わないようにさせる。	
5	3．教材の見方（操作）についての説明を聞く	・教師用のコンピュータで操作手順を教える。・見方だけ教えて詳しい内容には触れないようにする。	・ｈｔｍｌ教材「インターネットの落とし穴」
30	4．ｈｔｍｌ教材「インターネットの落とし穴」を見て，感じたことや気をつけなければいけないと思うことを書く「Ｗｅｂページを見て，感じたことや気をつけなければいけないと思うことをワークシートに書きましょう。」	・ワークシートを用意し，感じたことをまとめさせる。・Ｗｅｂの内容についての質問には答えないようにする。	・ワークシート
5	5．感じたことを発表する「Ｗｅｂページを見てワークシートに書いたことを発表しましょう。」	・事前にワークシートをチェックして，発表者を決めておく。	

15	6．感想をもとに気をつけなくてはならないと思うことを話し合う 「みんなの感想から，こうしたＷｅｂページを見たときに気をつけなければならないことを話し合おう。」	・ワークシートに書いたことを発表させる。	
20	7．Ｗｅｂページを見るうえで，気をつけなくてはならないことについて説明を聞く	・各自の反応をふり返らせながら聞くようにさせる。	
5	8．まとめる 「学習を終えて，わかったこと感じたことなどをワークシートにまとめましょう。」	・最後に学習を終えた感想をワークシートにまとめさせる。 ・ワークシートに書かれたことを発表させる。	

●子どもの反応および変容

　もともと，子どもたちはこの教材が私の手によるものであることを知っていたので，はなから信用している者はいなかった。問題は，アンケートフォームにしろ，メールにしろ，ダウンロードにしろ，書いてあることや注意をうながすメッセージをよく見ないで次々とクリックしまう傾向があったことである。

　子どもたちにとっては，初めて聞くことばかりでショックが大きかったようだが，授業後に感想を聞くと，「気をつけたいと思った」と話していた。その後も，インターネットを活用した調べ学習などを行なっているが，授業の内容から逸脱することもなく，また，コンピュータだけに群がるようなこともなく，コンピュータを情報ソースのひとつとして活用しようとする態度が見られるようになった。しかし，その後Ｗｅｂサイトの種類もかなり増えていたり，グレーゾーンのものもあったりするため，その指導には頭を悩ませることも多くなるだろうと考えている。

(2)　ネットワークコミュニケーション―思いやりの心で伝えよう―

　●授業の目的

　ネットワークコミュニケーションの方法を指導し，その特徴から，気をつけなければならないことや情報機器の向こうにいる相手に配慮したネットワークコミュニケーションのマナーについて考えさせる。

●使用した教材

　この授業では，WinPopup を使用した。2時間扱いのうち，1時間目にこのシステムの使い方を説明して，自由にやりとりをさせた。そのなかでも，問題と思われるような情報のやりとりがあったのだが，その時はあえて触れず，使い方の指導に重点をおいた。そして，今回の授業で問題場面について考える授業を行なったのである。

●授業の内容（2/2）

時(分)	学習活動	指導上の留意点	備考,準備,資料など
5	1．前回の学習をふり返る	・WinPopup の使い方をおさらいする。	・「WinPopup」の使い方
3	2．WinPopup を起動する	・起動に手間取っている児童を支援する。	
12	3．ネットワークコミュニケーションの練習をする	・コンピュータ名やメッセージの入力方法，メッセージの送信や受信メッセージの閲覧方法を忘れてしまった児童を支援する。 ・ネットワークコミュニケーションにおける問題行動を見逃さないようにする。 ・場合によっては，意図的に問題場面を演出する。	・キーボード表 ・ローマ字表
10	4．ネットワークコミュニケーションでの問題について考える	・自分たちが体験したことをもとに考えさせる。 ・日常生活のなかで電子メールのやり取りをしたことがある人には，そのなかで起きた問題点についても考えさせる。 ・画面の向こうに「人」がいることを確認し，思いやりの心で伝える必要があることについて話す。	
5	5．ネットワークコミュニケーションにおける注意事項を確認する	・電子メールのマナーについても確認する。	・「電子メールのマナー」を配布する
5	6．本時の授業をまとめる	・感想用紙に，本時の授業の感想やこれからの生活で気をつけようと思うことなどをまとめさせる。 ・お互いの感想を聞き合う。	・感想用紙

●子どもの反応および変容

　はじめのうちは，WinPopupのシステムの使い方を思い出すのにとまどっている子もいたが，しばらくしてだいぶ思い出してくると，やはりいろいろな問題場面が出てきた。そこで，これを題材として「気をつけなければならないこと」を考えさせた。はじめは，ふざけ半分だった子どもたちも，自分のしたことが他人に不快な思いをさせることがわかって反省している様子が見られた。また，「これからは相手の気持ちを考えて伝えるようにしなければならないと思う」と感想を話していた。

　その後の子どもたちの変容については，学校では電子メールを使っておらず，子どもたちが自宅から電子メールでやり取りする内容が変わったかどうかは，把握できていない。筆者のところにメールをくれるような子どもたちに対しては，その都度，具体的にメールの書き方を指導するようにしているが，家庭ではあまり指導はされていないようだ。また，別のところで聞くと，メールでのケンカやうわさ話を流す，仲間はずれにするなどの行為が行なわれているという報告もある。こうしたことから，今後も継続的に指導をしていく必要を感じている。

(3)　個人情報の大切さを考える

　●授業の目的

　個人情報が収集される仕組みを知り，個人情報を守るための手だてを考えさせる。また，個人情報の種類や利用のされ方について知り，個人情報の取り扱い方について考えさせる。そして，顔の見えない相手と情報をやりとりするときに注意しなければならないことについて知らせる。

　●使用した教材

　ＣＧＩで架空のプレゼントフォームを作成し，校内ＬＡＮだけで使えるＷｅｂサーバに入れてブラウザからアクセスできるように設定し，子どもたちが使えるようにした。この教材は，個人情報が集められる様子を再現するために作った教材である。

●授業の内容（1／3）　◎…教師のことば　●…予想される児童の反応

時間(分)	学習活動	指導上の留意点	備考，準備，資料など
2	1．教材の提示 ◎「プレゼントフォーム」を見てください。 ●楽しそう。 ●ハワイに行きたい。 ●なんかあやしい。	・教材「架空プレゼントフォーム」を提示する。	コンピュータ室を使用する（児童用コンピュータ20台） ・「架空プレゼントフォーム」（Ｗｅｂサーバに用意） ・プロジェクター
3	2．第一印象を書く ◎プレゼントフォームを見て，思ったことを書きましょう。 ●暖かいハワイに行ってみたい。 ●当たったらうれしい。 ●本物かどうか，あやしい。	・ワークシートを用意し，各自の印象を書かせる。 ・全員がワークシートに書けるように机間指導する。 ・だいたい書けた段階で，数名に発表させる。	・ワークシート１
15	3．プレゼントフォームに送信する ◎ためしにみんなで，応募してみましょう。 ●進んで送信する。 ●ちょっといやだけど送信する。	・今回は，個人情報が収集される仕組みを知ることが大切なので，全員に送信させる。 ・いたずらのような送信は，別の問題になるので，正しく書き込んで送信させる。	
7	4．収集された情報を見る ◎収集された個人情報を見て，どんなことを思いましたか。 ●簡単に名簿ができてしまう。 ●たくさん集まると，何に利用されるかわからない。	・ＦＴＰにてＣＳＶファイルをダウンロードし，Excelを使って提示する。 ・ワークシート１を使って，自分の考えをまとめさせる。	・先生機
8	5．個人情報の守り方を考える ◎個人情報を守るためには，どんなことに気をつけたらよいでしょうか。 ●むやみに，応募しない。 ●むやみに，個人情報を教えない。	・ワークシート２を使って，自分の考えをまとめさせる。	・ワークシート２
5	6．まとめと次時の予告 ◎今日は，個人情報が集められる仕組みを知って，個人情報を守らなければならないことを勉強しました。 ◎次回は，個人情報とはどんなものか，そして，みんなにとって知られたくな	・１時間の学習をふり返らせる ・ワークシートは，のり	

	い情報はどんなものがあるかという学習をします。	で貼り付けて提出させる。	
今後の学習	・個人情報の種類や利用のされ方について知り，個人情報の取り扱い方について考える。		

● 子どもの反応および変容

　このアンケートフォームに書き込んで送信すると，自動的に個人情報を集めた名簿ができあがるように作られている。はじめは，楽しみながら活動をしていた子どもたちも，個人情報がどのように集められ，簡単に利用できるようになっていくかということを目の当たりにして，一様に「個人情報が簡単に集められてしまうことにおどろいた」「これからは，気をつけたいと思った」と話してくれた。

　この授業は，子どもたちにとってかなり印象深かったようで，先述の本校でのアンケート調査の回答にも，「個人情報をむやみに教えないように気をつけている」と書いた子どもが多かった。半面，同調査において「気をつけていることはとくにない」と答えた子どもも少なからずいたため，この件についても継続的な指導が必要であると感じている。

7　情報モラル教育における課題

　このような実践を重ねながら，子どもたちの情報モラルを育てようと努力しているところであるが，まだまだ克服しなければならない課題はたくさんある。

　第一に，IT関連の技術の進歩によって，新たな問題がどんどんと出てきてしまうことだ。

　最近になってパソコンの売り上げ台数の伸び率は，だいぶ落ち着いた感があるが，ITバブルといわれるほど，多くの家庭や職場にパソコンが行きわたった。もともと，パソコンに詳しくない人も，「これからはパソコンのひとつも使えないと…」というような，半ば強迫観念にとらわれるような形でパソコンを購入している。とくにやりたいことがあるわけでもなく，やらなければならないことがあるわけでもないのにである。

　このような状況に対して，パソコン（OSを含めた）は，万人に使いやすい道具になったのかといえば，必ずしもそうではない。IT技術の進歩は，往々

にして人にやさしくない。企業の広告や専門誌による特集などには，ことさら「できること」「便利なこと」ばかりが宣伝されるが，肝心な「気をつけるべきこと」や「想定される問題」などは，あまり見えてこない。たとえニュースなどで知らされたとしても，素人にわかりやすく伝えられることはほとんどない。技術的な進歩の影で，素人には手に負えないような道具を売っておいて，問題があったらユーザの責任ではすまされないだろう。この点については，企業側の自覚と努力をうながしたいところだ。

とはいえ，教育現場にいるものとして，企業の対応を待ってはいられない。新たな技術に対する問題点を考え，子どもたちへ指導していかなければならないし，そのための教材も開発していく必要がある。次々と新たな技術が登場し，それに輪をかけて多くの問題が出てきている現状では，その対応にも限界があると感じている。

次に課題となるのは，こうした情報モラルに対する正しい認識を持ち，子どもたちに指導する教員の不足である。

「情報モラル」という言葉は，かなり知られるようになったものの，まだまだ現場には行きわたっていないといってよい。第一，情報教育に対してでさえ，いまだに「パソコンマニアの道楽」程度に思っている教員がいるくらいだから，「情報モラル」などといってもピンと来ないのも無理はない。情報モラルの教育に対する理解を深めてもらい，ひとりでも多くの教員にその実践をしていただけるよう働きかけていく必要があると考えている。そのためには，情報モラルの教育にかかわっている教員が，積極的に情報を公開し，研修などを通してその必要性を伝え，具体的な実践の方法を示していく必要があると考える。

教員研修用の教材としては，独立行政法人教員研修センターの主催で作られた「情報モラル研修教材2003」というものがある。この教材は，教員研修に活用されることを想定して作られていて，普段インターネットを利用していない方でも，体験的に問題点を考えることができるようになっている。Ｗｅｂで公開されていて，だれでも利用することができるので，是非活用していただきたい。また，同サーバ内には，「情報モラル授業サポートセンター」というＷｅｂサイトもある。これは，文部科学省の委託事業として作られたもので，全国の情報モラル教育に取り組まれている先生方の授業風景や指導内容などが公開

されている。これによって，情報モラルについての授業をするうえで，ポイントになることがわかるようになっている。

　現状では，こうした情報モラル教育を行なっているのは，限られた教員だけであることが多く，場合によっては個人的な実践にとどまっていて，全校的な広がりがないこともある。今後は，学校や教育委員会などが計画的に取り組めるようになることが理想であると考えている。

　一方，情報モラルという言葉を知りながら，都合のよいように解釈し，自己弁護に使ったり相手を攻める材料として使ったりする向きもある。情報モラルが「モラル」という言葉を使っている以上，「相手に期待する」ものではないことは明白である。しかも，モラルというものは，状況や立場，あるいは環境や時代などによって，変化していくものである。それを固定的にとらえて，「かくあるべし」と人に押しつけるのは，情報モラルの考え方を理解していないといわざるを得ない。情報モラルの教育は，あくまで「自分で考えて行動する」ための教育であり，「自律を促す」教育である。自分自身の価値観を一意的に押しつけるのは，情報モラルの教育ではないということを知ってほしいと感じている。

　次に課題なのは，こうしたネット社会の現状やコンピュータについて，それを使っている人が知らなさすぎるということだ。

　たしかに，今コンピュータを使いインターネットを利用するために，これらの技術に精通している必要があるかといえば，絶対に必要だとはいえない。それが，パソコン，ＯＳ，インターネット関連技術の進化であり，使いやすさなのだと思う。しかし，それは見かけの便利さであり使いやすさなのだということを認識する必要がある。より多くの人に，ネット社会の現実を知らせ，被害者にも加害者にもならないようにするためにはどうしたらよいか，考えてもらえるようになれば，情報モラルの教育はスムーズに進むだろうと考えている。

　逆に，恐いから使わせないというのもダメである。道具には，必ずよい面と悪い面があるのだから，絶対安全な道具などというものは存在しない。ましてや，人間同士のコミュニケーションの道具として成長してきたコンピュータとインターネットなのだから，いろいろなことが起こるのは当たり前である。そうした現実を避けて通るのではなく，みずからを守りつつ，問題に対処しなが

らも，よりよい人間関係を築くために努力する姿勢を培うことが大切だと考えている。

最後に最も深刻な問題として，「社会的なモラルの低下」という問題がある。

いかに学校で指導しても，家庭へ注意をうながしても，子どもたちが生活する社会もネット社会も，それを使う人々のモラルの低下が著しく，子どもの手本にならないことが多い。そればかりか，子どもたちを陥れようとねらっているのではないかと感じさせるようなことさえある。筆者自身は，いち教員である前にひとりの人間として，次代を担う子どもたちへ何を残すべきかを考えるひとりでありたいと思っている。

以上のような課題意識から，本校では，先生方に情報モラル教育への理解を深めていただき，少しでも情報モラルの教育に力を貸していだたこうと考えている。また，こうした授業実践を行なうための環境整備や資料収集・作成を行ない，情報モラルの授業実践の充実を図っていきたいと考えている。そして，学校から家庭へ地域へと理解の輪を広げ，子どもたちの健全な成長のために，失われた社会の教育的機能を取り戻すことができれば，これに勝る喜びはない。

8　これからの情報教育の重点

情報教育を行なううえで，最も重要なことは何か。それは，「思いやり」である。相手の立場に立って物事を考え，少しでも役に立つように，お互いが気持ちよく活動できるように配慮することである。小学校でよく行なわれている，情報を集め，それを整理し発表するというような活動のなかにも，たくさんの「思いやり」が必要な場面がある。この意識こそが，相手意識を育て，被害者にも加害者にもならない，自律した人間を育てることになるのではないかと考えている。

今日，目の前にある情報機器には，多くの人に使ってもらうためのさまざまな工夫がなされてきた。なかでも，人間と機械とのやり取りを仲介するインターフェイスの開発は，その使い勝手の善し悪しを決める重要なものであるといえる。いくら高性能の機械を作ったとしても，インターフェイスが使いにくければ，使ってはもらえないのが当たり前である。そういう目で現状のパソコンを眺めたとき，少なくとも道具として使いやすく，多くの人にやさしいものに

なれたかどうか，はなはだ疑問である。確かに，ＧＵＩ（Graphical User Interface）という，アイコンやウィンドウなどを多用し，マウスなどを使った直感的な操作が可能なユーザインターフェースの普及により，かなり使いやすくなってきてはいるものの，完全にＧＵＩだけで良いという状況にはなっていない。しかも，使い方についての作法が多く，肝心なところで使えなくなるという気まぐれなところを持ち合わせている。厳しい言い方をすれば，道具としての体をなしていないと言わざるを得ない。この点については，「小学校の教育にコンピュータはいらない」とする考えに，論拠を与えてしまうことになりそうだ。

しかし，そういういわば不完全な機械（道具）だからこそ，想像力をかき立て，創造する力を与えてくれるところがある。自分ができなかったことができるようになる可能性があり，自分の力を伸ばし，支援し，現実のものにしてくれる力があるように思われる。つまり，自分の意志によって，いかようにも使うことができるのがコンピュータの優れた点だといえるのである。

このことは，コンピュータが何をしてもかまわない道具であるということを意味しているわけではない。コンピュータは，あくまで機械であり，道具である。できることはたくさんあるのだが，すべてのことをやってよいわけはない。自動車も時速200km以上のスピードを出せるものを作れるが，むやみにそれを乗りまわし，スピードを出しすぎてしまえば多くの人に多大な損害を与えかねないし，それを念頭に法律がこれを規制している。同じように，技術的には「できる」ことでも，「やってはいけない」ことはたくさんあるのだ。

もっとも，機械の高機能化や新しい技術の実用化のなかで，その仕組みを全部知らなくても使いこなせるようなインターフェイスも実現されつつある。たとえば，電子レンジの仕組みを知らなくても，タイマーをセットして待っていれば，食材が暖まることをほとんどの人が理解している。しかし，開発した人が予期しないような使い方をして，事故につながってしまった例も多い。今後は，こうした，ユーザーがよくわからない技術を実用化したしたものが増えてくると思われる。そうなれば，自己責任とばかりはいっていられない。「ＰＬ法」などの製造者の責任を問う法律もあることから，開発・製造者の側でも，「してはならないことをさせない仕組み」を作り出さなくてはならないという意識の高まりに期待する。

ともあれ，子どもたちが，さまざまなメディアから情報を得て，それをそしゃくしだれかに伝えるとき，その根底に思いやりの心を持ち，他者への配慮や社会集団への配慮がなされるように教育していくのが，小学校情報教育の重要な役割であると考えるのである。

コンピュータやインターネットは，自分ひとりではできなかったようなことをできるようにさせてくれる「すばらしい道具」かもしれない。かくいう私自身も，コンピュータやインターネットの恩恵にあずかるひとりである。しかし，コンピュータは「万能な道具」ではない。これから，いかに進歩し，新しい技術が導入されようとも，そして，その形を変えようとも，道具のひとつである以上，私たちがやってはならないことを考え，適切に使っていけるように努力をしなければならないことは間違いない。そうできないなら，まさに道具にふり回され，道具に支配されている情けない姿という以外にないと思うのである。

2節　不正書き込みボランティアを利用した匿名電子掲示板リテラシー教育 ―「荒らし行為」体験授業のデザインと実践―

この節では，「荒らし行為」体験を組み込んだ匿名電子掲示板リテラシー教育のデザインと実践結果について報告する。

匿名電子掲示板とは，本名や素性を明かすことなく参加できる電子掲示板である（Yahoo掲示板や「2ちゃんねる」がよく知られている）。匿名電子掲示板のイメージはあまりよいものではない。実際，そこは，ある種の犯罪の温床となっており，「荒らし行為」とよばれる猥雑で反社会的な不正書き込みであふれている。しかしながら，筆者が思いえがく匿名電子掲示板リテラシー教育とは，学習者に，匿名電子掲示板のおそろしさを伝え，それをさけることを考え込むものではない。匿名電子掲示板を過度におそれることなく，しかし，注意深くリスクをさけながら，そこでくり広げられる匿名コミュニケーションを生産的な目的のために利用していくための支援こそが匿名掲示板リテラシー教育のゴールであると考えている。そのための第一歩として，中学生を対象とした「荒らし行為」体験授業をデザインし，実施した。匿名電子掲示板上のコミュニケーションが日常のそれとどのように違うのか，「荒らし行為」とはどの

ようなものなのか，どのように対処すればよいのか，といったことを体験をとおして理解させることがこの授業の目標である。

1 匿名電子掲示板と「荒らし行為」

電子掲示板は，オンライン上で情報交換を行なうための簡便で効率的な技術である。電子掲示板が情報交換の手段としてもつ利点は，次の3点である。すなわち，①時間的制約を受けない，②地理的制約を受けない，③討論の過程を記録できる（余田，1990）。これらの特徴によって，電子掲示板は，議論や情報交換の道具として，学習，仕事，そして娯楽のために広く利用されている。

学習や仕事で電子掲示板を利用する場合には，特別な目的がない限り，投稿者は本名を名乗る。ハンドルネームを利用する場合でも，それから個人が特定されることが多い。これに対して，趣味情報の交換や娯楽などを目的とする，不特定多数が参加する電子掲示板は，「匿名電子掲示板」として運営されることが多い（Yahoo 掲示板や「2ちゃんねる」が匿名電子掲示板の代表例である）。匿名電子掲示板とは，自分の素性（氏名や年齢，職業，性別）を明かすことなく書き込みができる電子掲示板である。参加者は，ハンドルネームとよばれるネットワーク上の名前を使ってコミュニケーションを行なうか，場合によっては，ハンドルネームさえも使わず，「名無し」の投稿者としてコミュニケーションに参加する。いずれの場合も，投稿から個人が特定されることはない。もしくは，個人が特定されないということが利用者によって確信されている。

大学生に匿名電子掲示板の印象を尋ねると，決まって「恐い」，「危険」といった言葉が返ってくる。匿名電子掲示板上のコミュニケーションがリスクをともなうものだという一般的な理解が存在するようである。このような理解の背景には，第1に，匿名電子掲示板が犯罪の温床となっているという報道がある。第2に，匿名電子掲示板上のやりとりをとおして実際に不愉快な思いをしたり，傷ついたりした経験，もしくは，そういうことが起こりそうだという漠然とした恐れがある。後者のリスクには，匿名電子掲示板に特徴的な現象が関係している。それは「荒らし行為」である。

「荒らし行為」とは，意図的に虚偽情報を投稿したり，話題とは関係のない文章や絵（アスキーアートとよばれる，文字や記号を組み合わせて描いた絵）

を執拗に投稿したり，また，罵倒・批判投稿をくり返したりすることによって議論を妨害する確信犯的・愉快犯的行為である．電子掲示板上のトラブルとしてはフレーミング（ネット上の喧嘩）が有名だが，フレーミングと「荒らし行為」は違う．フレーミングは，多くの場合，当事者間の意見や趣味の相違が原因となって発生する．それは，主張の正しさをめぐる「正義の戦い」であり（そのなかで人格攻撃や個人情報の開示といった不正が行なわれようとも），個人が特定できる状態でも発生することがありうる．

　これに対して「荒らし行為」は，悪ふざけ，もしくは八つ当たり的ストレス解消行為であり，明らかな「悪意」を前提とする．このため，荒らし行為は個人が特定できない匿名電子掲示板において発生する．フレーミングは，不愉快なものだが，非は双方にあることが多い．あとでふり返ってみると，喧嘩両成敗的な納得が可能な場合が多い．しかし「荒らし行為」は，こちらにはまったく非はない．機嫌よく街を歩いていたところをいきなり足をかけられるような経験である．この意味で荒らし行為に巻き込まれた参加者の心理的なショックはフレーミング以上に深刻である．

　このショックは，突然浴びせられる言葉の激しさや，自分に非がないにもかかわらずくり返される妨害投稿の執拗さのみによって引き起こされるものではなく，匿名掲示板に特有の相互行為上の特徴が関連していると筆者は考えている．それは，発言へのコミットメントの問題である．エスノメソドロジーの考え方に立てば，人は相互行為をとおして協同的にできごとを作りだしている（たとえば，Garfinkel, 1967）．このことは，それぞれの発言について発言者がコミットすることを前提としてなりたっている．ここでコミットとは，自分の発言をほかならぬ自分の発言であることを保証し，その発言のもたらす帰結の責任を負い，その発言に対するアカウンタビリティ（説明責任）を引き受けることを意味する．

　たとえば，発話者ａの「おはよう」という発話に対して発話者ｂが「うるさいなあ」と答えた場合，その場には緊張が走るだろう．このとき，発話者ｂは，自分の発言が引き起こす帰結に対する責任を一手に引き受けることになる．つまり，この発言を行なうためには，発話者ａの怒りを自分で受け止める覚悟が必要である．同時に発話者ｂは，自分に発言の意味に対する説明責任を負うこ

とになる．もちろん，発話者bが自身の発言に対して無責任な態度をとることはあり得るが，その場合，発話者aは，たとえば，「いま何ていった？，それはいったいどういう意味？」という発話によって，発話者bを，自身の発言にコミットさせたうえで，真意を説明させることが可能である．ここで発話者bがどのように答えるかによって，紛争が発生したり，またそれが回避されたりもする．このような事態は，発話者aにとっては不愉快には違いないが，そこで進行している事態が何であるかを，当事者である発話者bを交えてネゴシエートすることが許されているという意味で，発話者aと発話者bは対等である．

　ところが，匿名掲示板上での「荒らし行為」に巻き込まれた場合，攻撃を受けた側は，まったく無力である．自分の目の前にいない素性のわからない投稿者（しかも，書き込んですぐにその電子掲示板から去ってしまっている可能性のある投稿者，またときとして複数のハンドルネームの利用や，ハンドルネームそのものの不使用によって，同一性が保証されないような投稿者）を，意味のネゴシエーションの土俵にのせることは非常に困難である．また，仮に荒らし行為の張本人が暫定的に同定できたとしても，その人は発言へのコミットメントをさけたまま，次々に好き勝手な書き込みを続けることができてしまう．被害者が反論の書き込みをすることは物理的には可能だが，それは，相互行為的には反論にならない．反論が成り立つためには，相手が自分の発言にコミットしていることが必要だが，匿名電子掲示板における「荒らし行為」においては，この前提が確保できていないからである．かくして，荒らし行為の被害者は，なすすべもなく叩かれ続けることになる．

2　「荒らし行為」体験授業の意義

　このような「荒らし行為」をわざわざ教育現場で体験させるのには，どのような意義があるのだろうか．

　ひとつは，いわゆる安全教育の視点である．昨今のインターネットの急速な普及によって，多くの人々が電子掲示板を利用するようになってきた．先述のとおり，それは，仕事から娯楽にいたるまで幅広い分野で利用されている．よりトラブルの多い匿名電子掲示板へのアクセスも気軽に行なわれるようになってきている．学校で利用を禁止したとしても，児童，生徒，学生は，自宅や，

インターネットカフェなどからさまざまな匿名電子掲示板にアクセスできてしまう。このような時代においては，匿名電子掲示板を利用するなかでトラブルに巻き込まれたり，傷ついたりしないような，そしてもちろん，自分が加害者になってしまわないような安全教育が必要である。匿名電子掲示板で頻発する「荒らし行為」について理解しておくことは，危険回避のための基本知識として重要である。

　もうひとつは，匿名電子掲示板の生産的利用の視点である。筆者は，匿名電子掲示板のもつ問題点の大きいことを承知のうえで，それでも，この特殊なメディアを，社会悪として葬り去ってしまうのは惜しいと考えている。なぜなら，匿名電子掲示板には，既成の価値をずらし，新しいものを作り出していく可能性が残されているからである。匿名電子掲示板においては頻発する「荒らし行為」は，「攻撃的な言語，怒り，パロディ，罵倒，権威の転倒」といった言葉で特徴づけられる。これらは，バフチン（Bakhtin, 1968）のいうところのカーニバル的世界の特徴そのものである。カーニバルとは，「日常生活では不可能な特別なタイプのコミュニケーション」であり，それは「①脱体制，②常軌逸脱，③対立項の結婚（たとえば聖なるものと俗なるものの統合），④俗悪化といった特徴をもつ」という。バフチン（Bakhtin, 1984）は，このようなカーニバル的コミュニケーションをとおして知識の協同的構成がなされると論じている。このような考えに立てば，カーニバル空間である匿名電子掲示板は，知的創造の場となりうる可能性をもっているといえる。

　ただし，匿名電子掲示板の創造性は，その危険性とコインの表裏であり，生産的利用のための教育の前提として安全教育が必須となる。つまり，匿名電子掲示板を生産的に利用しようとする者は，その生産性の根元であるカーニバル的エネルギーが生み出す，さまざまな逸脱（既成の価値観から見た場合の）に翻弄されることなく，それを手なずける技量を要求されるのである。匿名電子掲示板における「荒らし行為」について理解しておくことは，この意味で重要である。

3　「荒らし行為」体験授業のデザインガイドライン

　では，学習者が匿名電子掲示板上の「荒らし行為」について理解するために

は，どのような方法が適しているのだろうか。

「荒らし行為」の背景には，たしかに悪意の人々（悪意に程度の差はあるが）の存在がある。しかし，荒らし行為の被害者が受ける心の傷は，そのような人々の発する悪意の言葉のみによってもたらされるものではない。先述のように，それは，発話者の同定が困難であり，さらに，その気になれば発言へのコミットメントを回避し続けることができるという匿名電子掲示板の特性によってもたらされるものであると考えられる。とするならば，電子掲示板の世界に悪意の人々が存在することを知らしめることは，荒らし行為理解のひとつの側面にすぎない。それに加えて，匿名電子掲示板のどのような特徴によって荒らし行為が助長され，被害者を心理的に追いつめているのかを理解させることが必要となるだろう。

このように考えれば，「荒らし行為」の理解には，生徒みずからが実際に「荒らし行為」を体験し，その体験をもとに，その形態や原因，対処について考えるような活動が必要だと思われる。

学習者に，授業の場において「荒らし行為」を体験させる際には，次の3点の確保が重要である。

(1) 本物性

すべての体験学習にとって体験の本物性（authenticity）の確保は重要な課題である。体験したものが世の中に実在する匿名電子掲示板とかけ離れたものであれば，その体験をどんなにふり返っても，意味をなさない。ただし，ここでいう本物性とは，2ちゃんねるやYahoo掲示板といった現実世界の匿名電子掲示板に学習者をアクセスさせさえすれば確保できるというものではない。

筆者は，本物らしさを，臨在性と迫真性に分けて考えている（加藤・鈴木，1992）。臨在性とは，簡単にいってしまえば，物理上の本物性であり，迫真性とは，社会的関係の本物性である。たとえば，私がニューヨークの街でマクドナルドに入ってビッグマックを注文するという事態を考える。このとき，私は本物のニューヨークの街に実際に身をおいてネイティブの話す本物の英語に触れている。この意味での本物らしさを臨在性とよぶ。同時に，ここでハンバーガーを注文することは学校における練習とは違う。注文が通ったら支払いの義務が生じるし，間違って失礼なことをいってしまったら相手を本当に怒ら

せることになる。ここで私は，まぎれもない「ハンバーガーを買う」という社会的関係の一端を担っている。このような意味での本物性を，迫真性とよぶ。
　臨在性と迫真性は，独立に成立可能である。つまり，臨在性は低いが，迫真性が高い状況，また，その逆がありうる。体験学習にとって優先すべき本物性は，後者の迫真性であると筆者は考えている。匿名電子掲示板体験における本物性の確保は，実際の匿名電子掲示板にアクセスさせることよりも（つまり，臨在性の保証よりも），むしろ，学習者を匿名電子掲示板に特徴的な活動（コミットメントの向かう先，人間関係のあり方，道具との関係のあり方など）に参加させることによって，なされるべきである。

(2) 安全性

　学校において匿名電子掲示板を体験させる際に，とくに留意すべきは学習者の安全の確保である。実習によって学習者が心に大きな傷を受けてしまったり，不用意な書き込みから個人情報が流出してしまったり，また，詐欺などの被害者になってしまったりするような事態は絶対にさけなくてはならない。このため，何の対策もない状態で学習者を2ちゃんねるやYahoo掲示板といった匿名電子掲示板にアクセスさせることはさけるべきである。安全性を第一に考えたとき，体験の本物性は妥協せざるを得ない。ただし，このとき，少なくとも活動の迫真性の部分をできるだけ確保するように，活動内容や学習者の組織化の仕方などを工夫すべきである。

(3) 遊戯性

　匿名電子掲示板がどのような危険をもつかを学習者に伝えることは重要なことである。しかし，そのことを保証したうえで，匿名電子掲示板というメディアをつかった非日常的なコミュニケーションを学習者が楽しめるように配慮すべきである。自由で闊達な利用をとおして，学習者は，匿名電子掲示板のコミュニケーションメディアとしての可能性を発見していくことができると期待できる。また，指摘されている危険にもかかわらず匿名電子掲示板に集い楽しんでいる多くの利用者の気持ちを共感的に理解することが可能となり，それが，匿名電子掲示板というメディアの理解つながると期待される。

4　中学校技術家庭科における「荒らし行為」体験授業のデザイン

　「荒らし行為」体験授業を，中学校技術家庭科において実施した。対象は，中学3年生31名（男子15名，女子16名）のクラスである。

　授業前の質問紙調査によれば，クラス中，電子掲示板を利用した経験がある者は7名（男子5名，女子2名）であった。この7名の利用頻度は，全員が「今までに数回」程度であり，定常的に電子掲示板を利用している生徒はいない。また，利用経験者7名のうち，書き込み体験者は5名（男子4名，女子1名）であった。

　23名の電子掲示板未経験者のうち，電子掲示板を利用してみたいと思っている者は，10名（男子3名，女子7名）であった。利用したいと思っている生徒があげる利用目的は，男女とも，ゲーム，音楽，スポーツなど，娯楽利用が多かった。

　授業は3つのセッションから構成した，(1)電子掲示板の使い方と書き込み練習，(2)「荒らし行為」体験（不正書き込みボランティア（後述）による），(3)まとめ，である。(1)，(2)のセッションには中学校の1時限（50分）を，(3)のセッションには2時限をあてた。以下に，各セッションのデザインについて述べる。

(1)　電子掲示板の使い方と書き込み練習

　授業用の電子掲示板を立ち上げ，それを使って電子掲示板に使い方についての基本的インストラクションと書き込みの練習を行なった。電子掲示板にはいくつか形式があるが，授業では，テーマごとの書き込み領域（スレッドとよばれる）が作成でき，新しい投稿が，書き込み領域の下に向かって追加されていくような形式のものを選んだ。練習では，ゲームや芸能界に関するスレッドを教師が設定し，好きなスレッドに書き込みをさせた。このセッションの目的は，電子掲示板の使い方を身につけることである。見たいスレッドの表示のさせ方，投稿の送信の仕方，確実に最新の投稿を読むためにブラウザの更新ボタンを押すことなどに加えて，ハンドルネームとよばれるニックネームを使って投稿する練習を行なった。

(2)「荒らし行為」体験

　このセッションでは，生徒は，あらかじめ教師が立ち上げたスレッドに参加して書き込み実習を行なった。参加するスレッドは，生徒の希望を聞いて決定した。ボランティアの大学生が参加し，不正書き込み（「荒らし行為」）を行なった（大学生の書き込みは，遠隔地より行なった）。以下にデザインの詳細について，先述のデザインガイドラインと関連づけながら述べる。

　①スレッドの準備

　スレッドは教師が用意した。実際に立ち上げたスレッドのタイトルは，「今どきのゲームといえば」，「夏といえばこの曲」，「笑いの殿堂」，「夏ドラマ，スタート」である。事前アンケートを参考に，中学生が興味をもって書き込めそうな話題を選択した。これは，さきのガイドラインの遊戯性を確保するためのものである。これらは授業のなかで議論するには軽い話題であるが，生徒が本当に面白いと思っていることを，気楽に書き込めるように配慮した。スレッドを教師があらかじめ設定したことには安全性もかかわっている。電子掲示板の機能としては，利用者が自由にスレッドを立ち上げることができるようになっているが，それは許さなかった。クラス内の特定個人を非難するようなスレッド，または，中学生にはふさわしくないテーマを取り扱うスレッドが立てられてしまう事態をさけたかったからである。

　②生徒の組織化─匿名性の確保と集合書き込み方式─

　生徒を2～3名からなるグループに分け，グループごとにひとつのハンドルネームを決めさせた。このとき，ハンドルネームと個人（複数の個人である）の対応については，ほかの生徒には絶対に秘密にするように指示した。これは本物性に関わるデザインである。先述のように，投稿者の個人が特定されないということが匿名電子掲示板の特徴であり，そのことが匿名電子掲示板に固有の相互行為のあり方を出現させている。よって，教室内の疑似体験であっても，このことは確保する必要があった。

　電子掲示板への書き込みは，ひとりでするのではなく，グループで話し合いながら行なうように指示した。投稿は，さきに決定しておいたグループのハンドルネームを使って行なわせた。このような集合書き込み方式を導入した目的は，安全性の確保である。先述のように，匿名電子掲示板というメディアはト

ラブルを引き起こしやすいメディアである。このメディアを生徒がある程度自由に利用すれば，言葉の応酬のなかで特定個人を傷つけたり，読者を不愉快にさせ心理的ショックを与えてしまったりする可能性がある。また，この実践では，大学生の不正書き込みボランティアを使って，「荒らし行為」を発生させた。後述するように，ボランティアによる「荒らし行為」は，相手が中学生であることを配慮してなされるが，それでも，「荒らし行為」は本質的に嫌がらせ行為であり，そのことで中学生が予想もできないような心の傷を受けてしまう可能性がある。しかし，そのようなリスクの可能性こそが，まさに匿名電子掲示板の特徴であり，その可能性を完全に排除してしまっては，体験の意味がなくなってしまう。

　そこで，導入したのが，集合人格を使った書き込みである。この方法では，グループメンバー内で同意をとりながら書き込んでいくことになるため，個人の感情に走った軽率な書き込みが抑制されると考えられる。さらに重要なこととして，この方法では他者の書き込みをグループで受け止めることになるため，たとえ攻撃的な反応が返されたときでも，心理的負荷が少なく，冷静に対処できる。

　③不正書き込みボランティアの組織化
　本実践では，大学生の不正書き込みボランティアを導入することで，生徒に，「荒らし行為」を体験させた。これは，匿名電子掲示板の特徴ともいえる「荒らし行為」を生徒に確実に（授業時間の範囲内で），しかも安全に体験させるための現実的な方法である。以下に詳細なデザインについて述べる。

　不正書き込みボランティアとして協力をお願いしたのは，7名の学生であった。うち6名は，人文系大学生（3・4年生）であり，ひとりは大学院修士課程1年生であった。すべての学生が，コンピュータと文化に関する研究に従事している。全員が匿名電子掲示板について熟知しているわけではないが，掲示板への書き込みにあたって躊躇しない程度のコンピュータリテラシーを有している。

　実践に先立って，ボランティアへの説明会を開催した。説明会は約1時間。内容は，「主旨説明」，「作業内容説明」，「基本的注意事項の伝達」であった。

［主旨説明］

本実践の目的を示し，ボランティアが行なう「荒らし行為」が，そのための教材となることを伝えた。

［作業内容説明］

まず，体験授業当日の作業の流れを示した。指示した内容は以下のとおりである。当日は指定した時間に大学のコンピュータ教室に集合，指定のURLにアクセスして中学生が書き込みを始めるのを待つ。書き込みが始まったら，自分のハンドルネームを使って書き込みを行なう（複数ハンドルネームの使い分け可能）。適宜「荒らし行為」を行なう（ボランティアが書き込むスレッドが偏らないように，ボランティア内で主担当スレッドを決めておく）。授業終了後，中学生に対するメッセージシートに記入する。メッセージシートとは，まとめのセッションにおいて中学生に配布するシートで，ボランティアの簡易プロフィールと中学生に対するメッセージを記入するものである。

次に「荒らし行為」の種類について解説し，今回の実践で取り扱う範囲を明確にした。荒らし行為の種類としては，2ちゃんねる等の匿名電子掲示板を参考として，次の10種類を実例をあげながら解説した（表2-3）。今回は，(a)から(f)の範囲で「荒らし行為」を行なうように依頼した。(g)から(i)は，中学生の

表2-3　荒らし行為の種類

型	特　徴
(a)あまのじゃく型	スレッドのなかで盛り上がりを見せる内容に対して冷や水を浴びせるような"あまのじゃく"的な書き込みをくり返すもの。
(b)虚偽情報型	信憑性のない情報を勝手気ままに書き込んだもの。情報の出所も不明なもの。
(c)なりすまし型	他人になりすまして書き込むもの。
(d)容量浪費型	意味不明な長文を書いたり，無駄な改行が多い書き込み。
(e)アスキーアート型	文字絵のことで，英数字や記号，文字などを組み合わせて作成した絵を書き込むこと。
(f)コピーペースト型	他者の書き込みのコピー＆ペーストをくり返す。もしくは，すでにどこかに投稿されている文章を関係ないところにペーストするような書き込み。
(g)人格攻撃型	相手の人格を傷つけるような強い誹謗中傷を一方的に行なうもの。
(h)わいせつ型	性にかかわるさまざまな内容の書き込み。
(i)広告商売型	広告ならびに商品販売に関する書き込み。

安全を考え，さけるように依頼した．

[基本的注意事項の伝達]
　最後に，書き込むうえでの注意事項として次の3項目を提示した．①あくまで中学生が相手の学校での授業であることを常に意識してほしい，②死と性にかかわる内容，差別用語は書き込まないようにお願いしたい，③やりとりのなかで生徒側から個人情報にかかわる内容の書き込みが起こる可能性もある．その場合は，授業終了後速やかに連絡をお願いしたい．

④インフォームドコンセントと回復手続き
　実際の「荒らし行為」は突然なんの前触れもなく始まるものであるが，本実践では，あらかじめボランティアによる「荒らし行為」があることを予告した．ただし，ボランティアの人数，素性は伏せた．このような予告は，「荒らし行為」が疑似的なものであることを生徒に知らしめることになり，そのインパクトを半減させる可能性がある．しかしながら，生徒を騙し討ちにすることは倫理的に許されないと判断してこのような方法をとった．

　また，「荒らし行為」の後，回復手続きを導入した．これは，不正書き込みボランティアが中学生と「和解」をする手続きである．たとえ予告があったとしても「荒らし行為」は気持ちのよいものではない．自分が受けた「荒らし行為」について生徒が不愉快な気持ちや恐怖感をもち続ける可能性がないとはいえない．このような問題をできるだけさけるために，その「荒らし行為」が決して悪意に基づくものではなく，生徒らの学習の目的になされたことを改めて確認しておく必要がある．

　和解手続きとしてはボランティアと中学生の対面や書き込みログの協同吟味（反省）が理想的だと考えられるが，スケジュールの関係で，本実践では，メッセージシートとビデオレターを使って簡便に行なった．メッセージシートとは，中学生に向けたメッセージを書くための用紙である．書き込み実習後，記入したものを中学校に送った．生徒はふり返りの授業においてそのメッセージを読んだ．メッセージシートの記入項目は，ハンドル名，本名（名字），性別，「荒らし行為」を行なった感想と中学生へのメッセージ，であった．また，書き込み実習後，ボランティア全員が中学生に挨拶をするシーンをビデオカメラで撮影し，中学校に送付した．

(3) まとめ

　最終回のセッションは，まとめにあてた。本実践のふり返りでは，とくに「荒らし行為」に注目した。生徒らは，前時間の書き込みを見ながら，自分がもっとも嫌な思いをした書き込みはだれのどんな書き込みであるか，嫌だと感じた理由は何かをワークシートにまとめた。その後，グループごとに発表を行ない経験の共有を行なった。その後，ボランティアからのメッセージシートを配布し，「荒らし行為」を行なった人々の素性を知らされた。同時にビデオレターを視聴した。これは，さきに述べた回復手続きの具体的手段である。同時に，自分が想定した書き込み者イメージと実際の人物とのギャップを感じることをとおして，匿名電子掲示板上のコミュニケーションのむずかしさと面白さを感じさせるための手段でもある。

　最後に，これまでの経験と話し合いを総合して電子掲示板利用ガイドラインを書く活動を行なった（ガイドライン執筆は一人ひとりで行なった）。ガイドラインの想定読者は自分の後輩たちである。生徒はガイドラインを書くための資料として，Yahoo掲示板のマニュアルを参考に作成した「べからず集」を参照した。ガイドライン執筆は，ふり返りのひとつの手段である。

5　実践結果

　ここでは，「夏ドラマ，スタート」というスレッドに参加した女子生徒A，B（共有ハンドルネーム：パンダ）に注目して，この実習のなかで生徒がどのような体験をし，それがどのような学びにつながる可能性をもっていたかを検討する。このスレッドに参加した生徒は，5ハンドルネーム（13名）であった。検討材料として，スレッドのログデータ，生徒A，Bを撮影したビデオ映像，制作物，生徒A，Bに対するインタビュー結果を利用する。

(1) 教室内匿名掲示板のリアリティ

　ここに示すログデータ（表2-4）で，パンダ（生徒A，B）は，Ｊｒ．（ジャニーズジュニア）のなかでだれが好きかというone*wayの問いかけに，「小山くんがいいとおもうよ」と答えている。

2節 不正書き込みボランティアを利用した匿名電子掲示板リテラシー教育

表2-4 ログ1

〈16〉名前：one*way【生徒】
みんなＪｒ．で誰好きィ？？
（省略）
〈24〉名前：パンダ
パンダは小山くんがいいとおもうよ♪ one*wayは？？

24番の書き込みをする直前の生徒Ａ，Ｂの会話を表2-5に示す。断片中，空括弧は，聞き取りが不可能だった部分，hhhは気音を示す。著者による説明は【 】内に書くこととする。

表2-5 断片1

（Ｂは掲示板をスクロール）
Ａ ［01］：いまジュニアだれが好きってなかった？【書き込み〈16〉を発見】
Ｂ ［02］：ジャニーズ（   ）やってみよ
Ａ ［03］：ねえ，（   かいたら）いいじゃん【Ｂに小声で耳打ちする】
Ｂ ［04］：（   ）
Ａ ［05］：いいじゃんばれてもhhh【小声で耳打ち】
Ｂ ［06］：だめよ。ばれちゃだめでしょうよ！
Ａ ［07］：hh
Ｂ ［08］：じゃ，かんがえよう。小山くん【小声】
Ａ ［09］：うん
Ｂ ［10］：【文字入力：ログ1〈24〉入力】

表2-5で起こっていることは，次のとおりである。まず生徒Ａが書き込み〈16〉を見つけ，生徒Ｂに伝える［01］。生徒Ｂは，〈16〉に答えることを提案する［02］。次の［03］から［08］にかけて生徒Ａと生徒Ｂは，どのように答えるかについてネゴシエーションを行なっている。このネゴシエーションの内容は，2人へのインタビューにより明らかである。すなわち，［03］［05］で生徒Ａが示唆していることは，生徒Ｂが好きなジャニーズジュニアメンバーを書けばいいということである。しかし，それを生徒Ｂは，「ばれる」という理由で拒否する［06］。ここで「ばれる」というのは，パンダというハンドルネームの裏に生徒Ｂ（そして波及的に生徒Ａ）がいることがスレッド参加者にばれてしまうということである。クラスのなかで生徒Ｂがある特定のジャニーズジュニアメンバーのファンであることは広く知られており，ここで，その名前を出せば，書いたのが自分（生徒Ｂ）であることが即座にわかってしまうということである。生徒Ｂは自分だとばれないメンバー名（つまり，小山）を書き込

むことを提案［08］し，生徒Aの承認を得て［09］，〈24〉の書き込みをしたのである。

　ここでパンダらは，たしかに「匿名電子掲示板」に参加していたといえる。匿名電子掲示板とは，実名を明かさずに書き込みのできる電子掲示板システムを指すが，厳密には，そのシステムを利用することが即，匿名電子掲示板に参加することにはならない。匿名電子掲示板とは，その参加者らが，自分の素性をあかさないということに注意を払いつつコミュニケーションしている場である。掲示板が「匿名」であるということは，参加者が「doing 匿名」ともいうべきコーディネーション（たとえば，ある種の書き込みをさけたり，また，受け流したり，ときには嘘の情報を書いたりすること）を行なうことによって作られているのである。このような視点から見ると，パンダらがしていたことは，自分たちの匿名性を（まさに，今，この教室内で運営されている電子掲示板の世界において）確保しつつコミュニケーションを楽しむことであり，ここから，少なくともパンダにとって，この教室内匿名電子掲示板は，迫真性の観点から本物であったといえる。

　このような体験に期待される教育効果として次のことが考えられる。第1は，匿名電子掲示板の利用法に関する実践的理解である。パンダは，匿名性の維持のために，自分の好きなタレント名を書かないという選択をしている。これは，世間にある匿名掲示板においては一般的なことではない（世間一般の掲示板において好きなタレント名を書いても個人は特定されない）。この選択は，彼女らの個別事情を考慮したうえでの判断だと考えられる。ここで彼女らは，「個人の特定される情報を書き込まない」という一般的ガイドラインを，実際の文脈（今，ここで運用されている教室内掲示板という文脈）に即して変換するという体験をしている。このことは，匿名電子掲示板の利用法を理解するうえの注意事項を単に聞かされる以上の意味があるだろう。

　第2は，匿名電子掲示板上の書き込みに関するメディアリテラシー的理解である。彼女らは，自分たちの匿名性を守るために本当の気持ちを書かなかった。この経験は，他者の書き込みの見方を変える可能性がある。つまり，掲示板上の書き込みは，書き込み者の考えや気持ちを素朴に直接表現しているのではなく，何らかの意図（この場合は匿名性の維持）にしたがって編集されたものだ

ということに思いいたる可能性がある。

(2) 「荒らし行為」体験

不正書き込みボランティアによる荒らし行為を，彼女らがどのように受け止め，対処したのかを見てみる。表2-6は，荒らし行為がとりわけ頻繁になされた部分である。なお，表2-6において，ハンドルネーム「！」，「とち」，「あばれ鮭」が不正書き込みボランティアである。また「！」と「とち」は同一人物である。また，このログに対応する「パンダ」の会話が表2-7である。なお断片中，[02] と [03] は同時に発せられた。

表2-6 ログ2

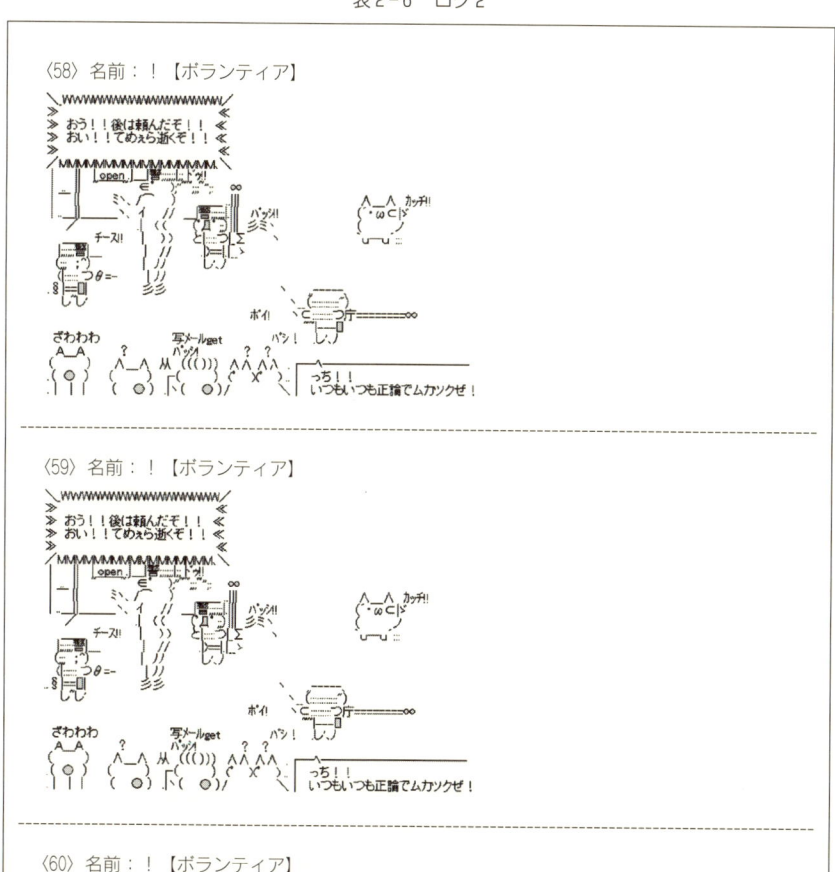

〈58〉名前：！【ボランティア】

〈59〉名前：！【ボランティア】

〈60〉名前：！【ボランティア】

```
wwwwwwwwwwwwwwww
> おう！！後は頼んだぞ！！ <
> おい！！てめぇら逝くぞ！！ <
MMMMMMMMMMMMMMMM
    open        ∧_∧ カッチ!!
  ∥ ｜    バッ!!  (  ﾟ C ﾟ)
  ∥   ミ,,     
   チーズ!!
  §        ポイ        
 ξ∞ﾞ=      ∧_∧       
        ( ﾟωﾟ )=ｪ ━━━
   ざわわわ  写メールget
   ∧_∧  ?  バッ!!   ∧_∧  っ!!
   (   )   (∧_∧) ((( ))) いつもいつも正論でムカツクゼ!
```

〈61〉名前：あばれ鮭【ボランティア】
あのぉ，ドラマについてダラダラ語らう
クソスレはここでつか？

〈62〉名前：one*way【生徒】
ヵキコしてるし　＞＜ー

〈63〉名前：one*way【生徒】
やめろぉ＞＿＜；　＞！

〈64〉名前：パンダ【生徒】
何で同じ絵何回も入れてんの？

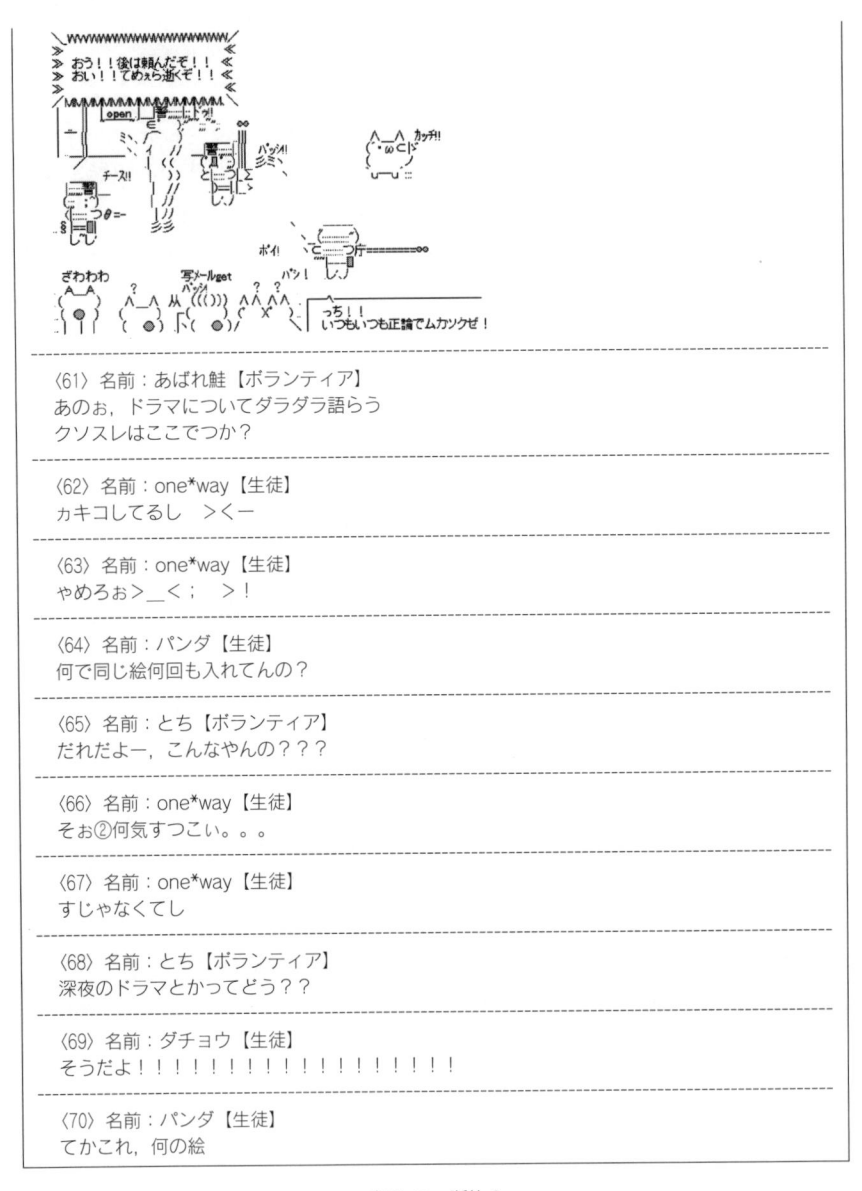

〈65〉名前：とち【ボランティア】
だれだよー，こんなやんの？？？

〈66〉名前：one*way【生徒】
そぉ②何気すつこい。。。

〈67〉名前：one*way【生徒】
すじゃなくてし

〈68〉名前：とち【ボランティア】
深夜のドラマとかってどう？？

〈69〉名前：ダチョウ【生徒】
そうだよ！！！！！！！！！！！！！！！！！

〈70〉名前：パンダ【生徒】
てかこれ，何の絵

表 2-7　断片 2

【〈58〉が表示された】
A [01]：お

2節　不正書き込みボランティアを利用した匿名電子掲示板リテラシー教育　　99

```
A［02］：/なんだこれ，hhh
B［03］：/なんだこれ
(省略)
A［04］：よくわかんないんだけど，
B［05］：(　　　)しばくぞ？【〈58〉の「逝くぞ」の誤読。「死ぬ」の婉曲表現だが，ここでは
「行く」の意味】
B［06］：てかこれ，超わけわかんない
A［07］：hhわけわかんない
B［08］：悪いのはわかってるけど。悪いってかんじだよね
A［09］：うん
【更新ボタン押下。書き込み〈59〉から〈63〉が表示される】
B［10］：また
A［11］：また．おかし：：い
B［12］：なに(　　　)しつこいなあ【強い語気で】
A［13］：hhh
A［14］：(　　)くそスレは(　　)【あばれ鮭の書き込み〈61〉を読み上げ】わけわかんないし
B［15］：は！うざいし
A［16］：(　　)かきこしているし
(省略)
B［17］：バッカじゃないの！【強い語気で】
A［18］：したした
B［19］：なんかよくわからなくなってきた
A［20］：あのお，ドラマについて(　　語らう)くそスレはぁ【あばれ鮭の書き込み〈61〉を
読み上げ】
B［21］：いみわかんない,
A［22］：わけわかんない,
B［23］：これ何語しゃべってるか，ほんとに
A［24］：やめろお【書き込み〈63〉読み上げ】
B［25］：ねえ，なんで同じ絵何回も載せてるのっていってみたくない？
A［26］：うん
B［27］：【キーボード入力しながら】何回も入れてんの？でいい
A［28］：うん
B［29］：【キーボード入力〈64〉】
(省略)
【更新ボタン押下。書き込み〈64〉から〈65〉が表示される】
A［30］：だれだよお，こんなんやんの【書き込み〈65〉読み上げ】
B［31］：(　　)【マウスで，書き込み〈64〉をなぞる】(　　　)返信きてない
A［32］：(　　　)
B［33］：なんで同じ絵何回も入れてんの
A［34］：てか，何の絵これ
B［35］：(そお，そお)
A［36］：ちょっとこれ，何の絵っていってみる
B［37］：ああ，いいよ，いいよ
A［38］：【キーボード入力。〈70〉入力】
```

　まず，書き込みと生徒A，Bの会話の流れを整理しておく。書き込み〈58〉は，いわゆるアスキーアート型（すでにあるアスキーアートをどこかからコピ

ーして貼り付けているという意味ではコピーペースト型でもある）の荒らし行為である。この書き込みに対して生徒A，Bは，まず純粋におどろいている［02］［03］。［06］［07］の発言からわかるように，彼女らは，この書き込みの意味がわからない（そもそも意味などないのであるが）と表明するが，同時に，この書き込みが「悪いもの」であることを確認しあっている［08］［09］。ただし，［01］から［09］のシーケンスの中で彼女らの苛立ちは，主に「わけのわからなさ」に向けられている。

　このあと，画面を更新すると，まったく同じアスキーアートがふたつ〈59〉〈60〉と，新たな，あまのじゃく型の書き込み〈61〉が表示される。生徒Bは〈59〉〈60〉の連続書き込みに対して強い不快感を表明する［12］。「しつこいなあ」という発話からわかるように，少なくとも生徒Bの怒りの矛先は，同じアスキーアートを執拗に投稿した！の意図（悪意）に向かっている。ここで，〈58〉のアスキーアートは，「わけのわからないもの」から，「悪意に基づく妨害行為＝荒らし行為」として明確に位置づけられたといえる。この怒りは，生徒Bの「ねえ，なんで同じ絵何回も載せるのっていってみたくない？」［25］という提案をとおして，書き込みの形で表現されることになる〈64〉。ここでは，アスキーアートそのものが何を意味するのか，ではなく，なぜ，そんなものを執拗に投稿するのか，が問いただされている。この流れに挿入されるように，生徒A，Bは，書き込み〈61〉についても話題にする。ここでも生徒らは，投稿の「わけのわからなさ」についていらだつが［21］［22］［23］，とくに生徒Bは，すぐさま強い怒りをぶつけている［15］［17］。〈58〉のアスキーアートは，単体では単なる意味不明の書き込みに過ぎなかったに対して，〈61〉は，「クソスレ」という明らかな揶揄表現が用いられているため，それが自分たちに対する攻撃であることを生徒が解釈しやすかったのだと考えられる。

　〈64〉の書き込み後しばらくして，パンダは自分たちの質問に！からの回答がないことに気づく［31］。生徒Bは，再度，同じ質問を行なおうと提案するが［33］，ここでは生徒Aは，アスキーアートの意味を問いただすことを求め［34］，生徒Bの承認を得たあと［37］，投稿を行なっている〈70〉。このあと，！からの回答はなく，書き込み実習は終了する。

　これらの流れから，不正書き込みボランティアによる荒らし行為は成功であ

ったといえる。まず，予告してあったにもかかわらず，トランスクリプトからは，生徒らのおどろき，そして不快感と怒りが見て取れる。

　彼女らの感じた怒りは，書き込みに対するものだけではない。授業後のインタビューでは，自分たちの投稿に対して！が回答しなかったことに対して，生徒A，Bともに激しい怒りを感じたと述べている。彼女らが行なった投稿は，ひとつは，投稿の意図を問う質問［64］，もうひとつは，投稿の意味を問う質問［70］であった。これらの質問は，！に対して自身の投稿に対する説明責任を割り当てる行為である。これは，人が不快感を与えるものに対処・反撃する日常的な手法である。ようするに，彼女らは，電子掲示板上で出会った不愉快なできごとに，日常的な方法で対応しようとした。それに対して！は，多くの荒らし行為者がそうであるように無責任にふる舞い（つまり，説明の要求を無視した），結果として，彼女らは，さらにストレスを感じることになった。さきに述べたように，匿名電子掲示板上の「荒らし行為」が与えるストレスの原因は，言葉の激しさのみにあるのではなく，自分の発言へのコミットをさけ続ける荒らし投稿者に，なすすべもなく一方的にストレスを与えられ続けることにある。こう考えれば，彼女らの感じた不快感や怒り，ストレスは，匿名電子掲示板における荒らし行為が与える不快感やストレスと同じ構造をもっていたといっていいだろう。彼女らは，まさに匿名電子掲示板上の「荒らし行為」を体験したのである。

　このような体験をすることの教育的意義について考えてみる。第1に免疫効果である。彼女らは，「荒らし行為」に巻き込まれた経験がなかったため，〈58〉や〈61〉のような書き込みに驚き，感情的になってしまった（とくに，生徒Bの反応が顕著であった）。しかし，1回このような経験をしておけば，将来，実際の電子掲示板上で似たような書き込みに出会ったときに，落ち着いて対処することができると思われる。

　第2に，荒らし投稿への対処法に関する理解である。今回，彼女たちが行なった質問の投稿は，まんまと荒らし行為の挑発に乗ったものだといえる。匿名電子掲示板上の荒らし行為にこのように反応することは，ふたつの意味で推奨されない。第1に，それは，挑発を目的とする荒らし行為者をかえって喜ばせてしまい，荒らし行為をエスカレートさせる可能性があること。第2に，自分

の投稿にコミットしない相手に向かってこのような問いただしをしても，無意味であるし，かえってストレスを受けるだけである。荒らし行為から身を守る手だては無視しかないというのはよく知られた対処法であるが，彼女らは，そのことを，！に対する質問を投稿したことの虚しさ，返答を得られないことの強いストレスをとおして身にしみて理解したのではないかと思う。このことは，生徒Bが授業の最後に執筆した後輩向けガイドラインからもあきらかである。生徒Bが作成したガイドラインは，次のようなものであった（表2-8）。番号は，説明のために筆者が追加した。

表2-8　電子掲示板の使い方（生徒Bによる）

①いくら信用していても個人情報を聞かれた場合は，絶対に答えない（電話番号，メールアドレス，住所など…）。
②自分ではなく，他人になりすまして，書き込んではダメ。
③相手が傷つくようなことは，書かない。
④掲示板上で，相手に嫌なことや，へんな事をいわれても，それにいい返したりせず，上手くかわす。
⑤これらを守って楽しく使用しましょう。

①から③の内容は，さきに配布した「べからず集」の内容の一部と一致する（ただし表現は，生徒Bによって平易なものに変更されている）が，④，⑤は，生徒Bが独自に追加したものである。④では，荒らし行為に対しては，「いい返したりせず，上手くかわす」と述べられている。このようなことを授業のなかで教示してはおらず，これは，生徒Bが自分の経験から考えたものと思われる。生徒Bは，実際には，自分の書いたガイドラインに反する行動をとっていた（荒らし行為に対して，腹を立て，2度にわたって「問いただし」投稿をした）。このガイドライン執筆の背後には，自分のとった行動に対する冷静なふり返りがあったものと考えられる。

　実際の荒らし行為に巻き込まれるというリスクを回避しながら，このような体験をとおした理解が可能となったという意味で，本実践は教育的に意味があったといっていいだろう。

(3) 集合書き込み方式の評価

　ここでは，本実践の工夫のひとつである集合書き込み方式について検討する。書き込み実習全般をとおして，生徒Aと生徒Bは，いっしょに書き込みを読みながら，相談しながら書き込んでいた。それは，荒らし行為に巻き込まれたと

2節　不正書き込みボランティアを利用した匿名電子掲示板リテラシー教育

きも変わらなかった。ログ2から見て取れるように，ふたりは，（生徒Bの方が強い怒りを表明しがちであったが）いらだちや怒りを共有しながら書き込みを読み，自分たちが書き込む際には相手の承認を取っていた。彼女らは，荒らし行為を受けるときも，返すときも，グループで立ち向かった。このことが，彼女らに精神的な安心感を与えていたことは，インタビューから明らかである。グループでひとつのハンドルネームを使ったことについて生徒Aは，「意見を出しあうことができたから，いろんなことが書けた。1人のときよりも楽しくできた」と答えている。また，生徒Bは，「相手の書き込みに対してなんて書こうかわからなくなるときがある。相手が傷つくことをいってしまったとき，どうしていいか不安があるけれど，グループなら解決できるかなあと思う。人に傷つくことをいわれたときも，グループで受け止めた方が気が楽。自分だけにいわれているという気がしない。みんなにいわれている気がする。掲示板は楽しそうだけど，1人で書き込むのには抵抗がある」と述べている。

　この結果から，集合書き込み方式が与える精神的安心感は，次の範囲にわたっていることがわかる。第1に，他者の書き込みから受けるインパクトが軽減されるという安心感，第2に，投稿内容をいっしょに考えられるという安心感，第3に，万一，自分の書き込みが他者を傷つけてしまったときにふたりで対処できるという安心感。このような安心感を背景として，パンダは，荒らし書き込みに対していらだったものの傷つけられることなく，さらに問いただしという形での反撃を試すことができたと考えられる。このように考えれば，集合書き込み方式が与える安心感が，彼女らの匿名電子掲示板体験をより豊かなものにしていたといえるだろう。

　授業後の質問紙調査によれば，集合書き込み方式によって安心感が得られるのはおもに女子生徒であることが明らかになった。「グループでの書き込みで気持ちを楽にできたか」という質問に，はい，と答えたのが17名，いいえ，と答えたのは3名，どちらでもない，と答えたのが10名であった。それぞれの内訳は，はい（男子4名，女子13名），いいえ（男子3名，女子0名），どちらでもない（男子7名，女子3名）であった。男女差の原因については今後の検討が必要となるだろう。少なくとも，実習期間中に生徒に心理的な安心感を与えることを最優先とするならば，集合書き込み方式を導入しておいて間違いはな

いと思われる。

(4) 不正書き込みボランティアからのメッセージ

　まとめのセッション（生徒Aは欠席）において，不正書き込みボランティアからのメッセージを配布した。メッセージは全員分を配布した。表2-9では，パンダに関連する！（「とち」と同一人物）のメッセージシートを示す。

表2-9　ボランティアからのメッセージ

ハンドル名（！，とち） 本名（Z，男） 大学の＊＊年生です。けいじ板とかはぜんぜんやったことがないです。漢字書けなくてすいません。パソコンばっかり使ってると書けなくなります。不正書き込みもヘタですみません。「荒らせ」っていわれても，心が痛んで。あと，何の理由もなく変なことを投稿するなんてつまらなくてできません。っていうか言われてやったことなので，「アイツびみょーだよね…」とかいう話題はなしということで…

　このメッセージのなかでボランティアのZは，荒らし行為は依頼されてしょうがなくやったこと，そして荒らし行為を行なうことは苦痛であったことを伝えている。生徒への事前説明のなかで不正書き込みボランティアの存在については触れてあるが，直接，本人から，このようなメッセージをもらうことで，生徒は，荒らし行為を行なっていた人の素性と人となり（少なくとも，荒らし行為を苦痛に思うような性格）を，文章に現われた限りではあるが，知ることができる。また，このメッセージのなかでZは，「不正書き込みがヘタですみません」と謝っている。このことによって，生徒は，ボランティアが生徒らの学習のために，よい「荒らし書き込み」を行なおうと努力していたことがわかるはずである。このことによって，生徒は，「得体の知れない人が得体の知れない書き込みをしてきた」，という不快感と，書き込みの裏に想定した「悪意」によって引き起こされた怒りや恐怖といった感情を多少なりとも軽減できると考えられる。不正書き込みボランティアからのメッセージシートは，最低限の回復手続きになりうると考えていいだろう。

　メッセージシートには，匿名電子掲示板について理解するための材料にもなりうる。生徒Bは，インタビューのなかで，メッセージシートの内容が書き込みから受けた印象とかけ離れていたと報告している。これは，クラスの多くの生徒に共通の体験であった。授業のビデオを見ると，メッセージシートが配ら

れた直後に，「grooveって女だったのか！」，「奈々子は男かよ」という声があがっている。生徒は，投稿された言葉と，投稿者の特性・素性が一致しない匿名電子掲示板上のコミュニケーションのむずかしさと潜在的なリスクを理解することができたと考えられる。

(5) 不正書き込みボランティア方式の問題点

最後に，不正書き込みボランティア方式を今後実施する際に留意すべき点について指摘しておきたい。それは，不正書き込みボランティアの精神的苦痛である。4名の不正書き込みボランティアに事後インタビューを実施したが，そのなかの2名が，「荒らし行為」を行なうことに強い自己嫌悪を感じたと報告した。彼らは，不正書き込みボランティアをできればもうやりたくないと表明した。この荒らし行為は中学生の学習のために行なうのだという説明をボランティアは受けていたが，このふたりに関していえば，それだけでは，荒らし行為を教育行為として割り切れなかったと思われる。「荒らし行為」が苦痛ではなかったと表明したボランティアに理由を聞くと，「そのことが，彼らの勉強に役立つと思ったから」と答えていることからも，「荒らし行為」を「教育行為」として明確に位置づけることが，ボランティアの精神的苦痛を取りのぞく鍵になると思われる。いずれにしても，本実践では中学生の安全性には細心の注意を払ったが，ボランティアたちの苦痛については配慮が足りなかった。このような実践を継続するためにも，ボランティアへのケアも忘れてはならないデザイン要因のひとつといえるだろう。

6　おわりに

以上，中学生を対象とした「荒らし行為」体験授業のデザインと実施結果について述べた。不正書き込みボランティアの導入によって，本物性と安全性のバランスのとれた体験授業ができたといっていいだろう。ただし，今回は，授業時間の制約でふり返りの時間が足りず，そのため，体験のふり返りに対する支援が不十分であったという問題がある。次の機会があれば，中学生が自分たちの書き込みを詳しく見ながら，そこで何が起こっていたのか，そのことに匿名電子掲示板という道具の特徴がどのように関連していたのかを科学的に分析するような活動を取り入れる予定である。

匿名電子掲示板は,「素性を明かさずに不特定多数の人々とコミュニケーションを行なう」ことを可能にする,おそらく人類史上初めての道具である。この道具が,今後どうなっていくかは筆者には想像がつかない。やがてあきられてうち捨てられる運命にあるのか,とんでもない悪の巣窟になってしまうのか,それとも,大きな文化的潮流を生み出すまでに成長するのか。答えはわからない。ただいえることは,この道具の行く末は次世代にゆだねられるということだ。よって,われわれが子どもたちにしてあげられることは,匿名電子掲示板の面白さを無責任に伝えることでも,その怖さをあおることでもあるまい。「匿名電子掲示板」を過度に恐れることなく,しかし注意深く取り扱い,そこに何らかの価値を見いだしていくための入り口に立つ,その支援であろう。

[付記]
この実践は,茨城大学大学院の宮田哲史氏によって実施された。実践に協力してくれた茨城大学大学院の杉浦裕くん,茨城大学コミュニケーション学科の上野紋さん,山本春奈さん,中野明広くん,会沢篤志くん,齋藤調くん,宮阪亮くんに感謝します。

3節 ネットワークを利用した情報教育における情報モラル教育

　2003年(平成15年)より高等学校においても新教育課程が施行され,教科「情報」や「総合的な学習の時間」が開講された。今まで,高等学校では触れられることが少なかった情報モラルの問題が,教科教育のなかで扱う課題のひとつとして初めて入ってきたともいえる。それまでも,パソコンやインターネットは修学旅行の事前指導などの調べ学習や家庭,数学,理科などの教科学習で利用されてはいたが,情報モラルについては簡単に触れるだけで,時間をかけて指導することは少なかった。

　本校でも,2001年9月より光ファイバー回線を利用したインターネット接続が可能になり,普通教室や特別教室などに設置されたコンピュータから自由にインターネットに接続できる環境が整った。しかし,にわかネットワーク管理者になってしまった数名の担当者(私もそのうちの1人)の間では次のような点が議論されていた。

　●ネットワークのセキュリティを保つにはどうしたらいいか。

- ネットワーク上の有害情報に対し，どう対応するか。
- 外部向けWebページで公開する情報に関して，生徒の個人情報の保護をどこまで配慮するか。

これらの問題には，教務用と教育用（生徒用）の異なるネットワークを構築し，生徒の利用できるパソコンを制限したり，インターネットサーバにフィルタリング機能を導入したり，生徒の個人情報のWebページ公開基準を作成したりして対応してきた。

この段階では，生徒が校内でインターネットを利用するのは，一部の教科で行なっているパソコン室を利用した一斉授業や，担任や進路指導担当者との進路指導程度であった。当時は，情報モラルの問題といっても，ネットワークを利用している生徒の問題ではなく，ネットワークを構築しているわれわれが対応することで改善できる問題がほとんどであった。だが，2003年度入学生から1年次で教科「情報」が開講されると，次のような点が新たな課題となった。

- 子どもの作る制作物の著作権をどう指導するか。
- 情報モラルやセキュリティについてどう指導するか。

それまでは一部の高校をのぞけば，授業のなかで積極的にインターネットが使われることは少なかった。本校でも，家庭や数学，理科などの一部の教科で利用されていただけである。しかし，すべての高等学校に教科「情報」や「総合的な学習の時間」が開講されたことで，すべての高校生が実際に授業のなかで触れるようになり，あまり問題視されてこなかった情報モラルとセキュリティの問題が，大きな課題となって現われてきたといえる。また，情報化社会の急速な発達により，6割以上の家庭にインターネットが普及し（総務省「平成15年通信利用動向調査」より），本校でもほぼ100％近い生徒が入学時に携帯電話を所有するようになってきている。このように，インターネットというひとつのメディアをとおして社会全体が急速にネットワーク化されていくなかで，生徒に情報モラルやセキュリティをどう定着させるかという問題はますます重要になってきている。

われわれが校内で議論してきた課題はいずれも大きなものであり，場合によっては社会的な問題や犯罪行為につながる問題でもある。一般に，情報モラルとセキュリティを分けて考える場合もあるが，お互いに密接な関係があるもの

であり，生徒に対して指導をする際には区別できないことが多い。本校で開講している「情報A」は年間の授業時間が実質的に60時間程度であり，情報モラルとセキュリティをその時間の授業テーマとして大きく取り上げることもあるが，基本的にはさまざまな実習や座学のなかで，必要に応じて少しずつ指導するように心がけている。

　ここでは，2003年（平成15年）度から始まった教科「情報」の授業を中心として，情報モラルをどのように指導しているかについていくつか紹介したい。

1　授業ガイダンスでの情報モラル

　本校で採用している教科書「情報A」（2004）では，「情報モラル」は「コミュニケーションを円滑に進めるためのルールとして機能している」とし，その内容を以下の①〜⑤に分類している。

　①ネットワーク上でのマナーやルールに関する問題
　②情報リテラシーに関する問題
　③コンピュータセキュリティにかかわる問題
　④プライバシーにかかわる問題
　⑤著作権など知的所有権にかかわる問題

　また，情報モラルを身につける方法として，「情報の価値」を「これからは情報が価値の中心。発信者としても，受信者としても，情報を見極める目が問われる」，「年齢や社会的地位などよりも，どのような情報をもっているのか，その情報がその人の評価を決める。自己表現，意思表示の力をみがこう」，「相手の気持ちを考え，尊重する力も必要である」と説明している。さらに，「デジタルデータ」については，「情報のデジタル化は，もろ刃の剣である。デジタルデータの取り扱いには細心の注意が必要である」，「個人情報や著作権などの人の情報を使うときは慎重になろう」，「ネットワークにアップロードされたものは，永遠に回収できない可能性があることを知っておこう」と説明している。そして，「コンピュータ・ネットワーク」については，「未知の人との出会いは刺激的だが，それだけリスクも高いことを知っておこう」，「ネットワークでのコミュニケーションは壊れやすいことも知っておこう」，「電子メールは便利で手軽なメディアだが，その分，コミュニケーションが雑になりがちである」，

「たまには会って話そう。日常生活では，いつも会って話をしよう」と説明している。

最初の授業で行なうガイダンスでは，この内容を参考にしながら，ネットワークを利用する際の基本的な注意をしている。「情報ってどんな教科なのだろう」，「いつになったらパソコンが使えるのかな」とワクワクしている生徒のなかには，教科書のなかで使われている単語が理解できない生徒や，そのような体験がない生徒もいる。最初からむずかしいことをいっても理解してもらえないし，せっかく授業へのやる気を出している生徒の気持ちを半減させてしまうのもかわいそうなので，ネットワークの利用に関して次のような説明をしている。

『現在は，パソコンでも，携帯電話でも，簡単に，自由に，ネットワークを利用して何かすることができる。その可能性は無限に広がっており，自分のことは自分で守り，他の人には迷惑をかけないように心がけてネットワークを利用すれば，こんな便利なものはない。

ただし，その場合には「相手を思いやる心」が必要である。現実社会でいけないことは，ネットワーク上でもいけないことだ。自分が相手の人だったらどう思うか，自分がこうされたら嫌ではないか，といったことを考えながらネットワークを利用していこう。

ネットワークの向こうには人がいることを忘れてはいけない。』

批判があることを承知のうえで，大雑把にとらえると，「自分のことを自分で守る」ことがセキュリティであり，「他人に迷惑をかけない」ことが情報モラルである。どちらも現在の情報化社会では必須の知識である。

2　セキュリティの保たれた学習環境

情報モラルの指導をしていくうえで，セキュリティの保たれたネットワークを利用して指導することは重要である。いくら情報モラルやセキュリティの指導を徹底しても，目の前にあるパソコンで何でも自由にできてしまえば，生徒は面白半分で試してしまう。ほかの生徒の目があると，得意になって余計なことをやりたがる生徒も少なくない。

インターネットサーバーでフィルタリングをするか否かに関しても，光ファ

イバーによるインターネット接続が実現したときから校内で多くの議論を重ねてきた。「ネットワークは水道のようなものである。だれでも簡単に使うことができるインフラでなくてはならないネットワークに制限をかけるのはどうか」という意見もあったのだが，「まだ社会的な常識が十分に発達しているとはいえない生徒たちを教育している教育機関である以上，ブラウザから閲覧できる内容に関しては，一定のフィルタリングはするべきである」という教職員間の合意をまとめ，県教育委員会が用意したフィルタリングシステムを利用している。また，パソコンはできるだけ教職員やほかの生徒の目のあるところにおき，生徒たちが他人の目を意識しながら利用することで，私的なパソコンと学校のパソコンとの違いを認識し，学校におけるネットワークの利用方法を自分で考えることができるようになることを期待している。

永野（2002）によると，人間の能力には，「訓練しなければ身につかない能力」と，「学習環境を整備し，その環境でのインタラクティブなかかわりの機会を与えるだけで，身につく能力」があるという。情報教育の場合は，前者はタイピング練習などであり，後者はメールの利用やさまざまなアプリケーションの操作方法の理解などであろう。「情報A」の年間授業時間が少ないこともあり，私の授業では後者を重視している。そこでは，さまざまな情報通信機器やネットワークの仕組みについて学習をするが，その使い方の指導を重視するよりも，「具体的な問題解決場面で，どのように情報を活用すると，より有効に解決できるか」を判断できる能力の育成を目指して，授業を展開している。そのためには，その時間の課題に積極的にかかわろうとする生徒の意思と，彼らの意思に応えることのできる環境が必要である。情報モラルやセキュリティの学習も後者であり，そのためにもセキュリティの保たれた環境は必要である。

3　学校は情報モラルの教材の宝庫

私は「話を聞くだけでは知識は身につかない」と考えている。学習している課題に対する何らかの経験が理解を深め，自分のものとして体感できて初めてその内容が知識として身につくものである。たとえば，数学の学習では，さまざまな定理や性質の説明を受けたあとに例題を解き，問題演習を重ねることで，ほかの問題を解こうとするときに，その知識を活用することができるようにな

る。スポーツ選手がひとつのプレーをマスターするために，何度も何度も同じ練習をくり返すことも同じであろう。

「情報A」でも，数分で終わるようなちょっとした実習から数時間かけて行なう実習まで，ひとつの課題のなかに，必ず何らかの実習を組み込むようにしている。これは，情報モラル・セキュリティを指導するときも同様であり，その題材はできるだけ生徒の身近なところから探すようにしている。学校という場所は，情報モラル（とくに著作権）に関する問題はいろいろとあり，題材に困ることはない。たとえば，昨年および今年の授業のなかで取り上げた課題には次のようなものがある。

- 部活動の新入生入部勧誘ポスターに有名スポーツ選手の写真を利用している運動部があるが，君たちはどのように考えるか。
- 文化祭において，音楽や映画を利用したクラス，利用しようとしたけど取りやめたクラスがあったが，君たちはどう考えるか。
- 生徒用のパソコンを使う際に個人アカウントを貸し借りしているものがいるが，君たちはどう考えるか。
- 提出された制作物のなかにほかの人が作った素材や，ほかの人が撮影した写真を使っている人がいる。このことを君たちはどう考えるか。

題材の取り上げ方，課題の提示の仕方からわかるように，身近な問題を題材として，○か×かの判断よりも，「どのように考えるか」に重きをおいている。一方的に私の意見を伝えるのではなく，生徒たちがお互いに意見を出し合い，自分なりの意見，自分たちの意見をまとめさせるようにしている。

出題する方法も，メールの学習をしたあとでメールの送受信の練習のために自分の意見をまとめさせて提出させたり，プレゼンテーションの題材として利用したりするようにしている。1時間すべてこれらの問題を考える時間も作るが，批判されることになれていない生徒は，自分たちの行動が批判されると，授業に対する意欲が萎縮してしまうので，授業の最後のちょっとした時間などに考えさせるように心がけている。

著作権の授業をしたときに，1時間すべて「先生，これ○なの，×なの」と正誤の判断に終始する授業になったしまったことがあった。できるだけ多くの事例に対して，彼らなりの正誤の判断をしてもらいたく，数多くの事例を紹介

し，その判断基準を解説したためである。しかし，生徒のなかには何も考えずに○，×だけをつける生徒も出始め，こちらの思惑通りにはいかなかった。次の時間からはたんなる○，×だけでない，自分の意見をまとめ，お互いに意見交換をする授業へと変えるようにした。

　2003年は教科「情報」開講初年度ということもあり，先行きが見えないなかで試行錯誤しながらの授業展開であった。毎回の授業も「次に何をするか」というHow to的な説明が多くなり，その作業をする理由を十分に説明できたかどうか反省している。今年は一つひとつの実習にも十分な時間をかけ，質問や疑問が出るたびに確認しながら進めている。

　たとえば，さまざまなアプリケーションやインターネット上のＷｅｂサービスを利用していると，確認ウィンドウや，警告ウィンドウが開くことがある。生徒たちは条件反射のように「どうしたらいいの」と聞いてくるが，私は簡単には教えない。質問をしてきた生徒だけでなく，そのまわりにいる生徒にも「よく読んでごらん」と声をかけながら，彼ら自身で解決できる時間を設けるようにしている。場合によっては，われわれが読んでも理解しにくいヘルプファイルを活用させたり，パソコン教室に常備しているさまざまな参考書や，ネットワーク上においてあるアプリケーションの操作方法を説明したデジタルコンテンツなども活用したりするように指示をしている。

　教科「情報」は，「情報活用の実践力」，「情報の科学的な理解」，「情報社会に参画する態度」を3本の柱とした「情報活用能力の育成」が目的であり，情報モラルやセキュリティだけを考える場ではない。また，一方的に生徒に「教える」教科ではなく，生徒といっしょに「考える」教科，生徒自身に「考えさせる」教科でもある。授業中に起こり得るすべての事例に，私ひとりで正しい判断はできないし，判断に悩むことも非常に多い。そこで，できるだけ生徒といっしょに考える機会を増やすようにしている。その場で解答がでるなら答えが出てくるのを待ち，なかなか出ないときはまわりの生徒も巻き込んで考えさせ，それでもむずかしい場合はクラス全体で考えるようにしている。

　モラルとは，本来，自発的に正しい行為をしようとする働きであり，自分で考え，自分で判断したうえで守ろうとする規範のことである。この自分で考える態度，自分たちで考える態度の育成は，これからの情報化社会を生きていく

ためには大切であり，このような問題解決方法を身につけることが，情報モラルやセキュリティを生徒自身の問題として考えることにつながるのではないだろうか。そのため，できるだけ生徒が自分自身で考え，みずから判断するような機会を授業中に設けるよう心がけている。

しかし，今の生徒は自分で考えること，問題を解決することに慣れていない。数学などでも，簡単に解答や解説を見てしまう姿を非常によく見かける。小・中学校のころから，学校にいれば先生が，放課後は塾の先生が，家庭では家庭教師が隣にいるという，だれかしら頼る相手がいる環境での学習に慣れてきてしまっているからであろうか。もしそうであれば，授業だけでなく，彼らとのかかわりそのものを考え直さなければならないのかもしれない。

そんな彼らの目には，私の教科「情報」の授業はとても異質なものに映っているようである。授業の最初に基本的なことは指示するが，その後は自分たちで考えさせられる。レポートや制作物などの結果と，そこにいたるまでの過程の報告を要求される。最初は「先生どうしたらいいの」とくり返し聞いてきた生徒も，だんだんと友達同士で相談しながら，その時間の課題に取り組むようになる。私がヒントは与えても，簡単には解答にいたる道筋を教えないためでもある。これらの経験のくり返しが，その時間の課題に対する彼らの理解を深めているようである。実際に，まわりの者を巻き込んで，協働学習の中心となっている生徒ほど，教科「情報」の評価が高く，情報モラルの問題などもしっかりと考えていたことは事実である。

昨年の最後の授業で，4月から入学してくる新入生に向けて，教科「情報」の授業内容や感想をまとめたＷｅｂページを作らせたのだが，ひとりの生徒が，「情報の授業は楽しいけど，大変な教科です。受け身では絶対によい評価がもらえません。」と書いていた。「大変だけど，楽しい教科」，「自分で取り組む教科」をめざしていただけに，この感想はうれしかった。

4　個人情報に関する情報モラル

生徒の身近に存在するもののなかで，生徒たちが意外と意識していないものに個人情報がある。学校という組織そのものが生徒の個人情報の扱いにルーズであり，各地で問題となっている。生徒情報が流出した事件もあとを絶たない。

一番の原因は指導する教職員側の意識の欠如ということかもしれないが，まだ学校という枠を越えて活動した経験の少ない生徒たちも，個人情報という意識は薄い。だが，今後ますます進展するであろう情報化社会では，その扱いを考えることは大切である。

インターネット上に流れた情報の怖さは，「一度流れた情報は回収することはできない」ということである。流出した情報が何らかの掲示板で公開され，掲示板設置者に連絡をして一時的に消えたとしても，またしばらくするとほかの掲示板で公開されてしまう。このような形でインターネット上には，個人情報が流出し続ける。

しかし，生徒にとっては「携帯電話の電話番号やメールアドレスは，迷惑電話や迷惑メールがくるので，知人，友人以外には教えたくない」という感覚はあるが，その一方で自分の生年月日や住所などに対する注意はそれほどでもない。高校生が起こした事例として，インターネット上の掲示板に友人の携帯番号を書き込んだために，全国から友人の携帯電話に電話がかかり，その友人を困らせてしまった他校の事例を紹介した。このときは，書き込んだ生徒が特定され，日ごろから仲のよい友人だったが，その後の人間関係も壊してしまったことにも触れた。また，企業から流出した情報を元に，その企業を脅迫し，新聞でも大きく取り上げられた事例も紹介した。物品が盗まれればすぐにわかるが，情報はその形跡を残さない。だからこそ，情報漏えいは大きな問題となっているのだが，いずれの事例に対しても，生徒の反応は今ひとつであった。個人情報とは何なのか，自分の身近な問題として実感できないようである。

そこで，個人情報を考える初歩的な課題として，メールの署名を学習するときに，次のような実践を試みた。

まず，ワークシートに自分の個人情報を書き出す。それらの情報を，ほかの人に公開してもよい個人情報と，公開したくない個人情報にわける。ただし，個人情報の中身を書き出すのではなく，その項目名を書き出すようにする。次に，グループ内で，自分の考えた項目に関して，意見交換を行なう。グループ内での意見交換が終了したあと，その結果をグループごとに発表し，クラス全体のまとめをする。つまり，彼らなりの個人情報公開基準を作らせたのである。最後に，作成した基準を参考にしながら，自分の署名を考え，それを自分のW ｅｂメールに設定し，授業担当者にメールで報告する。

　この授業実践は，私の友人に，自分の信念を署名に入れている者や，自分のもっている携帯電話の番号をすべて書いている者がいることから考えたものである。「こんなことまで署名に書いて，どう考えているのだろう」という単純な気持ちから考えたものである。昨年は，署名の見本を見せて，それを参考に署名をつけただけだったが，掲載する事項には何の制限も設けなかったので，名前ではなくあだ名とか，自分の携帯電話の番号，携帯電話のメールアドレス，生年月日まで書いた者もいた。今年は，自分の名前と学校から配布された実習用のメールアドレスを掲載することを原則として，まとめた基準に従って署名の内容を考えさせたことで，個人情報に関して問題になるものは少なかった。

　また，自分たちなりの個人情報公開基準を考えたあとで，本校の情報公開基準を紹介し，その意味を考えさせた。彼らも「どうしてうちの学校のＷｅｂページは写真がないのかな」と日ごろから疑問に思っていたらしく，そのような経緯があることにおどろいていた。

　本校では教科「情報」だけでなく「総合的な学習の時間」などにも，ネットワーク上のさまざまなＷｅｂサービスを利用している。これらのサービスのなかには，利用するときに会員登録が必要なものもある。そのサービスの中身や，それを利用することで得られる情報の内容，授業への効果があるかを十分に判断したうえで，積極的に活用するようにしている。生徒の興味や関心は多様化してきており，情報源を教員や教科書だけに限定していては限界があるためでもある。

　以前はこれらのＷｅｂサービスの会員登録を私の方で一括して行なっていたが，現在は生徒自身にやらせている。これは生徒の個人情報を登録するのに，ほかの者が一括して代行するのはどうかという基本的な問題もあるが，生徒自身に自分の個人情報が何なのかを考えてほしいということもある。会員登録をする際には，ひとつひとつの登録項目を確認しながら，自分にとって公開してよい個人情報は何か，どんなサービスを受けたいと考えているのか，確認をしながら進めていく。時どき，「君たちの個人情報と引き換えに，これらのサービスを受けることができる」と説明したり，「どうして，これらの企業は無料で情報を提供できるのだろう」とか「いっしょに表示される企業からの広告収

入だけで賄うことはできるのだろうか」と疑問を投げかけたりする。小中学生のころから、卒業アルバムや生徒名簿の扱いに注意するようにいわれてきた生徒たちであるが、自分の個人情報がお金になる事実を身近なところで知り、おどろく生徒もいる。

　これらの実習をしたうえで、「個人情報は自分で判断して公開するものであり、むやみやたらと公開するものではない。一度公開してしまった個人情報は削除することはむずかしいので、注意して公開するようにしよう」と説明している。

5　メールに関する情報モラル

　本校では電子メールを積極的に授業に取り入れている。生徒たちはパソコン室に入ってくるとまずメールを確認し、その時間の課題を確認する。そして、授業開始のあいさつもそこそこに、その時間の課題に取り組み始め、最後にその日の結果を報告し、授業を終了する。

　本校では県教育委員会が用意している電子メールを利用しているが、一斉に課題を提示するにも便利だし、個別に課題を提示することも可能である。専用のソフトウエアを利用することで、生徒から一度回収したファイルを、もう一度同じ生徒に配布し直すことも簡単である。ほかにも、生徒が家庭でも作業の続きをすることができるなどのメリットもあり、できるだけメールを使って授業を展開している。

　電子メールの操作方法の指導をするときも、携帯電話でのメールの経験がある生徒が多いとはいえ、情報モラルに関した事項を組み込みながら指導するように心がけている。

　たとえば、メールの「宛先 (To)」、「ＣＣ」、「ＢＣＣ」の違いを理解させるため、そのクラスの生徒全員に同報メールを送信する授業を行なった。携帯電話のメールはよく使っているので、「宛先 (To)」はよく理解できるようである。しかし、同報機能は使ったことがなく、「ＣＣ」、「ＢＣＣ」の違いがよくわからないようである。そこで、「宛先 (To)」、「ＣＣ」、「ＢＣＣ」の違いを理解させるために、次のような実践を行なった。

　最初に、お互いのメールアドレスを共有することに対してクラス全員の同意

をとり，クラス40人分のメールアドレスを「宛先（To）」，「ＣＣ」，「ＢＣＣ」に入力したメールをそれぞれ準備し，順番に送信した。このアドレスは本校に在学中は有効なものであり，全生徒および全教員がもっている。携帯電話のメールアドレスとは異なり，校内ではお互いに公開することにしている。3つのメールを送信してみると，同じ内容のメールなのに，40人分のメールアドレスが表示されたメールが届いたり，自分のメールアドレスが表示されないのにメールが届いていたりすることにおどろいた生徒もいた。

　これは，メールを利用する場合には「宛先（To）」，「ＣＣ」，「ＢＣＣ」を上手く使い分けながら利用しないと，思わぬトラブルを引き起こすことになる例として取り上げている。他人に迷惑をかけないためにも気をつけなくてはならないことであり，よく社会問題として新聞などで取り上げられている企業からの情報漏えいのひとつであることを説明すると，納得している生徒もいた。

　この授業は2003年も実施した実践であり，生徒が理解できたかどうかも確認できたので，次の課題に移ろうとしていた。そのとき，急に女子生徒が騒ぎ始めた。「何これ」という声とともに，教室内がざわつき始めたのである。彼女たちの電子メールの画面を見てみると，ある1通のメールが届いていた。内容はたわいもないことであり，発信元もその教室にいた男子生徒の1人であったが，普段から携帯電話の迷惑メールに困っている彼女たちにしてみても，実習用のメールアドレスで，このような迷惑メールが届くとは考えていなかったし，こんなにも簡単に大量の迷惑メールが送られたことにおどろいたようである。迷惑メールを出した彼にしてみれば，「ＢＣＣ」を確認してみたかったというちょっとした動機であったが，ちょうどよい機会であると考え，迷惑メールの指導に切り替えた。

　その男子生徒のメールを直接取り上げてしまうと，個人への批判になってしまうので，それまでに携帯電話などで受け取ったことがある迷惑メールに限定し，迷惑メールを受け取った気持ちをお互いに出し合い，「どうして迷惑メールはいけないのか」，「どんな内容のメールは嫌か」，「迷惑メールを受け取ったときはどうすればよいか」などをクラス内で話し合った。あわせて，最近よく見られるスパムメールやチェーンメールなどにも触れた。とくにチェーンメールに関しては，生徒たちの好意につけこむ内容のものもあり，彼らが陥りやす

いもののひとつである。携帯電話のメールでチェーンメールをしている生徒の話しも時どき聞く。彼らにしてみれば，よかれと思ってやっていることなので，すべてダメであるとはいいにくいのだが，メール内容の信憑性やネットワークに与える負荷の大きさを話し，基本的には転送も返信もしないように説明している。

　教科書にも迷惑メールがいけないことは書かれており，確認テストをすればだれもが正解することだが，ちょっとした実体験がともなったことで，彼らの理解も深まったようである。

　このように，授業中には何らかのトラブルは必ず起こる。しかし，少ない授業時間のなかで，さまざまなトラブルを解決し，生徒の要望に対応することだけに追われてしまうときもある。しかし，それを逆手にとり，このようなトラブルを授業の題材にすることで，課題に対する理解を深めるきっかけにすることは可能である。

　2003年は意図的に迷惑メールを送信し，迷惑メールに関する授業も展開した。生徒は授業の最初に，その時間の課題の書かれた自分宛のメールを確認するが，そのときにいくつかの迷惑メールを送信しておく。たとえば，「○○が当選したのであなたの住所や名前を教えてください」とか，「○○さんが困っています。メールで励ましてあげよう」，「システムが変更されました。あなたのアカウントとパスワードを教えてください」などのデマメール，チェーンメール，勧誘メールである。いつものように，彼らがメールの内容を確認するまで何もいわずに反応を待つ。もちろん，教室はざわつき始め，なかなか収集がつかない。彼らの電子メールに迷惑メールが届いていることを確認し，少人数のグループでお互いの意見を交換させる。グループでの意見交換のあとに，クラス内で各グループの意見を発表させる。最後にその授業の種明かしをし，迷惑メールの背後にどんな人がいるのか，どんな意図があるのか，などを考えさせ，危険をさけるためにどんなことを守るべきかといった，その時間の授業のねらいを説明する。生徒の感想は最後にメールで提出させるが，実際にあり得るような内容のメールを送信したときは，一部の生徒から批判的な意見を受けたこともある。

　また，授業時間が足りなかったので，掲示板やチャットを利用して情報モラ

ルに関する授業を展開することができなかった。しかし，メールや掲示板，チャットに文字だけで書き込むインターネットの世界では，本音がはっきりと出たり，ちょっとした言葉の行き違いが増幅され，誹謗中傷などトラブルにつながりやすいのは周知の事実である。大人でもそうなのだから，忍耐力が低く，社会常識がまだできていない子どもの場合は，よりトラブルの危険性がある。本校では，入学時に情報教育および情報環境に関するアンケートを実施しているが，掲示板やチャットへ書き込んだ内容に対して，中傷したりするようなメッセージが大量に届き，傷ついた経験をもっている生徒も何人かいる。

　来年以降への課題として，掲示板やチャットを利用した情報モラルの授業も考えていきたい。これから子どもたちがどんどんネットワークを使うようになると，何も指導せずに放っておいては，ネットワーク関連のトラブルはどんどん増えてしまう。できるだけ早い段階で対応しないといけないが，家庭での情報モラル教育が期待できない状況では，学校がその役割を担う必要がある。

　しかし，学校教育のなかで実施する以上，最新の注意が必要である。今回の迷惑メールに関する授業は，一部の生徒から批判を受けたことからもわかるように，もう少し工夫する必要があった。だが，それらの危険性をもっているとしても，是非とも授業の中で取り上げておきたい課題のひとつである。とくに，コンピュータだけでなく，携帯電話からもネットワークに直接接続できるようになり，その重要性および緊急性は増している。

6　アカウントおよびパスワードに関する情報モラル

　本校では，大きく分けると教育用ネットワーク（教室系統，パソコン室系統），教務ネットワークがある。各ネットワーク間のアクセスには制限がかかっており，生徒が自由に利用できる教育用ネットワーク上には個人情報などのデータは保存されていない。また，教育用ネットワーク（教室系統）を利用する際には個人アカウントが必要である。整備時期の違いにより，教育用ネットワーク（パソコン室系統）は機種ごとのアカウントになっているが，2005年（平成17年）には生徒用はすべて同一の個人アカウントで利用するシステムに変更する予定である。これは，早いうちから生徒にパスワード管理の意識をもたせることが情報モラルを育成するうえで重要だと考えているためである。

本校では，「情報A」だけでなくほかの授業でも，電子メールやグループウェアなどのさまざまなWebサービスを利用し，インターネット上のWebサービスも積極的に利用している。これらを利用するには，専用の個人アカウントとパスワードが必要なときもある。

　しかしながら，小・中学校のころから学校のパソコンを利用する際には共有アカウントと共有パスワード（パスワードなしの場合も）に慣れてきた彼らに，自分専用のアカウントとパスワードの管理意識を植え付けることは，非常に苦労することである。

　現在は小・中学校でも情報通信機器の導入が積極的に進められ，授業でも活用されているようである。入学時のアンケートでも，小・中学校時代のパソコンの利用経験を聞いてみると，「授業で利用したことがある」，「授業で積極的に利用していた」という割合は確実に増加している。だが，家庭でのコンピュータの利用も含めて，個人アカウントでパソコンを利用した経験のある生徒は皆無であり，アカウントとパスワードの管理意識の低さから来る問題なのか，年度当初や長期休暇明けには，入学時に配布しているアカウント通知書の紛失，パスワードの忘失などのトラブルが続発する。1年の夏休みを過ぎると，教科「情報」のさまざまな実習や他教科でもパソコンを利用する場面が多くなる。また，作成したデータファイルをネットワーク上の自分のフォルダに保存したり，レポートの提出にメールやネットワークを利用したりするので，時間をかけてアカウントとパスワードの指導をするようにしている。しかし，もう少し早い段階からこれらの扱いに関して，しっかりとした指導をしてもらえると，苦労も軽減できるのではないかと考えている。

　アカウントやパスワードの管理が不十分な場合の問題として，生徒には「他人へのなりすまし」の問題を紹介している。「なりすまし」とは，他人のアカウントやパスワードを盗み取り，その人のふりをしてネットワークを悪用する行為のことである。また，メールを読まれてプライバシーが侵害された事例や，だれかにオンラインショッピングで買い物をされ金銭的な損害が生じてしまった事例なども紹介している。さらに，だれかにアカウントとパスワードを盗み取られ，そのパスワードを変更されてしまったら，ネットワーク上のファイルへのアクセスはもちろんのこと，ネットワークの利用そのものができなくなっ

てしまうこともありえることを説明している。

　自分のアカウントとパスワードを管理することは，ネットワーク上で「自分で自分を守る」ための基本であり，その意識を常にもたせるためにも，生徒がネットワークを利用する際には個人アカウントで利用させている。教科書でも「アカウントとパスワードは個人を認証するために大事なもの，パスワードは人に解読される可能性がある。人に盗まれてしまったら，悪いことに利用されるかもしれない」と説明している。

　アカウントとパスワードも個人情報のひとつであり，本来は本人しかしらない機密情報である。もし，アカウントとパスワードの運用をあいまいな形で覚えてしまうと，彼らのパスワードに対する意識が希薄になる可能性がある。ずさんな管理が原因で問題が発生した場合は，なりすまされた本人が損害を負担する責任を問われることもある。これからますますネットワーク化されていく社会において，そのような不十分な教育を受けた子どもたちがどんどん社会に出ていくことは，情報化社会そのものが危うくなるひとつの要因になると考える。

7　著作権に関する情報モラル

　教科「情報」が開講されたことにより，著作権の問題は教科書のなかでも大きく取り上げられている。著作権法などの法律として明確に決まっていることは，みんなで守ることが原則であり，モラルのひとつとして考えることには抵抗があるのだが，ルールを守ること自体もモラルであると考えて，生徒には情報モラルのひとつとして紹介している。

　2003年，生徒たちが自分で決めたテーマに沿ってPower Pointでスライドを作成し，グループ内やクラス内でプレゼンテーションをする実践を行なった。その実践のなかで，さまざまな情報を収集し，自分の意見をまとめるときに，インターネットを利用したり，図書館の蔵書などのほかのメディアからの情報を参照したりした。まだ著作権法が改正される前の実践だったので，生徒による複製は認められておらず，発表用資料のなかでの引用の仕方も不十分であった。

　引用に関して簡単に説明してから，生徒たちは自分の発表用資料の作成に入

ったが，発表用資料といっしょに提出するレポートがほかの生徒のレポートをそのまま写したものや，雑誌やＷｅｂ上の記事をそのまま転用し，自分の名前をつけただけのものなども見られた。安易にインターネット上の画像を利用したり，人気のあるキャラクターを利用したりした者もいた。なかには，著作権の判断が難しいものも多かった。これらは，簡単にオリジナルに近いものが複製できるデジタルならではの問題である。コンピュータを活用した授業ではさけては通れない問題であり，今のところは，生徒の制作物もその違法性を簡単に見つけることができるレベルであるが，公正な評価をつける際には十分に気をつけなくてはならない。

　限られた授業時間のなかで，生徒がすべての素材を自分で準備して，オリジナルの制作物を作ることは不可能に近い。友人の撮影した写真を借用して自分のレポートに使ったり，ネット上のさまざまな素材を，許諾を取って利用したりしている生徒もいた。なかには，著作権者の許諾を取るために，一度も会ったことのない人に初めてメールを出した生徒もいた。非常に緊張した様子でメールの準備をしていたが，承諾メールが届いたときには大変に喜び，プレゼンテーションする際にもこのことを報告していた。このように，学校外の情報へ簡単にアクセスでき，情報提供者と簡単に，直接コミュニケーションできる環境が実現していることも，学校にネットワークが普及してきたおかげである。

　生徒がレポートや発表用資料を作成している段階で，その違法性や間違いに気がついたものもあったが，その生徒から質問をされない限りは触れなかった。しかし，クラス全員を観衆としたプレゼンテーションをしたときに，私や友人から質問を受けたり，不備な点を指摘されたりしたことで，これらの問題に気づいたようである。どうしても，生徒たちは，自分の意見を伝えよう，見栄えのよいスライドを作成しようとすると，著作権などの問題は後回しにしてしまう。もちろん，事前に著作権に関する簡単な指導は受けており，著作権を守らなくてはならないことは十分に理解しているのだが，なかなか自分の制作物に反映させることはむずかしい。プレゼンテーションしたあとには，私や友人から指摘された点を参考に発表用資料を修正して再提出させ，修正前と修正後の作品の違いも評価した。

　さらに，今回の著作権に対する問題に対して，自分たちでもう一度考える場

を作りたいと考え，今回の問題をグループに分かれて議論をし，議論した結果をプレゼンテーションする実践を行なった。グループにより扱う課題が異なり，学習内容に多少の差異が出てくるが，最後にそれぞれのグループの考えをプレゼンテーションすることでその考え方を共有することにした。

まず課題を提示する。プレゼンテーション実習のなかで見られた問題や，それまでの授業のなかで見られたこと，日常の学校生活のなかで気になる問題を用意し，生徒各自にメールで送信する。内容は著作権関係が多いが，情報モラル全般にわたったものを用意した。生徒たちは，受信した課題のなかからひとつの課題を選び，さまざまなＷｅｂページを参考にしながら，自分の考えをまとめ，簡単なレポートにしてメールで返信してくる。多くのＷｅｂページを参照して自分の意見をまとめるので，授業中に１問か２問を考えるのが精一杯だったようである。

送信されたレポートをもとにいっしょに作業をするグループを編成する。生徒が選んだ課題をもとにグループ分けをするが，できるだけ男女混合になるように気をつけた。これはお互いの考え方の違いをはっきりと認識してもらいたいことと，グループ内に女性がいた方が全体としてまとまることが期待できるからである。

次にグループ内で役割分担をする。基本的には３人のグループだったので，Producer（総責任者），Presenter（発表者），Director（制作責任者）を決めさせた。それぞれの仕事の内容は割りふりをしてあるが，発表準備は全員で取り組むように指示をした。

役割分担が決まったら，作業計画を立てる。ここからは全員に対して指示をするのではなく，その役割の生徒に対して指示を与えていく。まず，Producerに指示を出し，実習全体の流れを確認する。発表用資料の作成に関することはDirector，発表に関することはPresenterに指示し，指示の内容をグループ内で共有させた。

グループごとに作業の進み具合は違うが，お互いの意見を調整するグループ，議論をしながらインターネットを使って調べ始めるグループ，いきなりスライドの制作にはいるグループ，Producerがメンバーの作業の様子を逐一記録しているグループなど，最初から準備の仕方にも違いがあった。スライドの制作と

平行して発表用の原稿を作っているグループもあった。最後の2時間でグループごとにプレゼンテーションするが，2回目のプレゼンであり，グループ内でもプレゼンテーションを得意としている（？）生徒が登場するので，今までにない授業の盛り上がりを見せた。

　それぞれのグループが出した結論に間違いは少なかったが，今回のグループでのプレゼンテーションおよび，その前に行なった個人でのプレゼンテーションを見ていると，次の2点が気になった。1つは「情報がいつ更新されたか」ということを考えているか否かである。見つかった情報が古くて使い物にならなかったり，それを知らずに間違った結論を導いていることに気がついていなかったり，ネットワークから情報を得るときの基本が身についていない。もう1つは，「情報が信頼できるか」ということを考えているか否かである。ほとんどの生徒が検索エンジンを使って情報の検索をするが，検索リストの上位にくる情報に飛びつき，その情報がどこから発せられたものかどうか確認していないことが多かった。ネットワーク上には公式サイトと個人サイトが乱立しているが，公式サイトにはある程度の信頼性があると考えられる。しかし，個人サイトは制作者の個人的な見解が含まれていることが多く，必ずしも正確というわけではない。

　この2点は，「情報を見極める目」ということで，情報化社会では重要なことであり，情報モラルの1つとして考えることができる。それを身に付けるためには，普段からこれらのことを意識しながら，得られた情報が適切なものなのかどうか，自分で考える習慣をつけることが要求される。

　不適切な表現かもしれないが，情報モラルなどの子どもたちがさけたがる実習は多少の痛み（？）がないと，彼らが実感することはできないのではないだろうか。人間はよいことはすぐに忘れてしまうが，失敗したことはいつまでも覚えているものである。「しまった」というちょっとした経験をもとに，「じゃあ，どうすればいいか」と考えることが，モラル育成のきっかけになると考えている。ただし，さきにも書いたが度を越した実習はさけなければいけないし，得た知識を定着させるための時間が必要であることはいうまでもない。

　また，著作権に関する問題を，検索エンジンを使って調べてみると，参考になるＷｅｂページが公的なものも私的なものも大量にあり，ほとんどの場合は

それらのWebページを見ることで解決する。しかし、参照したWebページにより解釈の違いがあり、かえって混乱することもあった。

　あるクラスの生徒から「文化祭の模擬店で音楽を流してよいか」という質問があったときも、簡単に答えてしまうのではなく、クラス全体で調べさせた。音楽著作権に関する問題はよく整備されており、情報を掲載しているWebページも多い。「営利目的」という言葉の解釈で、参照したWebページにより内容のばらつきはあったのだが、著作権法の条文を確認したりして、生徒といっしょに考えていった。そのうち、音楽著作権協会（JASRAC）が公開している著作権利用料規定（なんと84ページもある）を確認していた生徒が、「福祉、医療もしくは教育機関での利用、事務所・工場等での主として従業員のみを対象とした利用または露店等での短時間かつ軽微な利用であって、著作権法第38条第1項の規定の適用を受けない利用については、当分の間、使用料を免除する」とのただし書きを発見し、細かいところまで規定されていることにおどろいていた。

8　携帯電話の情報モラル

　私たち（30代以上）は、パソコンからインターネットを利用するようになり、次に携帯電話からインターネットを使うようになった。しかし、生徒たちは携帯電話からインターネットを利用することがさきで、コンピュータからインターネットを使った経験があまりないものもいた。学校におかれたコンピュータからネットワーク上のさまざまな情報を見るときには、ほかの人の目を気にしながら利用するので、ある程度の歯止めができる。だが、携帯電話を利用してしまえば、授業に利用できるようなWebページも、人前で見るには恥ずかしいWebページも、手のひらのなかの小さなディスプレイで簡単に見ることができてしまう。

　校内での携帯電話の使用を禁止している学校も多いが、一律に遠ざけるのでなく、生徒が携帯電話のメディアとしての特徴を理解し、積極的に利用していくような態度の育成も必要である。

　現在は、携帯電話のもつ電話機能が使えない者はいないだろうし、ましてメール機能についてはいうまでもない。しかし、電車に乗り込んできた高校生が

シートに座るなり，全員が携帯電話を取り出し，メールに夢中になっていたり，隣にいる友だちなのにメールを介してコミュニケーションを取っていたりする様子を見ると，彼らのコミュニケーションの危うさを感じてしまう。小学生でも，携帯電話のメールで確認をしないと，遊びに行けないと聞く。われわれが子どものころなら「○○ちゃん，遊ぼう」と呼びにいったものであるが，そのような習慣はもうないのである。携帯電話が既存のどのメディアよりもよりパーソナルな存在であるという特徴を理解し，どのようなコミュニケーションが構成され，どのような人間関係をつくることができるのか，相対的に直接話すことよりも情報量が落ちニュアンスがなかなか伝わらないことなどを理解し，そういう特性を知ったうえで利用する時のルールや注意事項を考えていくことが重要なのであろう。

　現実に，i-modeが誕生してからわずか5年で小学生でも携帯電話をもつ時代になっている。高校生ならほぼ100％近い生徒が所有している。これだけ使われている以上，うまく活用していく方法を見つけなければならない。

　しかし，このことに対してわれわれ教員の対応は遅れがちである。何をどう指導すべきか混乱しているのが現実である。だからこそ，全面的に禁止している学校も多いのであろう。どうしても大人は既成概念にとらわれ，技術の可能性に気づかないことがあるが，子どもは素直に使いこなす。昔，ポケットベルが子どもたちに流行したのも，彼らなりの感性に合致したからであろう。高校生よりもより低い年齢から子どもたちが携帯電話を使うようになれば，何か新しい使い方が出てくるかもしれない。携帯電話のもつ影の部分だけでなく，光の部分も促進しなくはならない。

　本校では，携帯電話の校内での所持および使用を認めている。学校のおかれている環境が，県内でも公共交通機関の整備が不十分な地域のひとつであり，学校への登下校を保護者の送迎に頼っている生徒も多い。地方の公共交通機関の運賃の高さから，その利用を敬遠している場合もある。本校の生徒に携帯電話を所有した時期を聞いてみると，2年ほど前は高校入学時という答えが多かったが，最近は中学校でという回答が多い。とくに，塾などに行き始めたときに，「子どもが心配だから」という理由で，携帯電話を持たせる傾向が強いようである。

ほぼ100％近い普及率があるならば，授業への利用ができないかと考え，昨年は情報を収集するツールとして携帯電話の活用を試みた。レポートやプレゼンテーションの発表用資料に載せる写真を撮る道具として，カメラ付き携帯電話を利用したのである。その精度は一昔前のデジタルカメラよりはるかに高性能，高精細，格安で，しかもほとんどの生徒が所持している。撮影した画像は外部メディアに保存したり，メールで送信したりでき，その画像の編集も容易なので，プレゼンテーションの発表用資料の作成などには有効であった。

また，ＧＰＳ機能がついているものも発売されており，文字入力や音声入力も可能で，いつでもどこでも情報を送受信でき，非常に有能な情報通信機器のひとつである。将来的にも，携帯電話をネットワーク機能付のコンピュータとしてとらえると，情報システムの主役に躍り出てくる可能性がある。

その一方で，携帯電話を利用して容易にネットワークを利用できることが，出会い系サイトなどの新たな問題を生んでいることも事実である。さらに，書店で雑誌記事をカメラ付き携帯で写し取る「デジタル万引き」など携帯電話を悪用した犯罪も増えており，これらの点は授業のなかで機会を見つけては触れるようにしている。携帯電話を授業に使うことに対する校内の理解は十分とはいえないが，今後は影の部分への考慮をした授業も考え，実践していかなくてはならないと考えている。

パソコン室の生徒用入り口には，携帯電話をぶら下げるためのフックが40本用意してある。授業に携帯電話を使う以上，使う時間と使わない時間をはっきりと区別することが必要なためである。何事もそうであるが，ＴＰＯ（Time, Place, Occasion）を認識して行動することは重要である。生徒の自主的な行動に期待することも大切であるが，時には意図的にそのような環境を作ることも必要である。

9　おわりに

数年前と比較すると，生徒のコミュニケーション能力は確実に衰退していると感じる。自分の意見を出せない生徒，友人との付き合いが苦痛だと訴えてくる生徒，一方的に自分の気持ちを伝えるだけで相手の気持ちが理解できない生徒など，他人との交わりを苦手とする生徒が増えてきている。そのなかには，

教室ではごく普通の生徒なのに，ネットワーク上ではまったく違う顔を見せている生徒もいる。自分の気持ちを素直に主張できる場としてのネットワークの存在は必要であるが，それを特別な存在としてとらえ，それだけに頼ることには大きな疑問を感じている。

　ネットワークはたんなるツールのひとつであり，大切なのはコミュニケーション能力である。ネットワークを利用するからといって，人とのかかわりがなくなるわけではない。これからますます加速化していく情報化社会では，子どもたちだけをネットワークから切り離すことはできない。教科「情報」でも，情報通信機器の操作方法を教えるだけでなく，ネットワーク上での付き合い方を教えなくてはならない。彼らがネットワークに関する知識をもち，ネットワークを利用しながらうまくコミュニケーションを取り，情報時代を生き抜いていくための能力を身につけさせなければならないのである。そのネットワーク上のコミュニケーションを円滑に進めるためのルールが情報モラルである。

　2003年（平成15年）度から開講された教科「情報」での取り組みをいくつか紹介してきたが，教科「情報」は数学や理科と同じくひとつの教科なので，年度末には評定を決めなくてはならない。しかし情報モラルとは生徒の考え方，生き方に関係するものであり，授業中の生徒の態度やテスト問題だけではかることは難しい。彼らの将来の行動に期待しそれをどう評価するかという大きな問題は，教科「情報」を担当していく以上，解決していかなくてはならない問題のひとつである。

　また，情報モラルとセキュリティの問題は早い段階からの指導が重要である。それも，学校だけでなく家庭での指導が一番大切である。いくらネットワークが発達したからといって，社会的な常識が大きく変化することはありえない。現実の社会でいけないことは，ネットワーク上でもいけない。家庭で技術的なことは教えられなくても，「人を傷つけてはいけないし，悪口を書いてはいけない。人としてやってはいけないことはしてはいけない」とか，「自分が相手だったらどう思うか。自分がこうされたら嫌ではないか」といった問いかけを子どもたちにすることは可能である。それらの問いかけをきっかけにして，彼らがさまざまな方法で他人とコミュニケーションを取りながら，自分自身で判断し，行動できるようになれることが大切であると考えている。

4節　高等学校での情報モラル教育

1　スパイラルな学習

(1) 身体感覚としての情報モラル

　中学校から高等学校にかけて情報教育は，その本質的な学習をしっかり踏まえながら，スパイラルに展開していくことが重要である。生き生きとした活動のところどころにおいて，情報モラルの指導のタイミングをけっして逃さず，指導の質を少しずつ向上させながら何度も何度もくり返して，といった教師の心構えが肝心である。

　たとえば，著作権についての指導を考えてみる。情報教育の初期段階では，著作権とはどのようなものかを説明できる程度でよいかもしれない。そして次第に，情報を活用していくという経験を積むうちに，著作権について配慮しながら情報を活用することができるようになるのである。このような少しばかり消極的な情報の利用から始まり，最終的には，Ｗｅｂページやプレゼンテーションで情報を発信するという，きわめて積極的な場面でも著作権を遵守することができるという態度を養うことができるのである。

　高等学校において，中学校での学習を念頭においた情報教育をスパイラルに進めるためには，最初に「情報モラルありき」といった意識と態度はきっぱり捨てて，情報活用能力の育成を中心に考えたカリキュラムのなかで，必要に応じて情報モラルへの態度を育てていこうと考えるべきである。具体的な情報を扱うコミュニティでの活動のなかで，自分がコミュニティから必要とされているという実感をもちながら，周囲との交わり方を自然に学び，懸案の情報モラルを主体的に見直していくのである。情報モラルを頭で知識として理解するだけではなく，行動によって身体感覚として身につけさせていきたい。

　もちろん，そうした活動なりコミュニティの環境は，中学校と高等学校でもそれほど変化はないのかもしれない。扱うテーマについても，それほど本質的に異なったものを子どもたちに提示することは困難かもしれない。

しかし，テーマに対する学習活動の切り口を教師がどのように考えるかで，授業における学習活動はまったくといっていいほど変貌を遂げる。教師は，学習活動をコーディネートするにあたって，中心となる情報モラルに関するテーマをしっかりと押さえなければならない。そして，中学校から高等学校へと情報モラルに対する理解が深まっている状況をふまえて，要求する理解のレベルを上げたり，学習活動の展開を工夫していったりしなければならないのである。

(2) 情報モラルの分類と項目

情報モラルを，歴史的スパンをもった時間軸に沿って考えてみると，①これまでの倫理観，②技術をふまえた倫理観，そしてまったく新しく，これから考えなければならないであろう分野，③新しい倫理観，とに分類することができる。これらに従って，情報モラルの全体を次の3つに分けて考え，具体的な事項を以下のように書き出してみた。

①これまでの倫理観（個人の人権に配慮）
・プライバシーや知的所有権の保護
・文化的，社会的な考え方の違いの尊重
・差別や誹謗中傷の排除
・予測や憶測による誤解の防止

②技術を踏まえた倫理観（技術的理解と相互理解）
・情報機器利用にあたっての心構え
・セキュリティの必要性，重要性への理解
・コンピュータや情報通信ネットワークを用いた犯罪への理解

③新しい倫理観（新しい価値観によるもの）
・情報の受発信に係わる責任や影響範囲への理解
・情報の信頼性や品質についての意識
・仮想的なネットワーク社会における犯罪への理解

教科書に書いてあるかないかにかかわりなく，上にあげられた内容はどれもが重要なものである。これらすべてを限られた授業時間内に取り上げて学習することは，現実的にはどう考えても不可能である。やはり，情報活用能力を育成する実践のなかで折に触れて取り上げられることで，身体感覚として習得されていくものであろう。

2　実践の具体例

(1) 掲示板システム ウィキ（Wiki）を用いた，情報コミュニティ

　情報モラルについての学習はその性質上から，とかく「…をしてはいけません」的な調子で行なわれることが多い。しかし，そうした社会生活上の規範として身につけなければならない事柄は，高校生にとっては押し付け的にとらえられ，自分にとって大切なものだとは受け入れられにくい。そこで，実際に情報のやりとりを行なうコミュニティのなかで，生徒が情報モラルについて主体的に考える場を与え，その問題を自発的に解決していくことをめざしてみた。

　これから述べる実践例は，うえに述べてきたように，次の3点を目標として行なうものである。

①小学校や中学校からの情報モラルに関する教育を，質的に高めた形で，高校でもスパイラルに継続すること。
②知識として頭だけで理解するのではなく，コミュニティにおける具体的な活動として，身体的感覚として情報モラルを身につけること。
③情報モラルについての多くの項目を断片的に理解するのではなく，総体的にとらえ応用できること。

　筆者の勤務校では1コマ65分授業であり，1年生で毎週1コマ(1.5単位)，2年生で隔週1コマ（0.5単位）を行なうことで，2単位の情報Cを履修している。1年生では，ほぼ教科書の内容に対応した学習内容を終えているので，2年生ではおもに，いくつかのテーマについて総合的な実習を行なっている。

　ここに紹介する実践は，2年生での総合的実習のなかから，ひとつのまとまりのある部分を切り出して紹介する。実習で用いた情報コミュニティとは電子掲示板であるが，それはウィキといって通常の電子掲示板とは少し趣が異なるので，まずその特徴について示す。

(2) ウィキ（Wiki）の特徴

　ウィキは，近ごろ普及著しいブログ（blog）とともに，Ｗｅｂというメディアに特化した参加型の形態をもった電子掲示板システムである。Ｗｅｂページ閲覧者の参加が可能であったり，Ｗｅｂページを簡単に作成できてサイト管理にかかる労力が少なかったりなど，その共通点も多い。しかし，両者の相違点

も明確である。ブログにはコメント機能があり，個人によるパブリッシングを主な目的にしているのに対して，ウィキにはページ編集機能があり，参加者によるコラボレーションを目的としている。

さらに具体的に，ウィキの特徴をいくつかあげる。

①コメントの追加のみならず，作成者だけでなく閲覧者も自由にページを編集・追加ができる。

②ウィキワード（Wiki Word）によって，自動的にリンクを作成でき，該当するページを新規作成できる（リンク切れの心配がない）。

③利用者はＷｅｂサイト全体の構造を意識しなくてもよい。

④結果として，接続性の高いオンライン・データーベースが出来上がる。

⑤簡単な書式でマークアップして書き込むことにより，ページ整形・リンク作成などを記述できる。

⑥cgiで動作しているので，自分でスクリプトを書くことで，新しい機能を付加することが容易である。

(3) 実践事例の紹介

見学旅行の事前研修や下調べを，インターネットを用いて行なうことは，それが授業のなかであるか生徒の自主的な課外活動あるかは別として，今ではどこの学校でも行なわれていることであろう。本校でも秋に，奈良・京都方面への見学旅行が予定されており，学年全体での見学や学級ごとの見学，そしてグループごとの見学が計画される。

本実践は一言でいうと，そのような見学計画を立てるときに使うことのできる「便利なＵＲＬ集」を，データベースとして構築しようとするという試みである。学年のそれぞれのクラスが情報コミュニティとして，便利なＵＲＬを収集しデータベースとして形成するまでにどのような問題解決を行なわなければならないか，そして各人が，コミュニティのメンバーとしてどのようなふるまいをしていかなければならないのかが問われるのである。そうした活動のなかにおいて，情報モラルの考え方を積極的かつ自覚的に生徒が獲得することを目標としている。

●第１時限──ウィキの使い方

まず，電子掲示板ウィキの使い方に習熟することが必要である。ウィキはあ

くまでもコミュニケーションの道具であるので，それを操作しているという感覚がなくなる程度にまで慣れていることが理想である。

　この実習をするにあたって，電子掲示板について知っているかどうか，電子掲示板を使ったことがあるかどうかなど，いろいろ事前調査をしてみたが，ずいぶんとその知識や経験に個人差があることがわかった。そのことから，この実習への生徒の取り組む意欲に少し不安もあったが，電子掲示板そのものがもつコミュニティとしての魅力によって，どの生徒も興味をもって飽きずに取り組んだ。

　具体的には，下記のような手順で解説と実習を行なった。
1．電子掲示板の一般的な概念とウィキの特別な概念（概要の解説）
2．メッセージ閲覧の方法
3．メッセージ書き込みの方法
4．メッセージ編集の方法（ウィキの特徴的な機能）
5．ウィキネーム（Wiki Name）とブラケットネーム（Bracket Name）（ウィキの特徴的な機能）
6．総合的な活用

　この授業では，ウィキが他の電子掲示板システムとは異なり，他人のメッセージを容易に書き換えることができることに，積極的に焦点をあてなければならない。ウィキのもつその編集機能は，他人のメッセージの誤りだとか勘違いの部分をやさしく訂正したり修正したりすることもあるが，基本的には他人のメッセージを補完，補充する目的のために使われるものである。そこにデータベースを作成するという作業にウィキを用いる意義がある。したがって，「これまでの倫理観」という観点からしても，他人の意思やアイディアを尊重することとか，互いの考え方の違いを尊重しながら意見をまとめるとかといった面での指導は，この段階から少しずつでも触れておきたい。

　実際に総合的な活用を実習していくなかで，友人のプライバシーへの侵害的書き込みや，悪ふざけ的な誹謗中傷などが見られたが，その場で具体的な情報モラルの事例として取り上げ指導することができた。書き込まれた生徒の心情を思いやり，書き込んだ生徒が，なぜそれがいけないことかを具体的に考える機会として，非常に貴重な時間となった。

さらに，ウィキでの匿名性にも触れ，匿名でメッセージを書き込む場合のメリットや危険性を考え，どのような場面で有効であったりするのかを考えさせた。このことは，「技術を踏まえた倫理観」からすれば，コンピュータや情報通信ネットワークの特性をきちんと理解したうえでの，情報機器利用にあたっての心構えの指導であり，将来的には，コンピュータやネットワークを用いた犯罪への理解と対処の仕方を身につけることにつながっていく。

以上の授業のまとめとして，最後にワークシートとして整理をさせた（表2-10）。

表2-10 ワークシート①

	項　目	回　答
1	ウィキは普通の電子掲示板とどのように違うか。その特徴は何か。	
2	ウィキを用いる上で，気をつけなければならないことは何か。	
3	他人のメッセージを編集するとき，どのようなことを考え，行動しなければならないか。	
4	匿名でメッセージを書き込む場合，どのようなことに気をつけなければならないか。	
5	匿名でメッセージを書き込む場合，どのような態度がよいと思われるか。	
6	電子掲示板などに，自分が不快になるようなことを匿名で書き込まれたとき，どのように受け止めればよいか。	※回答欄はスペースの都合上，狭くして掲載されている。(以下同)

●第2時限——ウィキでのＵＲＬデータベース構築作業（特別な方針なし）

実際に，奈良・京都・大阪（グループ別研修で訪れる場合がある）方面の，事前研修に有用と思われるインターネット・サイトのＵＲＬを収集し，データベースとしてまとめる作業を行なった。インターネット端末上にサイト検索のためのブラウザとウィキを立ち上げ，生徒個々が作業を始めた。

作業をモニターしながら少し時間が経つと，ウィキには数々のメッセージが書き込まれ，生徒の興味関心がそれらに現われていてそれなりに興味深い。しかし，書き込まれたメッセージはどんどんその量を膨らませてはいくが，果たしてこれが有用なデータベースとなりうるかというと，はなはだ疑問な状態である。とりあえずここまでで，ブラウザとウィキを用いたこの作業に関しては，ことさらインターネットやアプリケーションソフトを意識しなくても，淡々と行なうことができるレベルまでにはたどり着いたのである。

ほとんどの生徒は自分のＵＲＬ収集作業に忙しくて，ほかの生徒のメッセージを読む余裕さえない状態に見受けられたが，授業も半分の時間を過ぎるころには，ふと手を止めて「このままの作業でよいものができるのだろうか。」とつぶやく生徒が出てきた。近くの友人と，そのことで相談する生徒もいる。またべつに，クラスにいるかいないかの割合であったが，自発的に仲間のメッセージを編集し，表などにまとめ始める生徒も出てきた。このような生徒については，ウィキの特性を十分に理解し，活用できていると考えてよいだろう。
　この授業での作業の意味みたいなものを，生徒が自分なりにある程度つかみ始めてきた。このまま授業を継続することには意味がない状態にまできたので，全員の作業を止めさせて，ここまでの作業に関する生徒の意見を，下記のような項目について聞いてみることにした。

・作業をしているときに，この作業についてどのようなことを考えたか。
・自分の作業と仲間の作業とに，何か協調するようなことがあったか。
・ウィキネームやブラケットネームなど，ウィキの特徴を十分生かす作業ができたか。
・有用なデータベースとは，いったいどのようなものであるとイメージして作業を行なっていたか。
・この授業で行なった作業は，ほんとうはどのような形態で行われたらよかったのか。

　自分の作業にのめり込んでいた生徒がほとんどではあるが，この授業での作業の意味について疑問をもったと話す生徒が何人もいた。仲間との協調作業や，ウィキの特徴の活用などはほとんどなされていないし，有用なデータベースという目的については，残念ながらあまり意識になかったようである。さらに，今回の授業での作業をどのように改善したらよいのかという提案については，切れ切れなアイディアは何点かでたものの，システム的な形になるまではいたらなかった。
　以上の作業や検討を受けて授業の後半では，今回の授業のまとめと，どのような作業を行なえば有用なＵＲＬのデータベースを作成できるかというレポートを作成させた。生徒各自がまとめと提案という形でレポートにまとめ，教師に電子メールで提出させた。考えをまとめるにあたって利用できるように，ワ

ークシートを用意した（表2-11）。

表2-11　ワークシート②

	項　目	回　答
1	今回のウィキを用いた作業の感想。	
2	ウィキでの作業において，仲間と協調できる作業にはどのようなもの（場面）があるか。	
3	有用なデータベースとは，どのようなものであると考えられるか。	

　ワークシートへの記述にあたっては，自分の発信するメッセージがほかの人にどうしたらよい意味で影響を与える（貢献する）ことができるか，ほかの人のメッセージをどのように受け止めたら，さらに意味のある情報として発展させていくことができるかなどを考えさせたい。このことは，「新しい倫理観」にかかわって，情報の受発信にかかわる責任や影響範囲の理解として考えることができ，情報の信頼性や品質についての意識へと考え及ぶことになる。

　その後，上記レポートは，クラスごとにまとめて整理した資料として作成される。メールのサブジェクトは，レポート名にクラスと出席番号がついた統一形式となっている。そのサブジェクトについて並び替えを行ない，クラスごとにファイルに書き出す。そして，各クラスのファイルについて，メールのヘッダ部分を削除したうえで必要な形式に編集して，次時の授業で用いる資料を完成する。

　ウィキのコミュニティは，匿名でほかの人のメッセージを編集できるという特性上，互いの信頼関係のうえに成り立っている。信頼関係が形成されるためには適正な人数規模があるし，精神的感情的にも少なからずの結びつきが求められる。クラスという単位は，そうしたウィキコミュニティに相応しい性質を満たしている。

　このことから，資料には生徒の実名を掲載し，どの生徒がどのような提案をしているのか，どのように貢献することになるのかが明確になるようにした。ウィキの匿名性に対して，署名をした意見を公表することの重みについて，生徒は理解することになる。匿名と署名についての問題意識を，ここで生徒に十分に植えつけておきたい。

1年次から，授業での学習に使われるテキストや資料，ワークシートはすべて，バインダーにとじるように指導している。今回の生徒の氏名が掲載されている資料の取り扱いについても，プライバシーの観点から，十分丁寧な取り扱いと保存管理について指導するべきである。

表2-12　生徒のレポートから（抜粋）①

Nくん
・ウィキを使って共同作業をしてみて感じたこと，考えたこと
　　自分はどちらかというとパソコンをあまり使いこなせていないので，みんなに情報をすばやく伝えてもらえる点に関してはよかったのですが，その情報のなかに個人を中傷する内容が多量に含まれており，個人で書き換えるにも限界があって，少し嫌でした。
・どうすればこのような共同作業を上手にすることができるか。
　　個人が常識というものを考えて，それに乗っ取って作業するのが第一です。
　　次に，ある事柄について，それに興味がある人同士でグループを作り，そのことがらをグループの人数分にかみ砕き，個々がそれについて調べ，それをグループとして発表すれば，効率もよく，興味のあることがらに真剣に打ち込めると思います。
Tさん
（便利なところ）
　・自分ひとりではとても探せない量がデータベースになっている。
　・タイトルや1行目にでている内容を見てどんなリンク先なのかわかる。
　・自分にはあまり興味がなかったところのページで新しい情報を得ることができる。
（問題となるところ）
　・わかりやすいタイトルが付いていないと，どんな内容なのかわからない。
　・関連のあるところを見たくても，同じところにないと探すのが大変。
　・量が多すぎて，どこから見ていいかわからない。
（提言）
奈良と京都がどちらも載っているサイトがなかったと思うので，
　1. 最初に奈良と京都に分ける。
　2. さらに，あらかじめジャンル（食べ物・建物・交通・歴史など）を決めておいて，それぞれのサイトにそのなかのどれが書いてあるかを書く。
　3. そのページの特徴を一言くらい書く。
　　さっき，テーブルを使ってまとめてくれたトピックがありましたが，ウィキの特性を生かしているかはわかりませんが，あんな風にまとめると見やすいなぁと思いました。
でもこの↑方法だと，だれがまとめるの？！という感じになってしまうので，もうひとつ考えてみたのが，
　1. みんなが今日載せてくれたすべてのサイトのURLを自分で集める。
　2. 自分なりの分別（？）の仕方でサイトをまとめる。
　3. タイトルに「交通」など自分がサイトを分けた基準みたいなのを書いて，それぞれひとつずつ新しいトピックを立てる。
　4. 下にみんなの評価を加えていく。
　　ウィキの特性がいまひとつつかめていないので，かえって手間がかかるのかもしれません。

●第3時限——作業方針決定のためのディスカッション

　この授業では,「有用なURLデータベース作成のための方策」をテーマに,問題解決への道筋を探っていく。したがって,コンピュータには触れることはなく,ディスカッション主体の授業となる。

　問題解決にあたっては,いろいろな段階に分けた考え方があるが,ここではおおむね,次のようなステップを踏んで考える。すでに1.や2.については,前時の作業のなかで体験をとおして理解し,レポートとして自分の言葉で表現もしている。今回の授業ではおもに,3.や4.の段階について検討を行なうことになる。

　　1．問題の設定：何を解決するのか,問題は何なのか定義づける。
　　2．問題の把握：問題がどのようなものであるかを,具体的に明らかにする。
　　3．目標の設定：解決すべき目標を決める。
　　4．問題の解決：解決策と手順を決める。
　　5．総合的評価：実際に行動に移す前に,検討や評価を行なう。

　まず,準備した資料を配布し,ひと通り目をとおさせる。1年次に学習したように,ペンを用いて重要な部分をマークしたりするなど,情報を受け入れて利用するにあたっての態度について再確認する。クラス全員のレポートが資料に掲載されているので,その情報量は膨大なものである。そのなかから,必要と思われるもの,重要と思われるものを取捨選択しなければならない。

　次に,問題を解決するにあたって,資料のなかから利用できると考えられる内容を,項目として発表させる。頭のなかのイメージを,言葉という記号としてイメージ化する段階である。ここではとくに,多くのメンバーから提案されている内容に注目させる。それだけだれもが重要であると考えていると思われるからである。

　これから後の討論では,教師の側からの生徒の指名は可能な限り控えて,ブレーンストーミングの形態にもち込みたい。クラスのすべてのメンバーが,なるべく主体的に討論に参加できるように,そして,そこでの発言が等しく尊重され,これから作業を行なうコミュニティへの帰属意識が高まるように配慮するのである。ここでは,アイコンタクトによって生徒に発言をうながすなど,教師の細やかな働きかけが重要である。

ブレーンストーミングのルールについて，以下にまとめる。
- ルール1（批判厳禁）
発言することにためらわず，思いついたことはそのまま発言する。その発言に対して，ほかのメンバーは批判しない。
- ルール2（自由奔放）
周囲の様子を気に掛けないで，リラックスして発言する。何を発言しても構わない。
- ルール3（質より量）
発言が適当であるかなどと深く考えず，より多くの発言をする。ほかの発言に似た内容でも構わない。
- ルール4（結合改善）
発言のオリジナリティにこだわらず，人の発言を結びつけたり，ちょっとした改善を施したりした内容でもよい。

次に，数多く上がってきた内容項目を，作業の内容にかかわるものと，作業の手順（システム）にかかわるものとに分類する。最初は生徒の意見を聞きながら，関連のある項目をグルーピングしていく。そのうちにグループに対する概念がまとまり始めるので，内容と手順という形で意識付けを行なうようにする。この段階は，問題解決案を「思考マップ」に整理したものといえる。

さらにそれらが，順を追った行動として成り立つものかどうかを検討しながら，実際的な作業手順として構成していく。いわばこれは，簡単な「構成マップ」の作成を意識した討論となる。このような，思考マップから構成マップへの一連の整理の仕方は，「イメージマップによる問題解決」とよばれている。

ブレーンストーミングにしてもイメージマップにしても，これらはコミュニティにおける意思決定の方法である。すべてのメンバーが意思決定に参画し，その決定プロセスに主体的に参加するというのは，情報モラルの本質ではないだろうか。そのようにして決定した事柄については，誰もが納得して従い行動することが期待できる。感情的な摩擦も，最小限に抑えることができるのであろう。

最後には，解決案に対する妥当性の検証が残っている。このあと，生徒は実際の作業に入っていくのだが，今検討してきた解決案が，本当に実際的なのか

どうかは動き出してみないとわからないのだろうか。教師の側から「作業を始めなさい」と生徒に指示を出したときに，生徒のそれぞれが，自分はいったいどんな行動を始めなければならないかを把握していなければならない。もしそれをこの段階でイメージできなければ，検討作業はもっと深められなければならないことになる。

解決案という情報は，それが発信されたときに，受け手にとって明らかに役に立つものでなければならない。受け手が情報を手にしたときに，この情報はいったいどのように用いたらよいのか，何に役に立つのかと戸惑うようでは，情報としての意味はないに等しい。情報の受発信にかかわる責任や影響範囲の理解といったことに思いやり，情報の信頼性や品質についての意識を高めていかなければならない。

表2-13　あるクラスでの解決案

（提案レポートからの拾い出し） 　・カテゴリーに分類する。 　・説明やコメントをつける。 　・役割を分担する。 （作業方針） 　・カテゴリー毎の編集者の元で，全員でＵＲＬを収集する。 　・カテゴリー別の担当編集者を決定する。 　・各カテゴリーにおいて，京都・奈良・大阪の地域別整理を行なう。 （確認事項「編集作業とは何か」） 　・似た内容を整理する。 　・コメントがあるＵＲＬを採用する。 　　→ＵＲＬを編集者が確認し，よいものはコメントを付加して採用する。 　・カテゴリーを判断する。 （作業の様子「次時における作業の，教師の観察から」） 　・編集者なりに作業の段取りを考えていた。 　・編集者同士で相談して，作業を進めていた。 　・各自の書き込みで，ページコメントのつけ方が上手になってきた。

●第4時限──ウィキでのＵＲＬデータベース構築作業（クラス別方針による）

この授業は，ひたすら作業の時間である。ただし，作業に入る前に，ウィキコミュニティとしての意識付けは必要である。気心の知れた仲間として互いを信頼できるコミュニティであるから，作業を進行していくうえで現われる新たな問題点に対しては，その時々にコミュニティとして対処していかなければならない。

1年次には，ネットワーク上での意思決定の方法ということで，一般的な電子掲示板上でのコミュニケーションを体験している。参加者が共通に意思を決定することについて，ネットワーク上での利便性やその限界などについて考察し学んだのである。そのときの学習をふり返らせ，作業進行上の問題点解決のために，とくにネットワーク上でウィキを用いた議論をしなくてもよいし，せっかく身近に仲間がいるのだから，膝を交えた密度の濃い議論をするようにと指示をした。

　「技術を踏まえた倫理観」という観点から見れば，こうした電子掲示板への技術特性の理解が希薄であることが，相互理解を行なおうとしたときの困難さを生むことになる。コンピュータや情報通信ネットワークの特性を理解し，情報機器利用にあたっての適切な心構えをもたせたい。

　前時の問題解決案の検討の時には表立っていなかったが，情報を収集するにあたって，その信憑性を確認（クロスチェック）すること，引用する場合のマナーや，出典を明らかにする態度などを，今一度確認しておきたい。これらのことは，1年次に実習としても体験していることであるが，そこでは学習の目的と実習の目的とが一致していたので，理解はとりあえず容易であった。しかし今回は，有用なＵＲＬのデータベースを作成するという実習の目標と，情報モラルについて学習するということは直接には結びついていない。それだけに，情報モラルについて実践的に学習をするには，まさに絶好の機会といえるのである。

　●第5時限──ウィキでのＵＲＬデータベースの完成とまとめ

　作業の目的が前時だけでは完結しないという時間配分の理由もあるが，この授業の前半の時間は作業にふり向ける。これは，授業の後半で最終的なレポートを作成するために，作業への感覚を改めて取り戻すためともいえる。

　さらに付加的には，ひとつの大きなポイントがある。グループでの作業として離散的に進められてきた作業から，クラスのデータベースとしてひとつのものを完成させるためにはどのような作業が必要であるか，という点である。また，それをどのように実現させるかということである。このことは，第3時限の「作業方針決定のためのディスカッション」でも，教師の側からはとくに取り上げてこなかった。問題解決のテーマとして複雑になりすぎることをさけた

からである。生徒の側からも指摘がなかったので，そのままにして通り過ぎてきた。しかし，いよいよまとめの段階であるから，このことに触れざるを得ない。一応の指摘だけはしておいて，あとは生徒が自主的にどのように動くかを考察することにした。

　結果としては，クラスのデータベースとしての体裁はほとんどとられることはなく，内容的には満足できるものにはなったが，見栄えとしてはいまひとつのものとなってしまった。やはり，ひとつの観点として，始めからきちんと押さえさせることの方がよかったのだろうか。

　後に，各クラスのデータベースを相互に使用してみて，相互評価を行なう。そのときに実際の使い勝手に気がつき，改善への目が開かれるのであるから，この段階では，発展の一段階としてとらえておくことの方が賢明であろう。

　情報モラルの観点として，情報の見栄えと信頼性の問題があげられることがある。ほとんどの場合，見栄えと信頼性は完全に一致しないから，信頼性については自分なりのチェックの仕方を身につけておかなければならないという指導がなされる。しかし今回の場合，データベースとしての見栄えは，ある程度使い勝手に直結している。ユーザインターフェースとしての見栄えは，単なる見栄え以上の価値をもつものであることがわかる。情報をどのように見せるか，発信したり提供したりするかということは，信頼性とはまたべつの意義を含んでいることも押さえておくことが必要である。

　さて，後半のレポート作成である。実習の最終的なまとめになるので，これまでの授業のなかで作業の指針として触れてきたものを，評価の観点の形式でまとめ，以下のように生徒に提示した（表2-14）。

表2-14　レポートの提出について

　観点の大きな3つのカテゴリー1.～3.については，必ず網羅すること。カテゴリーのそれぞれに属する小さな4つの項目については，すべてについて回答してもよいが，複数選択的回答でも可とする。
評価の観点
1．クラスとして作成したデータベースの出来についてはどうですか。
　・データベースとして構造が明確か。
　・十分な情報が蓄えられているか。
　・情報の質は利用に耐えうるか。
　・使う人にとって利用しやすいか。

2．活動方針の事前討論はどうでしたか。
  ・十分な討議を尽くしたか。
  ・多くのメンバーの意見が集約されたか。
  ・多くのメンバーが納得するような方針となっていたか。
  ・一人ひとりが明確な目的をもって，活動に参加できる方針となっていたか。
3．活動を行なってみて，どうでしたか。
  ・活動方針はうまく機能したか。
  ・役割分担などに問題はなかったか。
  ・個人として，満足のいく十分な活動ができたか。
  ・周囲のメンバーと協調的な活動ができたか。

表2-15　生徒のレポートから（抜粋）②

Kくん
1．クラスとして作成したデータベースの出来はあまりよくないと思います。
  ・データベースとしての構造は，5つのデータベースがバラバラに機能しているので，5つの独立した構造をもつことになり，それぞれについてはわかりやすいが，全体としてはかえって複雑になっている。なぜなら，それぞれのデータベースは，そのタイトルからは何を調べたものかわからないからだ。
  ・情報の蓄えは，40人が全員で絨毯爆撃のように検索しただけあって，なかなかの数が集まっていると思う。しかし，同じページが重なっていないかどうかが心配だ。
  ・情報の質はさきにも述べたとおり，40人がバラバラに調べたせいで，同じページが重なっている可能性や，検索して最初に出てきたものを貼り付けただけのものなどがあると思う。
  ・使う人にとっての利用しやすさは，みんなで「チーム石黒」（グループの名称。生徒が勝手につけていた）の真似をしただけあって各ページは使いやすいと思う。ただ，横のつながり（各チーム間のつながり）がないので，調べたい事柄が拡散している可能性が考えられる。
2．活動方針の事前討論はイマイチでした（すでに記憶が薄れているのですが，活発な議論はされなかったのではないかと思います）。
  ・充分な討議は尽くされることなく，ただ何となく決まったように思える。
  ・多くのメンバーの意見が集約されることなく，だれかひとりの意見などに左右されていた気がする。
  ・多くのメンバーが納得するような方針となっていたと思う。だれも反対しなかったということはだれもが納得しているということだからだ。
  ・一人ひとりが明確な目的をもって，活動に参加できる方針となっていた。各グループのなかでの役割分担の結果，40人が各人好きにやれるという状況になり，一人ひとりの自主性に任されていた。そのことで，各人が自由な目的意識のもとに活動できると思う。
3．活動を行なってみて，「みんな全然貼らないなぁ」と思いました。あと，「自分の好きなことを調べたいよ」とも思いました。
  ・活動方針はすでに忘れました。というよりも，あったのでしょうか。
  ・役割分担などは，最初にきちんと行なわれたが，みんな自分の好きなこと（飛行機とか）を調べていたみたいだ。問題があったのかもしれない。
  ・個人としては満足のいく十分な活動ができなかった。私は趣味に生きているので，京

都の寺や食物にはまったく興味がない。そんなことを調べてもほとんど必要のない情報だからだ。こんな事を調べても，私個人の役には立たない。どこかの誰かの役に立つだけだ。だから，あまり満足はいかない。ただし，自分の知っていることを他人に，他人の知っていることを自分に，というウィキの特性を考えると，この結果はよいものといえるかもしれない。
・周囲のメンバーと協調的な活動など存在しなかった。連絡はとくに取り合わなかったし，みんなバラバラに調べていたので，協調的な活動とはいいがたい。

●第6時限──ウィキコミュニティのまとめ
　Kくんの反応は，全体のなかでの位置づけとしては，一般的なものだと思われる。
　クラスとしてのデータベースの出来ばえについては，やはり懸念したように，統一感やユーザインターフェースに問題を残している。次の授業機会での改善点としたい。一方で，レポートには，収集した情報の量と質について言及があり，自分たちの活動に対して適切に省みることができているように思われる。
　一人ひとりが明確な活動指針をもって作業を行なったと見てよいだろう。しかし，その活動指針は，ほかのメンバーに共有されてはいなかったし，共有されることでさらに効率的なグループでの作業が行なわれたようでもない。自分の考えを積極的に示し，討議を活性化させ，そのなかからさらによい考えや行動を周囲の仲間と共に生み出していこうとする，そのようなコミュニティ志向の態度が求められる。
　たとえば現代の子どもは，何人かが集って遊ぶことになっても，それぞれが興味をもつ遊びを中心に行動し，集団で熱中して遊ぶことをしなくなったといわれる。お互いが背中を向け合い，個々が下を向いてビデオゲームに興じ，お互いのすることに関心を示そうとしなくなっているのである。Kくんが3．について書いているように，自分の役割が決まって立場が安定すると，仲間のことは省みなくなり，コミュニティのなかに自分が存在しているという重大な認識が，意識の中からすっぽりと消失してしまっている。
　ここで紹介してきた実践の最後となるこの授業では，まず各クラスで作成された「有用なＵＲＬデータベース」を自由にブラウズして回り，自分のクラス，自分のグループの活動と比較し，簡単な相互評価を行なう。ほかのクラスの作業のプロセスについては知る術がないので，相互評価はデータベースの出来ば

えについて行なうことにする。

　また，作業のプロセスについての評価は，Kくんのようなレポートをまとめたものがクラスごとに資料として準備してあるので，問題解決に向けた自分たちの行動について行なうことができる。レポートを作成するうえでの観点を与えてあったので，それに従うことで自分たちの学習活動が段階的に記録されている。自分の行動を客観的に反省し，これからの問題解決に生かしていくことができるようになるだろう。

　このコミュニティ活動の評価を主体にした授業では，生徒のレポート資料をあらかじめ精査し，評価のポイントとなるような内容を抽出しておくなど，周到な準備が必要になる。生徒の発言によって思わぬ方向に脱線したり発展したりすることを楽しみながらも，問題解決に対する態度を養うという明確な目的をもって授業に臨みたい。

　以上が，ウィキを用いた情報モラルに関する授業の展開例である。ここで，ウィキと情報モラルの関係について，あらためてここで整理しておこう。

　ウィキはコミュニティとして，豊かな可能性も秘めているし，大きな危険性をも内包している。そのような環境に身をおいて生徒は，1人よりも仲間といっしょに作業をした場合の可能性を感じ取ったように思う。そしてさらに，たんに集団のなかに存在するだけでは何も起こりえず，自分からコミュニティに対して働きかけていかなければならないことを少なからず学んだはずである。

　ひとつの目的を達成するために，互いの心を思いやらなければ気持ちは通じ合わないし，まして，互いが役割を分担しながら助け合わないと，生産的な活動としては何も期待できない。そのために自分は，どのように考えどのように行動したらよいのか。そのようにして身についた行動様式が，情報化社会における情報モラルの基本的な部分になると考えられる。

(4) おわりに

　ここで紹介した実践例（授業の展開例）は，筆者の勤務校でのものであるから，このような展開の授業をほかの学校で実践した場合，ここに記述された生徒の反応のように授業が進むことは一般的には考えられない。生徒が思ったような反応をしてくれないような場合がほとんどであるかもしれない。

しかし，この実践で重要なのは，生徒の反応の質ではなくて，それ以前に生徒が何を考え，何を工夫し，どんな行動を行なったか，そしてどのような反省（評価）を行なうかである。自分で考え行動したことが，失敗によって次第に改善されていく。そのときに，仲間との協調的な活動が大きな役割を果たすのだということを，生徒は了解していくのである。そこで教師が勝手に思い描く反応を期待していては，生徒とのコミュニケーションはうまくいかない。生徒が主体的に活動する姿を一番の目標に据えるべきである。

　社会の情報化がいろいろといわれる以前から，倫理観や道徳観が希薄になってきていることは各方面から指摘されてきた。したがって，情報モラル教育の必要性は，いまさら声高に語られるようなことではない。モラルの問題は，その経緯をずっと過去にさかのぼることができるように，歴史的に連続した問題であったから，それをいつどこで大きく社会的問題として取り上げるかはむずかしかったのであろう。取り上げる機会を失い続けてきたといってもよい。しかしここにきて，世の中が高度情報化社会への移行という大きな社会的転機を迎えたところで，モラルに関するゆがみは，よくない意味で一躍脚光を浴びることになった。

　したがって，情報モラルの教育は，これまでのモラル教育の延長線上にとらえるべきで，とりたてて特別のものではないことに注意を向けたい。もちろん，新しい技術によってめまぐるしく変化する社会におけるモラルが，かつてのモラルと同質のはずはない。教科「情報」で学ぶ情報に対する基本的な態度を身につけたうえで，情報と適切な態度で向かい合い，モラルの昔からある本質的な面について教育できるように配慮していきたい。

5節　大学生の自己表現支援としてのIT環境

　現代の学校では，小学校でも，中学校でも，高等学校でもコンピュータを触ることになっている。もはや，タイプ練習ソフトをあてがっておけばよい時代ではないことはもちろん，ソフトの使い方も既習事項となってくるだろう。その一方で生徒の「個性」に応じた多様化が，学習指導要領で促進されている。

だから予備知識として前提にできることは限られている。

　大学で以前「一般教育」とよばれていたような学部が何であるかによらない学生への教育を，三重大学では「共通教育」と称している。この共通教育での「情報科学基礎」，「情報科学」を担当した経験から，IT環境を彼らの自己表現の手段として使うことを支援する立場で，情報モラルと，その教育とを考えたい。

1　大学生は大学のIT環境に何を望んでいるか

(1)　「情報科学基礎」の授業

　「情報科学基礎」とは，大学の情報処理センターなどを代表とした大学のIT環境を，大きな支障やはなはだしい迷惑をかけない程度に使えるように教育をほどこすことをとりあえずの目標とする科目。必修である。Windowsの基本操作，ワードプロセシング・ソフト，表計算ソフト，電子メールやインターネットのブラウザの使い方。これらはひと通りできることを確認するか，危うい学生には，その補いをする。また情報検索の方法としてポータルサイトや図書館の検索システムについて解説して実際にやらせてみる。内容の相場としては，このようなものだろう。こう書いてしまうと，受ける方も，担当する方も面白くはなさそうだ。でも，ソフトの使い方を教えるにしても，扱う内容を工夫することで，「よい意味で裏切られた」という感想を最後に受講者が書いてくれる手応えのある活動も可能だ。

　そのいちいちを挙げる紙幅はないが，1行程度の表題として2002年度の各回の内容を記すと，表2-16のようになる。

表2-16　「情報科学基礎」の各回の内容

実施日	おもな内容
第1回（4/11）	電源の切りかたなどに関する注意，電子掲示板の扱いかた
第2回（4/18）	エディタ，コピー＆ペースト
第3回（4/25）	MS Word とペイント
第4回（5/2）	インターネットでの情報検索，ペイントによる画面の取り込み
第5回（5/9）	デジタル・カメラによる画像，教育用メールサーバ
第6回（5/16）	画像の編集，圧縮，電子メールへの添付

第7回（5/23）	図書検索（図書館の参考調査係の協力による）
第8回（5/30）	表計算ソフトMS Excel, セルの概念と数式
第9回（6/6）	表計算ソフトでのセルの絶対指定, Wordへの取り込み
第10回（6/13）	MS Wordの「HTML形式で保存」, ハイパーリンク
第11回（6/20）	自己紹介の電子ファイル作り
第12回（6/27）	MS Excelによるデータの並び替え
第13回（7/4）	MS Excelでグラフをかく
第14回（7/11）	MS Excelのマクロ

　検索技能をバックグランドにしながら，ほかのソフトとの協同と，HTML作りに必要なハイパーリンクの概念をやや強調したメニューとなった。

(2) 受講者へのアンケート

　この科目の受講者26人に，扱ったソフトウエアなどに関してそれぞれの「新奇性」,「興味性」,「理解度」,「実用性」,「難易度」の5点法で評定させた（表2-17）。

表2-17　受講者へのアンケートの結果

		あ	い	う	え	お
		新奇性	興味性	理解度	実用性	難易度
1	エディタ	3.35	3.12	3.31	3.69	2.62
2	Word	3.31	3.46	3.50	4.12	2.62
3	ペイント	3.31	3.92	3.42	3.58	2.85
4	PhotoShopPro	4.19	3.46	3.04	3.50	3.38
5	デジタル・カメラ	3.35	4.08	3.54	3.92	2.88
6	電子掲示板	3.58	3.81	3.88	3.85	2.35
7	電子メール(*)	3.56	4.24	4.04	4.52	2.32
8	Internet Explorer	3.04	3.92	3.50	4.04	2.65
9	HTMLの作り方	4.54	3.73	2.69	3.77	3.35
10	WinZip(*)	4.28	2.92	2.48	3.56	3.48
11	Excel	3.73	3.27	2.77	3.85	3.12

(*) の回答数は25, 他は26であった。

　新奇性に関しては，Internet Explorerが最小のスコアとなった。中学校などの調べ学習ですでに使った経験があるのだろう。Word，ペイント，ノートパ

ッド，デジタル・カメラがほとんど同じスコアで並ぶ。これらは電子ファイルを，そのファイルの比喩に密接なかかわりをもって直接に作る道具である。さらに次には，電子メール，電子掲示板という文字情報を他者のパソコンで読める形に送信する道具が並ぶ。表計算ソフトの平均が高いことは，やや意外に思えるが，やや講義で扱う回数を多めにして，これまでに経験したことのない使い方を詳しく扱ったことが原因かもしれない。次にファイルの形式を変える道具。そして，スコアが一番高かったのは，ＨＴＭＬを作ることであった。このことから，学生はこれまでの学校教育のなかで，情報の受け手としての経験を持つが，情報の発信者としての経験は少ないという経験があることがわかる。

　興味性に関しては，情報の受信・発信の区別には必ずしもよらない結果となった。電子メールが１位，つまり最大であるが，電子掲示板は４位である。不特定多数への発信よりも，対個人への発信に興味をもっているという現われなのだろう。また，インターネットに関する送受信の対と見ることができる，電子メール，Internet Explorer，ＨＴＭＬの作り方がどれも高くなった。また，画像を作る道具としてのデジタル・カメラ，ペイントも高い。次いで，文字情報をファイル化したり，ファイル形式を変えたりするものが並ぶ。3.46から3.92という狭い範囲にかなりの項目が集まったが，低いものは，WinZip（圧縮ソフト）とノートパッドであった。前者に関しては説明の時間があまりとれなかったため，圧縮の必要性を感じることができなかったこと。また，英語の説明を読むことに抵抗があったことなどが原因だろう。後者に関しては，文字情報に関するファイルの生成は，大は小を兼ねるで，Wordがあれば十分である。反面，起動時間が短いなどの特徴を評価するウエイトが回答者にとっては低かったといえる。ペイントが古い版であったので，ＪＰＥＧなどへの画像形式の変換をPaintShopProを用いた。圧縮の必要性の理解が必ずしも十分ではなかったことが，興味性をペイントに比べて落とす原因になったのだろう。

　理解度のスコアは，興味性への影響を裏づけることとなった。WinZip, Excel, PhotoShopProに関して，説明の時間が十分にとれてはいないことが現われているが，それが興味性へ影響していると思われる。ＨＴＭＬの作り方に関しては，興味性が高い割に理解度が低い。Wordで「ＨＴＭＬ形式で保存」するだけであるが，ハイパーリンクを張る際の，パスの相対指定などの概念がわかり

にくかったのだろう。また生成されるコードが英語を基本とした多量のものとして現われ，またほかにもいろいろな広がりをもちうる可能性も考えると，理解しているとは思えないとの想像ができる。

　実用性に関しては，スコアの高い4位までは予想通りである。電子メール，電子掲示板，Word，デジタル・カメラである。Excelと電子掲示板が次に並ぶが，Excelの「将来の学習での使いで」の予測がなされているのであろう。ペイントがやや低いことは意外であるが，画像を作るにはデジタル・カメラやスキャナによる方が簡便であるとの評価をしたのだろう。ここでも理解度が必ずしも十分ではないことが，低位の項目に現われているが，スコアの値としては最低のものでも3.5と高くなっているので，これらのソフトや機器を総じて実用的と評価しているということができるだろう。

　難易度に関しては，スコアの高い4つが，理解度の低い4つと一致している。そしてこの4つとほかの項目との間隔がやや広くなった電子メールでは「仕分け」などのやや高度な動作を扱わなかったこともあるが，インターフェースの作りが単純で親しみやすいことが原因だろう。Internet Explorerがやや低いのは，この当時エンコードに関する動作がうまくいかずに，「表示－エンコード」をたびたびいじる必要があり，エンコードの概念もむずかしく感じたことが原因と思われる。

(3) この調査に関する考察

　大学生のほとんどが携帯電話を持っている時代である。しかし，あるとき教室のパソコンから自分の携帯へメールを送ってごらんと指示をした。操作を終えて，本当にそれが届くことにびっくりし，それだけで教室が盛り上がった。

　同じキーボードから字を打つのでも，テキストの清書をするのはあまり意味がない。彼らが論文を書くときには，考えた内容をそのままキーボードに打つとか，発想をメモして整理するのに電子ファイルを使うとかするべきだからである。たしかに，キーボードに親しんで，ある程度実用的な速度・確度をもつようにするべきだろう。そして私も，FとJのキーについている突起の意味とか，日本語をローマ字入力するときに母音字の5つ位置を覚えておくと，ほぼ半分征服したことになるなどは教えた。しかし，何よりも打ちたい内容を彼らがもつことの方が大切だと思う。

そこで，電子掲示板を比較的早期に導入して出席をとる代わりに書き込みをさせたり，電子掲示板で「学級日誌」をつけることにして，その当番を決めたりして，考えた内容をキーボードで表現する機会を作った（表2-18）。また，成績評価の対象として「複数のファイルによるホームページの作成」を課した。相対指定でハイパーリンクを張るなどのむずかしい技術を含んではいたが，工夫をした積極的な活動が見られている。

表2-18 電子掲示板での「学級日誌」記述例

+面白いホームページを沢山教えて頂いたので後で個人的に遊びたいと思います（^O^）早速ジョルダンで検索して今から実家のある宇都宮に帰ります（^_^）/～ （5／2）
+図書館の検索システムについて教えてもらった。これで日本国憲法のレポートの本を探して，図書館の中をグルグル歩き回らなくていいと思うとちょっと嬉しい。いい事聞いた！って感じデス… （5／23）
+今日は九九の表や，学級通信を作った。いつもより，ゆっくりやってもらえたので，ついていけました。これからも，がんばるので，よろしゅうおねがいいたしまする。 （6／6）

　また，途中の「力試し」（6月6日）には「電子メールと電子掲示板との違いを述べよ」への回答を電子メールで送ることを求めた。受講者は中学校などの調べ学習でインターネットを利用する可能性がある世代で，教育学部の数学教育・美術教育・幼児教育を専攻とする学生のクラスであった。そこで，やや女子が多かったこともあって，電子メールにはなじんでいたようだった。ただ，受信者と送信者のみしか原則としては読むことはないメールと，不特定多数の人が読むことができる電子掲示板の区別は，少なくとも意識するべきだと思ったからである。

　学生の活動の幅を広げる意味で，電子掲示板やホームページ作りはよい機会を提供できたと思う。さきに紹介したアンケートの結果（正田，2003a）は，

●情報を受信することは経験があるが，発信することには新奇性がある。
　　　　　　　　　　（インターネットを利用した可能性がある世代）
●不特定多数への発信というよりも，対個人への発信に興味をもつ。
　　　　　　　　（電子掲示板やホームページ作りで活動の広がりを促す）
●インターフェースの作りが単純で親しみやすいものに理解度が高い。
　　　　　　　　　　（電子メールや電子掲示板の操作は理解が速い）

とまとめることができよう。

しかし，この半年の科目では，Excelなどを教えるには到底時間が足りない。今後教育課程が変わっていくにつれて，高等学校などでの既習事項が多くなるであろう。その内容を利用しながら，大学での教授学習内容がより効率のよいものとなるような，整理統合が望まれるところである。

2　Only Oneを目指すプロジェクト学習

　必ずしも自分の専門とする科目で，すべてを覆うことができないので，数学教育を専攻とする私が，専門外の科目である前述のような「情報科学基礎」や「情報科学」などの共通教育科目を担当することがある。「情報科学基礎」は必修科目であるが，選択科目として「情報科学」がある。教育学部の情報教育課程や工学部の情報工学科での専門科目があるので，共通教育の「情報科学」は「情報科学基礎」の内容を発展させて，コンピュータの動きをより詳しく見ることが，その内容として求められる。広く浅くを旨とする「基礎」と違って特定の分野に限ることができる。そこで，「情報科学」をMS ExcelとVBAを主内容として担当している。

(1)　コンピュータを「計算機」として見る

　1990年代から，パソコンを電話回線などを利用してサーバとつなぐパソコン通信，インターネットなどが急速に普及した。今やコンピュータはその英語の意味である「計算機」としてではなく「通信機器」として意識されている。何しろ授業の感想に，「これからはコンピュータをメールやインターネットだけではなく，レポート作りなどにも使えるなと思います」という内容が多く見られるほどである。前にみたように大学生にとって，インターネットのブラウザ（Explorer）は，ほかのアプリケーションを引き離して新奇性が低い。

　しかし，その端末として使われるパソコンが，どのような動作をしているのか。パソコンの環境は小学生のときからあったもので，それが機能することはいまの学生にとっては何の不思議ではない。しかし逆に，かなり特殊な専門技能をもっている，自分とは「異人種」とでもいえるような超能力者でなければアプリケーションを作れない。さらには，人間の作ったものであることをともすれば，気がつかないなどということにもなりかねない危険がある。お菓子の工場見学に行ったり，イモ掘りに行ったり，普段完成されたものしか見えない

ものも，その生産されている様子を見学したり，その生産の過程の一部に参与したりすることによって，より理解が深まるだろう。そんなことをこの活動に期待した。

　理解が深まることとして期待したのは，次の2点である。コンピュータの動きは細かく分ければ単純な動作であって，それらを集めていろいろなアプリケーションが作られていること。そこで，ある動きをさせるための段取りをつける能力がプログラミングには問われることになる。第2には，いわゆるデバッキングである。すでにパパート（1982）によって指摘されている。LOGOでなくとも，VBAでそれに似たことをやろうとしたのである。プログラムを作る過程でのコンピュータの動きは，必ずしも利用者の意図どおりではない。しかし，それまでに作られたプログラムによって動くので，利用者にとっては不適切ではあっても，系統的な動きをする。その動きからプログラムのミス（バグ）を見つけ，それを適切にさせる過程は学習者に多くの科学的な認識をもたらすであろう。

(2) なぜ「情報科学」でVBAを扱うか

　VBAに関する歴史的経緯等に関しては，すでに考察したことがある（正田，2003b）が，2003年10月に東京・杉並で行なわれたCIEC第38回研究会での綾　皓二郎氏の発表にも共通する指摘があり意を強くすることができた。「情報科学」でVBAを扱う理由を箇条書きで記す。

　①言語の水準など
　　a）構造化されたプログラミングに必要な制御文をとりあえず備えている。
　　b）対象は大学生なので，予約語などが日本語化されていなくてもよい。
　②空間的配置による可視化
　　c）Excelへの動作を基本とするが，変数の値をワークシートのセルを利用して手軽に可視化することができる。
　　d）時間経過によって変数を書き換えることをさけ，空間的に配置して残すことによって，計算の過程を見やすくできる。
　③プログラミングの負担
　　e）ワークシートの「数式」や罫線などのデザインによって，デザインを行なうことによって，プログラミングするべき課題を少なくして負担を

軽減することができる。
④コスト
 f）MS-Office がインストールされているコンピュータなら，ほかのインストールをしなくても利用できる

また，次の点を工夫した。
 g）試行錯誤を気軽にできるようにするため，出力は cells（ , ）もしくは range（ ）などを用いて，ワークシートに行ない，紙への出力はワークシートの印刷によることとした。
 i）原則として，プログラムの起動は［Ctrl］キーを押しながらあるキーを押すショートカット・キーによることとした。コントロール・ボックスに凝ると際限なくなると判断したからである。

この「情報科学」は半年15回の科目であった（テキストとして，著書『Excelが教師　高校の数学を解く』を用いた）ので，前半は「情報科学基礎」との若干の重複をしながらワークシートの扱いに関して述べた。5回目の活動として，「新しいマクロの記録」で，プログラムの導入をした。そのあと，制御文の説明をし，各自の作品作りの時間をとるようにした。

時間配分の大要をシラバスなどによって示す（表2-19）。

表2-19 「情報科学」のシラバス

実施日	おもな内容
第1回	ガイダンス教材の配付方法（電子メール）
第2回	セルの数式
第3回	絶対参照・相対参照
第4回	ソートとゴールシーク
第5回	動作の記録（マクロ）
第6回	くり返しと条件分岐
第7回	利用者定義関数
第8回	既製の算譜を読む
第9回	復習と確認
第10回	事例研究（Input Box）
第11回	事例研究（乱数）
第12回	事例研究（複数のシートの扱い）／課題の作成

第13回	事例研究（ワークシート関数を算譜で利用）／課題の作成
第14回	課題の作成／提出
第15回	作品の相互鑑賞

(3)「まねる力」としての作品づくり

　これまでプログラミング経験のない大学生にＶＢＡを使ったプログラミングを半年間で行なえるようにすることは，もしゼロから作品を作らせるのであれば，無謀といわざるを得ない。学生が自分の作品を創るためには，その前の段階をも踏まえたステップが必要である。しかし，ともすれば，学生はゼロから作品が作れるものという錯覚を抱く。そこで表2-20のようなプリントを配って，要求している内容程度を実行可能な程度とするようしむけた。

表2-20　内容程度を実行可能にするために

こんな段階を考えています。
　a）提示したプログラムの意味を解読できる。
　b）必要に応じて，1行程度を書き換えることができる。
　　　例えば，「LoveLetter」での"I love you!"を，"I need you!"に変えよ程度。
　c）自分の課題を，提示したプログラム群のひとつに似たものとして設定する。
　d）「似たもの」に手を入れることによって，「自分の課題」を作る。
　つまり，比喩的に言えば，独創的なレシピを考えてくれようとしているのは，嬉しいのですが，この半年で実現可能かなってことを考えると，即席ラーメンにお湯をかけただけみたいだけど，海苔を1枚のせてみました程度の工夫で結構ですよ。

　プログラム開発一般では，e）「自分の課題」全体から，既存かどうかを問わず必要な部品を指摘することができる。f）必要な部品を自分で作ることができるまでを補うべきだろうが，とくに初等的な部分を強調した。

　斎藤孝氏は，『子どもに伝えたい〈三つの力〉』(2001)のなかで，「コメント力（要約・質問を含む）」「段取り力」「まねる盗む力」を提唱している。「コメント力」については後に述べることにするが，プログラミング自体は，まさにコンピュータに段取りをつけてあげる作業である。たとえば，一口に「しりとりをする」といっても，

　①相手のいった言葉を聞く。

　　・「ん」で終わってはいないか。

　　・自分のいった言葉の最後の音で始まっているか。

・点検の結果，相手が違反していれば自分の勝ちを宣する。
② 相手の言葉の最後の音を調べる。
③ 自分の知っている言葉のなかから，その音で始まる言葉を探す。
・探せなかったら，自分の負けを宣する。
・探せたら，その言葉を相手に伝える。

(若宮里恵さんの作品を参考にした)

などの段取りに分けて，コンピュータに教える作業が必要となる。また，作品を期日までに作るという具体的な作業にも段取りが必要だ。

そして，第3の「まねる力」もプログラミングには実は必要だとの主張である。ここでいう，「まねる」，「盗む」はほかの人の作品をコピーしてそのまま提出するような不正を意味するわけではない。人の作品を読み取って，そのはたらきを理解することによって，自分の課題との共通点を見抜き，その共通点にかかわる部分を参考にするという作業のことである。このような作業のためには，上に述べたa）～d）の作業が前提となる。少なくとも，既存のプログラムを読解できなければ，「まねる」ことはできない。

一昔前に，日本人は受験英語は読めても，英会話ができないといわれていた。やや品の悪い表現になるが，その当時英会話の上達法としては，異性を外国で口説くことが最良だといわれたものである。その成否は知らないが，文法規則の1から学ぶのではなく，目的をしっかりともって，典型的な例文から自分の目的にあった言い換えを行なう。その方が自己表現にとって使える語学となるというのが，この主張のいわんとするところだろう。この「言い換えができる」が「まねる力」に相当する。全般的体系的な知識を仕入れてから初めてものを語れるようになるというのでは，いつまでたっても語れるようにはならない。特殊でもいいから，その人が本当に必要を感じている分野で，まねることによって，通じるか通じないか試してみることが第1歩となるべきだという主張である。

(4) プロジェクト学習と評価の基準

映画評論家の淀川長治氏は，「話が上手になるには，どうしたらよいですか」との質問に対して，「相手に伝えたいものをもつことです」と答えられたそうである。プログラミングもコンピュータに段取りを教えるという意思伝達であ

る。その練習をするのに，まずコンピュータにやらせてみようと思う何かを持つことが大切だと考えた。

　よく初歩的なプログラミングの課題には，入力された自然数に対して，それが奇数なら「奇数です」，偶数なら「偶数です」と出力するなどといった，だれもが同じ答えをしたとしても不思議はないものが出されることが多い。このような場合「まねる力」は，単なる不正にしか役立たないことになりかねない。それぞれの受講者が，自分固有の，コンピュータにやらせてみようと思う何かをもたせる必要がある。この手段として，「プロジェクト・メソッド」の要素を入れてみようと思った。「プロジェクト・メソッド」とは，20世紀前半の進歩主義教育の流れのひとつとして位置づけられている。実際の社会で行なわれる「計画と実行」を学校でも行なわせようとするもので，子どもがその時間の計画を行なって，教師が計画に対して指導的な援助をする。その効果としては，子どもがお仕着せではない，自分の興味関心あるいは能力に応じた学習を行なえるとされている。

　この方法の場合，学習者と教師とが，当該時間の計画に関して綿密な意思疎通を行なう必要がある。そこで，電子掲示板を使って，受講者が計画を投稿し，それに関して授業担当者としての私が，受理する旨を書き込みをするか，不適切・不十分な部分を挙げて再検討をうながして，不受理にする。何らかの理由で他者に見られたくない場合には電子メールによることも許した。受理の場合は作業に取りかかるように，不受理の場合は再投稿し，ある期日までに計画をなるべく受理させられるよう努力することを求めた。なお，期日までに受理されない者はいないわけではなかったので，そのまま作業に取りかからざるを得なかった。

　さて，このような作業の計画に関する意思疎通を受講者が重要だと思うためには，評価の基準をはっきりすることが重要だと考えた。一度メールや電子掲示板への投稿があれば，不受理の場合でも，返事によって次の書き込みが期待できる。問題は最初の書き込みを行なわせるきっかけだ。評価の基準は，10点満点のうち内訳を表2-21のように決めることを公表している。

表2-21 作品を評価する基準

```
作品の企画：A
    3：そのプログラム等を作ることに大いに意義を認めます。
    2：もうちょっと使えるものを企画した方がよかったのでは？
    1：こんなの誰の役にたつの？
作品の難度：B
    3：適度，もしくは，難しすぎる。
    2：やや無難に走ったかな？
    1：こんなの中学生にだってできるぞ。
完成度：C
    3：いまのところ支障なく動きます。
    2：やや不都合，もしくは，不合理な箇所があります。
    1：動きません。あるいは，未完成のところが50％以上あります。
センス点：D
    ＋1：特賞すべき，工夫等がみられる。
    －1：特に上の3観点以外の支障がみられる。
としてA＋B＋C＋D　を作品点として考えています。
講評の冒頭に，3＋2＋2＝7　などと，A＋B＋Cの内訳を記します。
Dが0のときは，記載を略します。
なお，複数作品を出した人は，そのうちで評価のよい方をとります。
```

　つまり，観点A，Bに評価のウエイトをやや重くするようにした。いうまでもないことかもしれないが，解説をつけ加えておこう。完成度が高いが，無難すぎてつまらないものを作るよりも，完成しないかもしれないけれどもコンピュータに何をさせたいか企画する発想のよいものの方が望ましい。しかし，発想のよさ，企画の難度の適切さは，必ずしも受講者本人の感覚と，評価者である私の感覚とが一致するとは限らない。もとより初心者であることが多い受講者にとっては，その判断に自信がない場合があるだろう。そこを「少なくとも，作業に移る前と，作業の途中とで，作品提出までにメールを2往復はさせよう」と言葉をかけてうながしている。

　率直にいって，受講者から寄せられるメールに返事を書くのは，かなり大変な作業である。しかし，電子メールが来ていれば必ず返事をするようにすれば，教室で顔をあわせている際の接触の不均質さは防げる。メールによらずに口頭でのみ質問に対応していると，いろいろな受講者がいるなかで，私が教室を回っているときに，すぐに質問できる人，発言が目立つ人に私の注意が注がれやすい。そこで自然，私の対応がその人に偏りやすくなってしまう。

(5) 電子メール往復の事例

　評価の観点を公表したとしても，どのような課題に取り組むか，受講者にとっては漠然としていて，すぐにはイメージがわかないものだ。過去の学生作品例をみても，必ずしもピンとくるものがあるわけではない。そこで，パソコンでできそうなこと，乱数……，などの連想をはたらかせると，すぐにできそうなことにやや偏った企画となってしまうのもやむを得ない。そこを他の可能性を提示しながらやってみて面白そうなことを受講者とともに考える作業が必要となる。電子メールのやりとりの記録からある事例を紹介しよう。

Sent : Thursday, *****,
To : rio@edu.mie-u.ac.jp
　みました。
＞『おみくじ』をやりたいです☆☆
＞なんか選んだら大吉とかでる感じのやつで。
＞『じゃんけん』を参考にしたいです。でもまだよくわかりません。
　う゛～ん，人の運命について無責任なこと言えんでしょう。占うなら，乱数で安易にポイってより，→もしその手なら安易に走るって評価になるぞ！　姓名判断など占い方の定番があるものがよろしいのでは？
　でも，漢字から画数を出すことをプログラムするのは難しいので，よく使われそうな字を20程度選んで，姓もよくありそうな，佐藤・加藤・藤原・鈴木・田中などに限ることにして，データを組み込む必要があるかもね。〈引用以上〉

　なお，この受講者からの次のメールには下記のように返信をしている。

＞質問をして，その答えによって次の質問を変え，最終的に将来適した職業や
＞性格を判断する。（以下略）
　それって，ＳＰＩとか，性格検査とか実用化されていますよね。就職対策みたいなところに「ＳＰＩ攻略法・性格検査篇」みたいなのがあると思うので，見てみるといいよ。何なら受講者に協力してもらってアンケートを取って，平均がどれくらいかを調べてから診断するといいのでは？
　性格検査ってのは，ええと，クレッチマーとかいろいろありますが質問紙法のがあったはずですよ。でも，ＳＰＩはいろいろ本が出ているので調べやすいね。
　ひゃあ，なかなか格調の高いものになりそうで楽しみです。〈引用以上〉

　さらには，より具体的に，質問項目に関して，次のような示唆を与えた。

> その質問項目を4つのプロフィール。例えば，
> 　　臆病かそうではないか。　／　楽観的かそうではないか。
> 　　科学的かそうではないか。／　努力家かそうではないか。
> などの4つ以上の「観点」のそれぞれに，4つ以上の質問。
> 　　たとえば，「科学的かどうか」では，
> 　　北枕は避けるようにしている。／クジは決まって初めに引きたい。
> などなどを考えて来て下さい。
> 　　来週ほかの受講者に協力してもらって，その質問が適切かどうか実際に検査を実行してみては？　メールで依頼するのも手だけどね。

　ここで，読者の方に，この受講者作品の行く末を想像してみていただきたい。ほかの同じような希望をもっている受講者と，分担を明らかにした共同作品とすることを勧めた。出来上がった質問紙の項目は，あとに紹介するような，おちゃめで笑えて，しかも潜在的な性格の現われを鋭く突いた観点と質問とが提出されている（表2-22）。観点を，ドラえもんに出てくる登場人物がやりそうなことと，「おやじ」がやりそうなこととして並べたものだ。多変量解析の専門家がみれば，たとえば，質問6と13とは，かなり負の相関が高いと予想されるので，分けて聞く必要がないのではないかなどと批判されるかもしれない。しかし，もとより完璧な実用的な性格検査を求めているのではない。むしろこれをもとにサンプルをとって，相関係数をだしたり因子分析を行なったりして，各観点への質問項目の妥当性を検討するなどといった，次に続く課題を提出してくれていると，評価している。

表2-22　出来上がった質問紙

下記の文章のそれぞれに関して，あなたが
[5]：すごくよくあてはまる
[4]：どちらかというと当てはまる方だ
[3]：どちらとも言えない
[2]：どちらかというと反対の方だ
[1]：完璧反対だと思う
のいずれであるか判断して，1～5の整数を問題の右となりの回答欄へ半角文字でメモしてください。
質問
1．頼られると断れない。おだてられるとのっちゃうよ！　　　　　　　　（ドラえもん度）
2．つい幹事を引きうける。みんなの代表☆　　　　　　　　　　　　　　（同上）
3．人をよく助ける。拾ったものは必ず交番☆　　　　　　　　　　　　　（同上）

4. 勉強はいつも下の方。親に見せてないテストもあったりして…　　　（のび太度）
5. 個人より共同作業が好き。レポートは共同が一番！　　　　　　　　（同上）
6. 部屋が散らかっている。ゴキブリ好みの部屋です☆　　　　　　　　（同上）
7. 強いものには逆らわない。郷に入れば郷に従う。　　　　　　　　　（すねお度）
8. こつこつやることはやる。　　　　　　　　　　　　　　　　　　　（同上）
9. 自分は卑怯者だ。ちゃっかりしてるよ～☆　　　　　　　　　　　　（同上）
10. 自分が一番いい。話題の中心は自分じゃなきゃ！　　　　　　　　（ジャイアン度）
11. 自分の思い通りにならないと嫌。パソコンが壊れたらパソコンのせいだよ！！（同上）
12. 強がっているが甘えん坊。あの人の前では・・・　　　　　　　　（同上）
13. お風呂が好き。家で一番好きな場所はお風呂でしょ！　　　　　　（しずか度）
14. きれい好き。部屋はきれいにしてからお出かけ！　　　　　　　　（同上）
15. 自分はみんなにかわいがられている。　　　　　　　　　　　　　（同上）
16. 自分は頭が堅い。将来は頑固になりそう。　　　　　　　　　　　（できすぎ君度）
17. 信号無視はしない。赤信号は、みんなで渡っても危ないよ！　　　（同上）
18. 学級委員はよくやった。いつも制服には委員バッチ☆　　　　　　（同上）
19. おしぼりで顔を拭く。　　　　　　　　　　　　　　　　　　　　（以下、おやじ度）
20. どっこいしょって立つ。
21. 漬物の味がわかるようになってきた。
22. 最近おなかが出てきたと思う。
23. 筋肉痛は二日目以降に出る。
24. ここ一年ベルト・ネックレス等は買っていない。
25. お酒を飲むと語りだす。
26. 着信音はプルル。
27. 居酒屋にいくと、とりあえず生中を頼む。

（青山記代子さん，田村祐希子さん作成）

　この作成者の2人にはパソコンの使い方の実例として，建設的なものを提示することができたと思う。また，作品へ存分に個性を発揮していただけたと思っている。

　「まねる」ためには，例文が豊富にあることが必要だ。電子掲示板，電子メールへの添付ファイルなどで，必要があれば，話題とする電子ファイルを配布した。例題プログラムをエディタへ打ち込む際のタイプミスという，あまり本質的ではない障害に，授業の進行が妨げられていたことへの対策である。また，サンプルのためのインターネットのサイトを作り，授業の進行によらず，各自のペースで閲覧できるようにした。この内容は講義を担当するにあたって作りおきにしていたもの，過去の学生作品のうちで優れたもの，参考になりそうなものも含まれる。また，授業の進行に応じて，うまい説明を思いついたときにも適宜補足した（図2-1）。

2003年度後期の

情報数学概論@三重大学・共通教育

での学生さんの作品から(正田が補作している場合もあります。)
なんか今回は遊び特集って感じがする^_^;ゞ。それぞれ，
※ という表示のあるところを，右クリックすると，ディスクへ保存できます。
文書の方は軽い(テキストファイル)ので左クリックで開けても大丈夫。
でも，「戻る」ためのリンクはないので，戻りかたを知らない方は表の下を
御覧下さい。

作製者名	文書	作品	概要	備考
若宮里恵さん	※	※	しりとり　です。	[Ctrl]＋[Break]が強制終了。必ずこれを覚えてからやってください。ファイルサイズが120kB程度あります。
石坂真澄さん		※	上と同じくしりとりですが，手のうちを明かす設定になっています。	
青山記代子さん 田村祐希子さん	※	※	「ドラえもん度」と「？？？度」の診断	もとのサンプルは三重中央看護学校の学生さんの協力によるものです。160kB程度。
石山　愛さん		※	じゃんけん，なくて七癖。	相手のクセによって手の確率が変わります。
辰濱健一さん	※　？	※	まるばつ。	クリックすると○がかけるという高度な仕組みを自分で調べて使っています。(？を参照)

図2－1　過去の学生作品を提示するサイトの例
(http://f15.aaacafe.ne.jp/~riosh/Arc2003w/index.htm)

　また，作業の途中での質問には，それぞれの受講者~にとって，それほど簡単ではないけど，乗り越えられるハードルを設定した返事をすることにした。しかし，このハードルの設定はむずかしく，失敗がまったくなかった訳ではない。たとえば，ある受講者との質問メールへの返事を引用しよう。

(正田：発)
うっかり動作確認しているうちに，かなり動くものが出来ちゃいました。
ま，動かしてみてください。
　ちょっと解読するのが難しいかもしれませんが，付け足したい機能とか，わからないところとかあったらメール下さい。

(正田：発)
＞はぁ…すごいですね…
いやあ，あまりに面白いアイデアでしたので，とりあえず助言のつもりが。。。
^_^;)ゞ　スミマセン
＞でもこれじゃ点数にならない…
私の作ったものそのものじゃあってことですか？
1）取り扱い説明書を作る。／　2）プログラムの解説を付ける。
3）プログラムの余計なところ，未完成のところを直す。
以上の3つは，私の作ったものをどれくらい解読できるか（実行はできたようですけど）を示すものだと思います。

「これじゃあ点数にならない」とは，受講者がこの科目に対して要求しているハードルの高さに比べてかなりハードルが低く設定されていたことに対する反応であろう。しかしその後，この受講者は，いわば「残した活躍の余地に対して，その500％の活躍」をしてくれている。そのおかげで，私の助言が結果としての失敗にならずにすんだ。

　この作品は，かなり凝ったものとなっている。「トイレの花子さん」とのしりとりを利用者が行なうという脚色がなされ，さらに利用者が男の場合は，花子さんではなく太郎くんが対応するといった規格としている。最後の受講生間の電子掲示板上のコメントでは，

> ・すごいですね／これ，おもしろいです。相手の子がずいぶんとお茶目だし。楽しませてもらいました。
> ・面白いです／言葉の掛け合いが楽しすぎます。
> ・楽しかったです／おとことおんなで言葉遣いが変わるのがすごい！背景も雰囲気がでてて良かったです。
> ・無題／最初は少し怖いと思ってびっくりしましたが，だんだんおもしろくなってきて，とても楽しかったです☆　なかなかかわいいはなこさんでした。

などと好評を博した。比較的うまく機能したハードルに関しても紹介しておこう。2人で行なうジャンケンの勝ち負けの判定である。if　else　endifを使うと2人の出す手の組み合わせ9通りのそれぞれを記述するのは大変である。しかし，グー・チョキ・パーのそれぞれに，1・2・3を対応させ，自分の手をx，相手の手をyとする場合，

```
function Kati(x,y)
  K=(3+x-y)mod3
  select Case K
     Case0 : Kati = "あいこ"
     Case1 : Kati = "あいて"
     Case2 : Kati = "じぶん"
  end select
end function
```

と数学的にスマートな表現をみせるよりも，

```
function Kati(x,y)
    Kati = sheets("判定表").cells(x,y)
end function
```

という仕組みを作っておいて試行錯誤させた方がわかった感じがするようだ。「判定表」シートには，当初は「はな，はと，まめ，ます」のような仮の不適切なデータが入っている。これの左上の3行3列の部分を，動作確認をして適切なものに直させるのである（図2-2）。

	A	B	C	D	E	F
1	はな	はと	さいた	グー	1	
2	まめ	ます	サイタ	チョキ	2	You
3	You	さくらが	咲いた	パー	3	
4	グー	チョキ	パー			
5	1	2	3	The Rule of Janken		
6		Me		MeかYouかEvenを入れましょう。		
7						

図2-2　判定表シート

3　学習共同体形成のための電子掲示板

　高校までは学級という所属のよりどころがあったが，大学の共通教育では，1年生が多く，多様な学部・学科から学生が集まっている。まだ互いに面識が薄い。さらに毎時間パソコンと向き合って作業することが中心となる「情報科学」では，互いのコミュニケーションが行なわれにくい。とくに小学生とは違って，「ハイハイ」と手をあげ発言したがる年ごろでもない。授業担当者とのコミュニケーションも説明されたことをやってみるだけの一方通行となりやすい。

　そこで，電子メールで企画の提案をさせたり，最後の回には電子掲示板で互いの作品へコメントをつけあうような機会を作った。「人の作品3つ以上にコメントをつける。見てもコメントをつけないものがあってもよい。ほめることを目指すこと」と指示した。実はおかしいといえばおかしいのだが，同じ部屋の中にいる学生が，電子掲示板（Excelのファイルを添付できる）にアップされた作品に関してコメントを加えている（表2-23）。面と向かってほめるのが恥ずかしい年頃ともいえる学生たちだが，練った表現で，うまい感じで人の作

品をほめている。同じ教室にいる2人の間にある言葉を交わしたことのない恥ずかしさ，遠慮を含んだ空気を，パソコン間のネットワークが空気を介することなく意思を伝えてくれている。

表2-23 ある作品に対する電子掲示板でのコメント

```
・無題／まさか，こんなゲームが作れるなんてすごいと思いました。はまってしまいそうです。
・すごい／すごい見栄えもよくて楽しめました。借金や返済の会話のやりとりも工夫できててすごいと思いました。
・おおー！／すごいですね，コレ。何度もやってしまいました。レースの時に字（競走馬と言うべきか…？）がトコトコ動くのも可愛くて，すばらしいと思いました。
・無題／すごくおもしろかったです。
・無題／競馬がやりたくなった。
・無題／こんなゲームが作れるってすごいですね！ゲームしながら見入ってしまいました。すごい楽しかったです。
・無題／すごいですね。こんなにも複雑なものが作れるなんて…。しっかり楽しませてもらいました！
・無題／すごくおもしろかったです。こんなゲームが作れるんですね。素晴らしいです。
・無題／すごすぎ！！ かなり楽しめました。馬の名前を友達の名前にするとほんっとうにおもしろかったです。
・無題／おもろいですね。特に馬が動いて行くのには驚きました。
・無題／虎さんが意外に足がおそかったのにはガッカリです。惨敗してしまいました。すごく画面の配色がきれい。文字が走っていくところには感動しました。
・(作製者本人から)皆様ありがとうございます／馬の名前はロバ（驢馬）ラクダ（駱駝）キリン（麒麟）です。名前は全角二文字までしか入らないのですが，名前をお友達の名前に変更すると，もう少し楽しくなるかと思います。
・無題／色もきれいですごいと思いました。とても楽しめました☆
・無題／借金まであるのは，おもしろいですね。競馬をやって身を滅ぼす人は，借金に手を出す人なのですが…。
・無題／こんなの作るなんてすごいと思いました。最初，どうやって順位が決まるのかなと思っていたら，文字が動き出してびっくりしました。
```

一人3つ以上のノルマだと1つもコメントがつかない作品も出てしまう。時間が限られているので，掲示板に書き込まれた本文が，作品をみようとさせる呼び込む力に欠けていたり，作品をほめようにもやや窮してしまうなどが原因と考えられる。このような作品に対するフォローは課題として残っている。

参考までにある期に関して，作品ごとについたコメントの数を調べた結果を記しておく（表2-24）。

表2-24 作品についたコメントの数

作品数	0	1	2	3	4	5	6	7	8	9	10	11	12	13	14	15
4					○											
3	○															
2			○	○	○											
1	○		○	○	○	○	○		○				○	○	○	○

コメントがついた回数

　いうまでもないことだが，同じ場所にいても，同じ学習共同体のなかにいるとは限らない。多くの場合，受講者は単に教師の話を聴くためだけにその場にいて，その聴く行為は，単位を取るという個別に与えられた目標に対する手段として意味づけられる。エンゲストローム『拡張による学習』(1999) の「訳者あとがき」に，訳者の1人である山住勝広氏は，『[拡張による学習] は，………学校教育のレリバンス（適切性）に疑義を投げかけ，より広い生活活動の文脈を探索すること，活動のコンテクストを批評・分析し，問題を創造し，……といった活動システムの再構築のサイクルが「拡張」である』と秀逸な書名の解題をされている。

　電子掲示板と，そのアーカイブとを通じ，受講者に過去の学生作品を「『まねる』ための例文」として提供し，また彼らの作品が後の学生のための例文として利用される可能性を提供した。彼らの共同体を，名前が見える範囲で歴史的軸の広がりをもたせようとした。また，作品へのコメントをつける時間を通じて，同時間での横軸の創成を試みたことになる。この営みが「活動システムの再構築」となりうるというのは，いささかオーバかもしれない。でも，この科目を履修して，科目名から連想していたものから「よい意味で裏切られた」という受講生の感想を励みに，やや手数のかかるこの授業分担をこなしていこうかと思っている。

　なお，電子掲示板は http : //www.big.or.jp/~talk/t-club/soft/mini_r 6 /index.cgi として提供されているフリーウエア，imgboard 1 . 22R 6 を用いた。また，赴任当時，セキュリティやサーバの不調などで Perl を使えない状況にあったので，無料で CGI が許可されるサイト aaacafe（広告付き）で稼働させた。Perl のパス設定から /local を除き属性を aaacafe での規定に従って変える必要はあったが，

コメントが丁寧なプログラムなので，Perl の詳細を知らない筆者にとっても，利用しやすかった。

4　おわりに

　ここまでの記述を読まれて，これが「情報モラル教育」とどのようなかかわりをもつのか疑問に思われたかもしれない。いいたいことをさきにいってしまえば，伸び伸びした学習共同体の育成から，モラルのある環境が生まれる。そんなことを提案したかったのだ。電子掲示板の書き込みを紹介してきたが，本当によい受講者に恵まれている。

　もちろん，私が報告した受講生は，高校までの学校教育で，情報モラル教育を受けてきた。不適切な行動を不適切なものと理解し行動できる。これらの点は無視できない事実である。大学生は行動する範囲も広がるので著作権に関する注意も必要だ。また成人として扱われるので，その方面での新たな対応が必要となる場合もある。ただ，「○○してはいけない」の羅列だけでは，健全な行動は育ちにくい。身体の健康についても，不健全になったときの治療や，不健全にならない予防も必要だが，まず健全に発育するために，おいしく食事をして，身体を動かすことが大切だ。この意味で，互いに顔の見える環境で，担当教員のアドバイス・監視を受けてのインターネット・コミュニケーションを利用することが，健全な利用へのステップとなりうるだろう。

　電子掲示板は学外からも見えるし，いまのところ制限もしていない。当初は責任もった発言を求めるためにメールアドレス必須の掲示板とした。しかし，いろいろなところからダイレクト・メールが届くなど，学生が被害者になる危険性もあるので必須ではなくした。また学生番号を電子掲示板などに書かないようにも指示している。しかし，顔の見えるレベルでのコミュニケーションと断層を作らないために，名前については実名を原則としてお願いしている。ただ，このサイト以外ではあるが，掲示板荒らしの被害がないわけではない。趣旨と関係のない内容を，悪意をもって多量に書き込まれるといったものである。その対策も電子掲示板のプログラムには多様に用意されている。場合によっては，匿名性のある無料メールアドレスを Yahoo などで取得させて，メールアドレス必須とする対策も必要だろう。その反面，私の非常勤先の学生が作品企

画のヒントを得ようと電子掲示板に入り，その作品の面白さに感激して，その旨を書いた電子メールが届いたということもあった。メールを受けとった本人は１年生だったが，ほかの大学の３年生からほめてもらったと，かなり喜んでいた。

電子メールや電子掲示板は時と場所をこえる学びの輪を形成する可能性をもっている。また，インターネット・サイトでのアーカイブなどの支援をする場合にも資源の利用をしやすい。その反面，悪意ある第三者の存在も残念ながら無視できない。一つひとつの対応を通じて学びの輪の形成に資していきたいと思う。なお，本節での学生名などの表示はアーカイブによって調べられるものに関しては，当該のアーカイブの趣旨に従ったものである。

6節　情報モラル教育指導法に関する教員研修

情報モラル教育の必要性が叫ばれ，校内研修などでも，情報モラル教育の指導法の研修が行なわれることが多くなってきたと聞く。本書の読者のみなさまは，研修講座を企画，担当する方，現在，情報モラル教育の実践中，または，これから行なおうと考えている方であろう。

筆者が必要であると考える情報モラルに関する研修講座の内容は次の４つである。

①著作権，肖像権について
②学校Ｗｅｂサイトからの情報発信について
③情報倫理教育，安全教育（大谷，1996）の指導法について
④個人情報の取り扱いについて

著作権，肖像権，個人情報の扱いについて考える際にキーワードになるのが「情報コントロール権の尊重」である。情報公開に際しての「情報コントロール権」とは，「情報に関して権利をもっている者が，その情報を，どのくらいの期間，どの範囲に，どのような形で公開するかをコントロールする権利」のことであり，それを尊重する姿勢が大切であると考える。なぜなら，情報コントロール権を尊重する取り組みは，児童生徒が，自己情報や自分の著作権に関

する感覚を敏感にするからである。教師の態度や姿勢が，児童生徒が日常の学校生活のなかで，著作権，肖像権，個人情報を大切に取り扱う姿勢を身につけていくことになり，最高の教育法となるであろう。

これらの考えを背景として，研修講座の内容について紹介する。

1　著作権，肖像権について

著作権，肖像権に関する研修講座では，次の点を押さえるようにしている。
(1)著作権法第35条　学校その他の教育機関における複製等
(2)音楽データの著作権について
(3)児童生徒の作品の著作権について
(4)教師が作成した文書の著作権について

(1)　著作権法第35条　学校その他の教育機関における複製等

著作権に関する指導を行なうための基礎知識として，著作権法第35条の「学校その他の教育機関における複製等」を知っている必要がある（表2-25）。ここに定められていることは特例であり，その他のケースは著作権者に了解を取る必要があると考えておけば，たいていのケースでは，まず，間違いないであろう。

表2-25　著作権法第35条　学校その他の教育機関における複製等（著作権法，1970）

1　学校その他の教育機関（営利を目的として設置されているものを除く。）において教育を担任する者及び授業を受ける者は，その授業の過程における使用に供することを目的とする場合には，必要と認められる限度において，公表された著作物を複製することができる。ただし，当該著作物の種類及び用途並びにその複製の部数及び態様に照らし著作権者の利益を不当に害することとなる場合は，この限りでない。
2　公表された著作物については，前項の教育機関における授業の過程において，当該授業を直接受ける者に対して当該著作物をその原作品若しくは複製物を提供し，若しくは提示して利用する場合又は当該著作物を第38条第1項の規定により上演し，演奏し，上映し，若しくは口述して利用する場合には，当該授業が行われる場所以外の場所において当該授業を同時に受ける者に対して公衆送信（自動公衆送信の場合にあっては，送信可能化権を含む。）を行うことができる。ただし，当該著作物の種類及び用途並びに当該公衆送信の態様に照らし著作権者の利益を不当に害することとなる場合は，この限りではない。

児童生徒が授業の調べ学習などで，著作物の複製などを行なう場合は，出典元を示すように指導し，学校Webサイトや学校外のコンクールに出品する可能性がある場合には，著作物の複製等について，許諾を得るよう指導すること

が重要である。よく，「コピーしてはいけません」と指導している例を見かけるが，正しくは，「許諾を得ることなしにコピーしてはいけない」であるから，許諾の取り方を指導することが必要であることを認識するべきである。ひな型となる文章等を用意し，文書で許諾を取らせる等の取り組みを授業実践に埋め込むことで，著作権教育ができる。

また，教師が著作権法違反をしないためには，「学校における教育活動と著作権」（文化庁，http://www.bunka.go.jp/1tyosaku/kyouiku/pamphlet/pdf/gakkou_chosakuken.pdf），「学校その他の教育機関における著作物の複製に関する著作権法第35条ガイドライン」（著作権法第35条ガイドライン協議会，http://www.jasrac.or.jp/info/dl/gaide_35.pdf），資料2-1（P174，175）の「学校その他の教育機関における著作物等利用に関するフローチャート」（http://www.jasrac.or.jp/info/dl/gaide_chart.pdf）などの資料を示し，教員研修会や研究会は授業ではないことやワークブックなど，児童生徒が購入することを想定している物は授業内であっても，複製，配布ができないことなどを説明することが有効である。

(2) 音楽データの著作権について

研修講座で，音楽データの著作権についての質問を受けることが多い。音楽著作権については，音楽の著作物の著作権に関する管理事業等を行なっている社団法人日本音楽著作権協会（以下，JASRAC）のＷｅｂサイトで確認する必要がある。また，JASRAC PARK（http://www.jasrac.or.jp/park/index.html）では，児童生徒，教師向けに，音楽の著作権のことについてわかりやすく解説している。

また，学校現場で，行事の記念ビデオや合唱コンクールのＣＤなどの作成，配布が行なわれることが多いが，著作権を侵害しているケースが少なくない。著作権者からクレームがつけば，記念の品物を回収しなければならない事態を招き，児童生徒を悲しませてしまうことになってしまう。製作時に，所定の手続きをとることの大切さを説くことが重要であろう。

(3) 児童生徒の作品の著作権

児童生徒の作品は指導助言の範囲を超えない限り，児童生徒に著作権がある。授業研究会の実践レポートや学校Ｗｅｂサイトに児童，生徒の作品を掲載する場合には，児童生徒の許諾を得る必要があることを解説する必要がある。

児童生徒に許諾を得るようにすることで，児童生徒が自分の著作物の著作権を意識するようになり，また，著作権についての感覚が敏感になることことを伝え，許諾を得ることが，児童，生徒への著作権教育になることを理解してもらうことが重要であろう。

(4) 教師が作成した著作物の著作権

教師が教育活動を行なうために作成した指導案や教材プリント，テスト問題などの著作権は誰にあるのかについて，これまで，学校現場では，あまり考えてこなかった。しかし，教育の情報化の進展により，デジタル化された教育情報が流通するようになると，必ず，教師が作成した著作物の著作権が問題になると予測している。

著作権法第十五条（表2-26）には，職務上作成する著作物の著作者について定められており，表2-27の「法人著作の要件」をすべて満たす場合は，職務上作成する著作物の著作権は，その法人等（つまり，国，自治体，学校法人等）にあることとなる。

公立学校の教員の場合，他の自治体の学校に転勤するケースがあるため，研究発表時に作成した指導案等は，教師を著作者としておく方が，教育情報の流通の観点から，望ましいと私は考える。本節で紹介した運用規程は，「法人著作の要件」の (e) を満たさない形，すなわち，指定研究校の研究成果物として，「法人等の名義」で公表したものであっても，指導案等は，教師に著作権がある形とした例である。

例：各教師に著作権を認める形——職務上作成した文書の著作権についての取り決め

本校職員が職務上作成した文書の著作権の所在について次のように定める。

学校名のみで公表する文書は〇〇市教育委員会に著作権があるものとする。

指導案など，職員の個人名をつけて公表するものはその職員に著作権があるものとする。

表2-26 著作権法第15条 職務上作成する著作物の著作者（著作権法，1970）

1 法人その他使用者（以下この条において「法人等」という。）の発意に基づきその法人等の業務に従事する者が職務上作成する著作物（プログラムの著作物を除く。）で，その法人等が自己の著作の名義の下に公表するものの著作者は，その作成の時における契約，勤務規則その他に別段の定めがない限り，その法人等とする。

2 法人等の発意に基づきその法人等の業務に従事する者が職務上作成するプログラムの著作物の著作者は，その作成の時における契約，勤務規則その他に別段の定めがない限り，その法人等とする。

表2-27 法人著作の要件（文化庁長官官房著作権課，2004）

(a) その著作物を作る「企画」を立てるのが法人（注）その他の「使用者」（たとえば，国や会社など。以下「法人等」という）であること
(b) 法人等の「業務に従事する者」が創作すること
(c) 「職務上」の行為として創作されること
(d) 「公表」する場合に「法人等の名義」で公表されるものであること
(e) 「契約や就業規則」に「職員を著作者とする」という定めがないこと
(注) 著作権法上の「法人」について
　著作権法上の「法人」には，「法人格を有しない社団又は財団で代表者又は管理人の定めがあるもの」を含むこととされています（第2条第6項）。このため，自治会，PTAのような団体もこれに含まれます。

2　学校Webサイトからの情報発信について

多くの学校がWebサイトを開設し，学校の情報を発信するようになっている。しかし，何の目的で，だれに対して，情報発信を行なっているのかがわからないページも少なくない。

情報発信を行なう際の判断力を児童生徒に育成するには，まず，教師が適切に判断できなければならないことから，現在，公開している学校Webサイトを題材に，次のようなことを考える研修会を持つと効果的である（表2-28）。

表2-28　研修会の流れ―学校Webサイト，学校要覧を見つめ直す―

1．「学校は何のために情報発信をするのか？」について，改めて考えてみる。 ↓ 2．「情報発信は適切な範囲に対して，行なわれているのか？」について考える。 （学校Webサイトに掲載すべきコンテンツとその公開範囲について考える） ↓ 3．「学校にあるさまざまな情報はそれぞれだれのものか？」について考える。 ↓ 4．「だれに対して，何を知らせなければならないか？」について考える。 ↓ 5．「部外者に提供しない方がよい情報は何か？」について考える。 ↓ 6．「出せる情報と出せない情報」を考える．また，「出すことによる影響」についても考える。 ↓ 7．学校Webサイトのメニューを発信対象と公開範囲別に整理する。

学校のＷｅｂサイトには，保護者参観時の入校手続きなど，外部侵入者に対しての安全対策の情報を公開して，その対策が意味をなさなくなっているケースもある。上記のことについて考えると情報の受け手や情報発信の目的とその効果，影響を考えずに，情報を垂れ流すことの問題に気づくことができる。資料２-２（P176，177）に示すようなガイドラインを策定し，不特定多数に対しての情報発信は慎重に行ない，特定の相手への情報発信と区別することで，適切な情報発信が行なわれるようになり，保護者等が写真の掲載の許諾について，判断が容易になるはずである。学校Ｗｅｂサイトを作ること，ページ更新することが目的になっていないかを問い直してみる機会を作り，すべての教員が考える必要がある。

3　情報モラルにおけるインフォームドコンセントについて

　交流学習等インターネットを活用した授業実践や学校からの情報発信に際しての写真等の掲載について，保護者から許諾を取っているケースが多い。しかし，それが年度当初にまとめて許諾を取っていたり，心配はいりませんといったうえで，許諾を求めたりするケースがある。

　しかし，それでは，本当の意味で許諾を取ったことにならない。なぜなら，それは，児童生徒に被害が及ぶようなことが発生した場合，保護者の信頼を失う許諾の取り方であるからである。トラブルが発生したとしても，保護者の信頼を損ねることを最小限にとどめるには，事前に危険性も伝えたうえで，承諾を取ることが必要である。

　つまり，情報モラルにおけるインフォームドコンセントを取る必要があるわけである。インフォームドコンセントは，医療現場において，よく使われる言葉であるが，医者が患者の健康の回復を願って，投薬や手術を行なうことと，教師が子どもの成長を願って，さまざまな教育手法を用いることは非常に似ているといえる。医者が治療に関して，薬の副作用や手術の失敗の可能性を患者に説明したうえで，治療方法を選択させるように，教師が保護者に危険性を示したうえで，承諾するかどうかを選択させることが必要である。

資料2-1　学校その他の教育機関における著作物等利用に関するフローチャート

```
┌─────────────────────────────────────────────────┐  いいえ→
│「学校その他の教育機関」*に該当する期間で行われる利用ですか？│
│ ＊組織的・継続的教育活動をと営む教育機関であって，営利を目的としないもの│
└─────────────────────────────────────────────────┘
                        ↓ はい
┌────────────────────────┐  ┌────────────────────────┐
│授業が行われる場所での著作物の複製│  │それ以外の場所への公衆送信の複製の│
│の場合                  │  │場合                    │
└────────────────────────┘  └────────────────────────┘
      ↓ 下に進む                      → 次ページに進む

┌────────────────────────┐  いいえ→ ┌────────────────────┐  いいえ→
│著作物の複製を行うのは教育を担任す│        │では学習者自身ですか？│
│る者ですか？            │        │                  │
└────────────────────────┘        └────────────────────┘
      ↓ はい                             ↓ はい

┌─────────────────────────────────────────────────┐  いいえ→
│その複製は授業の過程*に利用するために行われるものですか？│
│ 該当しないものの例：・学校の教育計画に基づかない自主的な活動（例：サー│
│                    クル・同好会，研究会），・授業に関連しない参考資料│
│                    の使用，・校内ＬＡＮサーバーに蓄積すること，・学級│
│                    通信・学校便り等への掲載，・教科研究会における使用，│
│                    ・学校ホームページへの掲載│
└─────────────────────────────────────────────────┘
                        ↓ はい

┌─────────────────────────────────────────────────┐  いいえ→
│その複製は授業の目的に照らして必要と認められる限度ですか？│
│ 授業の対象となる必要最小限の部分。│
└─────────────────────────────────────────────────┘
                        ↓ はい

┌─────────────────────────────────────────────────┐  いいえ→
│複製されるのは公表された著作物*ですか？│
│ ＊著作者の許諾を得て公に提供・掲示された著作物│
│ 該当しないものの例：未公開の論文，作文，手紙，日記，美術，写真，音楽等│
│                    の著作物│
└─────────────────────────────────────────────────┘
                        ↓ はい

┌─────────────────────────────────────────────────┐  いいえ→
│その複製は著作権者等の利益を不当に害していませんか？│
│ 著作権者などの利益を不当に害すると考えられる場合│
│ ①著作物の種類と用途に関するケース│
│   a　児童・生徒・学生が授業を受けるに際し，購入または借り受けて利用す│
│      ることを想定しているもの（記録媒体は問わない）を購入等に代えてコピ│
│      ーすること│
│   b　本来の授業目的を超えた利用が行われる場合│
│ ②複製の部数と様態に関するケース│
│   原則として，部数は通常の１クラスの人数と担任する者の和を限度とする│
│   （小中高校及びこれに準ずる学校教育機関以外の場合，１クラスの人数は概│
│   ね50名程度を目安とする）。│
│   a　大部数の複製等，多数の学習者による利用│
│   b　複製の態様が市販の商品と競合するような方法で行われる場合│
│   c　継続的に複製が行われる場合│
└─────────────────────────────────────────────────┘
                        ↓ はい

┌─────────────────────────────────────────────────┐
│           許諾を得ずに利用できます。           │
└─────────────────────────────────────────────────┘
```

（右側：自由利用できません。許諾を取ってください。）

ただし，著作物を複製する場合には，複製物にその著作物の出所を明示してください。

6節　情報モラル教育指導法に関する教員研修

（http : //www.jasrac.or.jp/info/dl/gaide_chart.pdf）

```
┌─────────────────────────────────────────┐
│　　授業が行われる場所以外への公衆送信の複製の場合　　│
└─────────────────────────────────────────┘
　　　↓　はい
┌─────────────────────────────────────────┐
│授業を担任する者と同じ場所で授業を受けている者がいますか？　│　いいえ→
│※主会場がなく，遠隔地への送信のみによって授業が行われる場合は該当しま│
│　せん。　　　　　　　　　　　　　　　　　　　　　　　　　│
└─────────────────────────────────────────┘
　　　↓　はい
┌─────────────────────────────────────────┐
│その利用は主会場で，第1項で認められる範囲で授業の過程に提供・利用され│　いいえ→
│ているものですか？　　　　　　　　　　　　　　　　　　　　│
│※主会場で提供・利用されていないものは送信できません。　　　│
│※授業の目的に照らして必要な限度であること，公表された著作物であること│
│　は第1項と同様です。　　　　　　　　　　　　　　　　　　│
└─────────────────────────────────────────┘
　　　↓　はい
┌─────────────────────────────────────────┐
│著作物の送信にあたって，上演，演奏，上映もしくは口述をともなう場合，それ│　いいえ→
│は非営利・無量かつ当該実演家等に対し報酬を支払わないものですか？　│
└─────────────────────────────────────────┘
　　　↓　はい
┌─────────────────────────────────────────┐
│主会場と同時に授業を受けている者への送信ですか？　　　　　│　いいえ→
│　該当しない場合の例：・登録された学生でない者を含む場合　　│
│　　　　　　　　　　・授業をあらかじめ録画しておき後日配信すること│
│　　　　　　　　　　・オンデマンドで配信する授業における著作物・複製物│
│　　　　　　　　　　　の使用　　　　　　　　　　　　　　　│
│　　　　　　　　　　・授業終了後も利用できるように，著作物等をホームペ│
│　　　　　　　　　　　ージ等に掲載すること　　　　　　　　│
└─────────────────────────────────────────┘
　　　↓　はい
┌─────────────────────────────────────────┐
│その利用は著作権者等の利益を不当に害していませんか？　　　│　いいえ→
│　著作権者などの利益を不当に害すると考えられる場合　　　　│
│　①著作物の種類と用途に関するケース　　　　　　　　　　│
│　　a　児童・生徒・学生が授業を受けるに際し，購入または借り受けて利用す│
│　　　ることを想定しているもの（記録媒体は問わない）を購入等に代えてコピ│
│　　　ーすること　　　　　　　　　　　　　　　　　　　　│
│　　b　本来の授業目的を超えた利用が行われる場合　　　　　│
│　②公衆送信の態様に関するケース　　　　　　　　　　　　│
│　　a　授業を受ける者以外の者が閲覧できるように公衆送信すること│
│　　b　送信された複製著作物を，受信側で二次的に複製すること│
│　　c　大教室での授業に相当するような人数への送信を行うこと。│
│　③著作者人格権を侵害しないこと　　　　　　　　　　　　│
└─────────────────────────────────────────┘
　　　↓　はい
┌─────────────────────────────────────────┐
│　　　　　　　　許諾を得ずに使用できます。　　　　　　　│
└─────────────────────────────────────────┘
```

（右側）自由利用できません。許諾を取ってください。

ただし，著作物を複製する場合には，複製物にその著作物の出所を明示してください。

資料2-2　インターネットを使用した情報発信に関するガイドライン（教師用）

○○立△△学校
　インターネットを使用した情報発信に関するガイドライン（教師用）
1．名称
　本ガイドラインを「インターネットを使用した情報発信に関するガイドライン（教師用）」とよぶ。
2．責任の所在
　授業，クラブ活動など学校教育活動として，インターネットを使用した情報発信にかかわっての責任は学校長にあるものとする。
3．公開・送信範囲によるガイドラインの運用
　本ガイドラインは不特定多数への公開・送信，特定の相手への公開・送信，学校内のみの公開・送信の3つの公開範囲と生徒の個人情報や肖像権が関係する内容の有無によって運用をわけた以下のケースを想定して規定する。

	不特定多数への公開	特定への相手への公開	学校内のみの公開
	（ケースA）	（ケースB）	（ケースC）
個人情報を含む	1	2	3
個人情報を含まない	4	5	6

4．公開・送信の手順
　公開・送信の手順は3に定める公開・送信範囲により，運用を分ける。
4—1．不特定多数への公開・送信の場合（ケースA）
　(1)　公開，送信希望者は教頭，校長に許諾の申請をする。
　(2)　生徒個人が特定される情報が掲載される場合は「9．作成上の注意事項」に沿った形で生徒本人，保護者（法定代理人）両者の了解を事前に得るものとする。
　(3)　本校生徒，本校職員以外が著作権をもつ著作物を掲載する場合は著作権者から，転載の許可を得たことを示す文書の写しを提出する。
　(4)　本校職員が職務上作成した文書については，別に定める「職務上作成した文書の著作権についての取り決め」によって定められた著作権者から了解をとるものとする。
　(5)　教頭，校長は公開範囲にふさわしい内容，条件を備えているかを協議し，判定する。
　(6)　教頭，校長は判定結果とその判定理由を速やかに申請者，情報教育担当者に連絡する。

(7) 公開，送信の承認を得た場合，申請者，情報教育担当者は速やかに公開作業を行なう。
　(8) Ｗｅｂページを更新する場合は更新部分について，同じ手順を踏むものとする。
　(9) メールマガジンのバックナンバー，学級通信のバックナンバー等をＷｅｂページに掲載する場合は各号ごとに，同じ手順を踏むものとする。
4－2．特定の相手への公開・送信の場合（ケースＢ）
　(1) パスワード制限等アクセス制限をしたＷｅｂページでの情報公開・送信になる場合は4－1と同じ手順を踏む。
　(注) 個人情報保護条例上は地域イントラネットにより，同一地域内の学校間での公開，送信は同一機関内と解釈されるが，これは本庁と区役所等出先機関間でのデータ通信を想定していること，また，教育の観点から，生徒の情報コントロール権を尊重する立場から，外部機関への公開・送信と同様に扱う。
　(2) パスワード制限等をした電子掲示板，チャットボード等を活用した交流学習など，頻繁に更新されることが想定され，更新のたびに生徒，保護者の同意を取ることがむずかしい場合においては，活用前に次の点において，同意を取ったうえで利用することとする。
　　　・電子掲示板，チャットボード等の利用目的とその使用の必然性
　　　・利用により期待される効果と予想される危険性
　　　・危険性に対する対策，指導方法
　　　・生徒へ個人情報保護に関する指導状況
　　　・交流相手に対して，要求した個人情報の管理方法とその管理状態の確認方法
　　　・利用期間と公開範囲
　　　・電子掲示板，チャットボードを閲覧する権利の有無
　　　・利用終了後のデータ消去の方法
　(3) 電子メール，メーリングリストの利用についても，4－2．(2)と同様の形で同意を事前にとることとする。
　(注) ある地域の個人情報保護条例では電子メールは対象外になっているケースがあるが，その場合であっても，生徒，保護者の自己情報コントロール権を尊重する観点から，同意を得る取り組みをすることとする。
　(4) テレビ会議システムの利用についても4－2．(2)と同様の形で同意を

事前に得ることとする。
　（注）条例によって，電子計算機の結合に該当し，第三者機関への提供と解釈されるケースがあります。この点についても，自治体の個人情報保護に関する課等に確認をとり，法令遵守を心がける必要があります。

4―3．学校内のみの公開・送信の場合（ケースＣ）
　(1)　公開希望者は自分で登録作業を行ない，その担当者の責任で運用する。
　(2)　生徒の写真，作文などを掲載する際には生徒本人の承諾を得たうえで公開する。
　(3)　サーバーからコンピュータプログラムを配布する場合は，必ずソフトウエアライセンスを確認し，ライセンスに違反していないことを確認したうえで配布することとする（著作権法第2条7の(2)）。

5．更新の手順
　内容を更新する際は，その更新部分について，新規の場合と同じ手順を踏むものとする。ただし，不適切な内容，間違った内容が公開後に発見され，迅速に更新する必要がある場合，ただちに修正作業を行ない，学校長，ならびにその修正内容に関係する職員，生徒に翌日までに報告をすることとする（修正作業翌日が休日の場合は休日明けの日までに報告をすることとする）。

6．公開の継続
　(1)　公開の継続期間はその公開の必要性がなくなるまでとする。公開期限が定められている情報については，その期限までとする。
　　　ただし，公開後，または公開継続の検討後，1年を経過したものについては情報教育担当者が公開の継続，内容修正の検討をし，公開申請者と相談のうえ，公開の継続，停止を検討する。
　(2)　公開申請者が異動等の理由で本校職員でなくなった場合は原則として，該当ページを削除するものとする。ただし，教育実践の引き継ぎ，研究成果の蓄積などの理由で公開を継続するべきであると教頭，校長が判断した場合は公開継続を認める。

7．削除の手順
　(1)　教頭，校長の了解を得て，公開しているものについては，削除する際にも教頭，校長の了解を得るものとする。
　(2)　教頭，校長の了解を得る必要がなかった内容については，公開申請者が削除をすることとする。

8．禁止事項
　(1)　教育活動からはずれた内容の情報公開，発信は禁止する。

(2) 生徒，職員が個人的に作成したページは登録を禁止する。
(3) 生徒が指導教師を通さずに公開申請をすることは禁止する。
(4) 職員が守秘義務に違反する内容を登録することは禁止する。
(5) 生徒，教員，学校，それぞれの情報コントロール権を尊重しない運用は禁止する。
(6) 教育活動の目的からはずれたリンクをはることを禁止する。
(7) 著作権法に違反した内容を掲載することは禁止する。

9．作成上の注意事項

(1) 各ページにはブラウザで表示される形で，作成者または役職，分掌名，制作年月日，更新年月日を明記することとする。
　　例：Last modified 20xx/00/00または最終更新日：20xx／00／00など
(2) 公表するデータは著作権法に違反しないものに限る。アクセス制限を施したページ，地域教育イントラネットも著作権法上は公表という扱いになることに注意する。
(3) 公開するにあたり，不必要なプライバシーに関する情報，他人，他団体を誹謗中傷する内容は登録しない。
(4) 原則として，生徒個人が特定できる写真は公開しないものとする。
(5) やむを得ず，個人が特定できる写真の掲載を公開する場合にはその写真のコピーとその公開の必要性を説明した文書を該当の保護者当てに配布し，保護者と生徒本人の了解をとってから，一般公開する。その際，公開範囲，公開期限，想定されるメリット，デメリットを説明したうえで，生徒，保護者が掲載の可否の判断をする機会を十分保障し，了解をとることとする。
(6) 公開期限が設けられた場合は，その期限を該当ページにおいて，記すことを義務づける。
(7) すべてのページに著作権を主張する旨を明記する。また，作文や絵画などの作品を公表する際にはそれぞれの著作物にも著作権を主張する旨を記す。
　　(c) 著作権者名　製作年　をその作品の近くに添える。
　　(c) Copyright　著作権者名　制作年　を代用してもよい。
　　また，All rights reserved. をつけることを推奨する。
　　日本語以外の言語での表示は©と表示できるが，日本語コードだとゥと表示されるため，(c), Copyright　を代用する。
　　例：(c) Copyright○○市立△△中学校　20xx All rights reserved.

・実名を希望しない場合は本人をよく知る者が本人の仮名であることを証言できる仮名を用いてもよい。その際、人気キャラクター名など商標登録されているものは使用をさけるよう指示する。
・著作権を主張しない場合はトラブル発生時の裁判において、不利に扱われる可能性があることを伝える（海外における判例などから）。

10．トラブル発生時の対応

　このガイドラインにしたがって公開、発信された情報により、トラブルが発生した場合は、教頭、校長で協議する。協議した内容は、すべて職員会議、職員打ち合わせなどで報告する。また、教頭、校長で対処できない場合は、職員会議で協議し、学校長が最終判断をする。

附則1．ガイドラインの修正

　現行のガイドラインで対応できないことがあることがわかった場合、教頭、校長は情報教育担当にただちにガイドライン修正を行なうよう命じることとし、修正されたガイドラインは全職員への周知徹底を努める。

附則2．ガイドラインの周知徹底

　このガイドラインは、毎年四月の職員会議で確認し、周知徹底に努める。

20××年×月××日作成
Copyright 2005 Hasegawa
All rights reserved.

〈上記資料に関わる補足説明〉

　以下の2点について、各学校によって、対応が変わってくるため、上記の資料では触れておりません。

　個人情報保護に関する法令としては、公立学校はその自治体の個人情報保護条例、国立大学法人学校は独立行政法人等個人情報保護法、私立学校は個人情報保護法（2005年4月施行予定）を参照し、個人情報保護に関する課等への問い合わせ確認をしたうえでガイドラインの修正をしてください。

　以下は公立学校の方を対象にした補足説明となります。

●個人情報保護条例に関わって

(1)　地域によって、自治体の公式サイトに電子掲示板等のコミュニケーションの場を設定することが禁止されているケースがあります。学校が所在している自治体の個人情報保護に関する課等に確認をしてください。

(2)　個人情報保護条例により、電子掲示板等で交流学習を行なう場合は教育委員会から、個人情報保護審査会や市長等に書類提出を義務づけてい

> るケースがあります。この点についても，現在，お勤めの学校がある自治体の個人情報保護に関する課等に確認をし，上記ガイドラインに追加修正をしてください。
>
> Copyright 2005 Hasegawa
> All rights reserved.

注）各学校において，このガイドラインを改変してお使いいただいて結構です。ただし，著作権は放棄しておりません。出典を明示してお使いください。

4　情報モラル教育，情報安全教育の指導法について

　研修講座などで，情報モラル教育，情報安全教育（大谷，1996）の指導についての経験を聞くと，「まだ，実践していない」と回答する教師が少なくない。また，情報モラル教育は情報教育担当者に任せておけばよいと考える教師もいるであろう。

　しかし，児童，生徒が情報を扱う場面は，あらゆる教育活動にあり，また，総合的な学習が実施されたことで，校外での学習や地域の協力を得ながら行なう学習活動も増えていることから，すべての教師が情報モラル教育，情報安全教育を行なうべきである。「情報を適切に活用するには，どう判断すればよいか？」，「情報のやりとりのなかで危険からいかに身を守るか？」をどのように指導するかをすべての教師が考えなければならない。

　情報モラル教育，情報安全教育はコンピュータネットワークを利用する際にだけ，指導すればよいわけではないことを理解してもらう必要がある。そのためには，日常の教育活動を題材に，情報モラル教育，情報安全教育の場面と指導内容の例を考えるワークショップを実施するとよい（表2-29）。

表2-29　研修講座の流れ

1．日常の教育活動においての情報モラル教育，情報安全教育の例を示す。
例1：商店街にインタビューに行く場面では，その目的，インタビューした結果は，どのようにまとめ，どの範囲に発表するかを事前に説明したうえでインタビューすることを指導する。
例2：職業体験学習では，協力事業所から，知り得た情報のうち，ほかの人に伝えてもいい情報とそうではない情報を区別して，取り扱うように指導する。
⬇
2．4人程度のグループを編成し，指導場面の企画方法について，説明をする。
⬇

3．児童，生徒の実態を見て，何を指導すべきかを付箋紙に書き出し，ＫＪ法を用いて，シンキングマップに表わす。

⬇

4．3で作成したシンキングマップを背景として，指導場面を1つ設定し，そこでどのような指導を行なうか，企画を立て，スライド数枚にまとめる。

⬇

5．ポスター形式で発表会を行ない，各グループの企画について，質疑応答を行なう。

このワークショップで日常の教育活動のなかでの情報モラル教育，情報安全教育について，考えてもらったあと，ネット利用における情報モラルの指導事例を紹介するとよいだろう。

「インターネット活用のための情報モラル指導事例集（ＰＤＦ版）」（http://www.cec.or.jp/books/H12/pdf/b01.pdf），「情報の選び方・使い方(5)ネチケットを守ろう─情報社会のルールとマナー」（2002），「情報モラル指導のポイント」（http://anny.kinjo-u.ac.jp/~ghase/moral/sub01.html）などを資料として示し，ネット利用についての具体的な指導事例を学ぶ形を取るとよい。

また，情報を取り扱ううえでぶつかる問題には，さまざまなものがあり，すべての事例を示して，教えることは不可能である。そのため，的確に判断できる力を養うことが重要である。人の意見や自分の思いこみに左右されず，いろいろな角度から，冷静に筋道をたてて，考える思考方法であるクリティカルシンキングを知っておくとよい。

『クリティカル進化論「ＯＬ進化論で学ぶ思考の技法」』（北大路書房）などを参考図書としてあげ，日常の教育活動のなかでクリティカルシンキングを養うための指導法を考えることも効果的である。表2-30に上記図書で，道田，宮元（1999）が示しているクリティカルシンカーの特性を授業などで指導を行ないやすい表現に修正し，指導例とともに示す。

表2-30 考えるポイントと指導例

1．本当か嘘かを根拠を元に考えているか？
　　また，その根拠も本当であるということがたしかめられているか？
（指導例）総合的な学習の時間等における調べ学習で，複数の情報源で正しい情報かどうかを確認するように指導する。
2．いろいろな角度から考えているか？
（指導例）国語，社会，道徳の時間等で，逆の立場から考えさせたり，違う条件から考えさせたりするなど，いろいろな角度から考えさせる発問をする。

3. 自分の意見とは違う考えも受け入れられているか？
　　好き嫌いだけで判断せず，論理的な正しさや客観性を大切にできているか？
（指導例）道徳，学級活動の時間等で学級の中の話し合い等で出てきそうな事例を取り上げ，自分とは違う考え，意見を客観的に判断できるようになるにはどうすればよいかを考えさせる。
4. 「○○は××だ」と決めつけてしまっていないか？
（指導例）テレビや雑誌で取り上げられている話題から，思考が単純化されている例を選び，ほかにそのような事例がないかを考えさせる。
5. 曖昧さに耐えられるか？　答えを出すことを保留できるか？
（指導例）さまざまな見方から議論をさせた後，ひとつの結論にまとめず，オープンエンドな授業を行なう。それによって，条件や見方が変われば，結論が変わることを児童生徒が理解できるようにする。

注）この1～5については『クリティカル進化論「ＯＬ進化論で学ぶ思考の技法」』（道田泰司・宮元博章著　北大路書房）のP154～P165に示されているクリティカルシンカーの特性を筆者の方で学校で指導しやすい表現に修正したものである。

5　家庭での情報安全教育について

　家庭へのインターネットの普及も進み，自宅でインターネットを利用する児童，生徒もめずらしくなくなりました。また，首から携帯電話をぶら下げて公園で遊ぶ低学年児童を目にすることから，学校での指導だけでは，不十分であると考えられる。
　そのため，保護者に，以下のような説明文書（資料2-3）を配布し，家庭においても，情報安全教育を行なってもらうように協力をよびかける必要がある。ここで大切なことは，実際に新聞などで報道されている事件が，身近なところやお子さんの身に起こり得ることを説明し，わかってもらうことである。今のところ，とくにトラブルは起こっていないからと楽観視している保護者には，校内や近隣の学校ですでに起こっている事例を示し，身近に起こっていることを伝えることも必要であろう。

資料2-3　保護者向け説明資料　サンプル

20xx年　　月　　日

○○○学校
情報教育担当

インターネット利用について

1．はじめに
　この数年の間にインターネットが爆発的に普及してきました。また，携帯電話でも電子メールやホームページの閲覧ができるようになり，情報端末は手軽に利用できるようになりました。ご家庭でも，携帯電話やコンピュータを子どもに使わせている方が多いことと思います。本校においても，インターネットの回線が学校に引かれ，最新の情報を授業で活用したり，動画データを活用したりして，わかりやすい授業を行なうなど，この設備を教育活動に積極的に利用していきたいと考えております。
　同時にインターネットの危険性についても教育し，有効に活用できるように指導をしているところです。
　今回はご家庭におきましても，インターネットの利用について，ご指導をいただきたく，お願いをするしだいでございます。

2．本校における情報倫理の指導について
　最近，インターネット上での犯罪についての報道を目にすることが多くなってきました。交通安全教育が必要なのと同じように情報安全教育（大谷，1996）が必要になってきました。また，犯罪者，加害者にならないための教育が大切になってきました。
　本校におきましても，○○の時間等におきまして，次のようなことを指導しております。
・著作権を尊重することの大切さについて
・出会い系サイトの危険性
・ネット上の誹謗中傷によるトラブル
　（ここは各校で行なっている情報倫理教育の内容を保護者向けに説明する）
　以上のように学校ではインターネットの利用について，危険性に配慮して指導しておりますが，ご家庭でのネット利用についてはご家庭で監督，指導していただく必要があります。子どもを犯罪から守り，また，子どもを犯罪者にしないためにもご協力をお願いします。

3．実際に起こっているネットワーク上のトラブルの事例
　次にネットワーク上で実際に起こっているトラブルの紹介をします。これらの事例はすべて，児童，生徒が巻き込まれたり，行なっていた事例で，取り返しのつかない被害にあったり，警察に逮捕されたり，新聞に報道されたりしています。
〈著作権法違反〉
・自分が好きな歌手の曲をCDからデータ化し，自分のホームページ上に公

開していた。
・お互いが持っているＣＤをコピーし交換しあったり，売買したりしていた。

〈ネット上で知り合った人と直接会うことによるトラブルの事例〉
・ネット上で知り合った人と直接，会ったところ，車で連れ回されるなどの被害を受けた。

〈個人情報の漏出〉
・ホームページ上に住所，電話番号を載せていたところ，知らない人がたずねてきたり，電話をかけたりしてくるようになった。
・友だちが電車のなかに携帯電話を忘れたことから，自分の携帯電話や自宅電話にいたずら電話がかかってくるようになった。

〈人権侵害〉
・クラス内の女子生徒の実名をあげ，美人ランキングのページを公開していた。
・人を誹謗中傷する内容を電子掲示板に書き込んだ。

〈ネット中毒〉
・食事中，就寝中も携帯電話を手放さないなどメール交換にのめり込んでいる。
・毎日，夜遅くまで，チャットにのめり込んでおり，生活リズムが狂ってしまっているが，なかなか修正できない。

〈不正アクセス〉
・書店で購入したコンピュータをネットワーク上から攻撃したり，不正に侵入したりする方法が書かれた本を見ながら，実際に外部のコンピュータに不正アクセスを試みた。

〈ネット心中〉
・ネット上で知り合った同級生と時間と自殺の仕方を相談し，離れた場所で同時刻に心中をはかった。

4．保護者の方へのお願い

　インターネット上の世界は便利である反面，危険な側面ももち合わせております。「うちの子どもに限って，犯罪に巻き込まれる危険はないだろう」と思われる方も多いと思いますが，どんな危険が潜んでいるのかを勉強していただき，大人の判断力で，子どもを危険から守っていただきたいと思います。

〈参考資料〉
●情報リテラシーの基底としての学校教育における「情報」の機能と意義の検

討 大谷尚 1996 http://www.educa.nagoya-u.ac.jp/otani/papers/kagaku.html
- ネット社会の歩き方 http://www.net-walking.net/
(アニメーションによる学習教材が公開されていて，非常にわかりやすくネット上で気をつけるべきことが紹介されています。)
- インターネット活用のための情報モラル指導事例集
http://www.cec.or.jp/books/H12/books12.html
(情報モラルの指導を具体的な事例をあげながら解説されています。)
- 情報の選び方・使い方(5)ネチケットを守ろう─情報社会のルールとマナー
(ポプラ社) 2,800円（税別） 中村司・監修 長谷川元洋・著（小学校上級生〜中学生向）
- 情報モラル 指導のポイント（学研 NEW 教育とコンピュータ連載記事）
長谷川元洋 2003-2004 http://anny.kinjo-u.ac.jp/~ghase/moral/sub01.html
- 情報コントロール権の尊重を基本とした情報倫理，情報安全教育
長谷川元洋 1999 http://office.k12.gr.jp/f 2 k/99k12/09MotohiroHasegawa.PDF

Copyright 2005 Hasegawa
All rights reserved.

注）各学校において，この文章を改変してお使いいただいて結構です。ただし，著作権は放棄しておりません。出典を明示してお使いください。

6 個人情報の取り扱いについて

例に違反する形で個人情報が取り扱われている。そのため，一刻も早く適正な管理が行われるよう対策をとる必要がある。

個人情報保護法，個人情報保護条例は，ＯＥＣＤプライバシー・ガイドライン（1980）個人情報保護に関する8原則に準拠する形で制定されており，表2－31にある原則について，すべての教師が知っておく必要があろう。

個人情報の取り扱いについて，わかりやすく解説された資料として，「知っておきたいインターネットにおける個人情報保護と人権 安心して個人情報を取り扱うためには」（制作：財団法人インターネット協会 監修：岡村久道 2004 http://www.iajapan.org/rule/jinken2004.html）があり，WWW上でPDFファイルが公開されている。これをテキストとして，学校での個人情報の取り扱いについて，確認すると有効であろう。

また，自治体によっては，電子掲示板などのコミュニケーションツールを用いて，ほかの自治体の学校と交流学習をするケースは，個人情報保護条例における電子計算機処理や個人情報の外部提供にあたると解釈している。交流学習を行なう際には，教育委員会を通じて，個人情報保護制度を管轄する部署で確認をとり，所定の手続きをふむ必要があると思われる。

表2-31　個人情報保護に関する8原則（OECD, 1980）

(1) 収集制限の原則
(2) データの正確性の原則
(3) 目的明確化の原則
(4) 利用制限の原則
(5) 安全保護の原則
(6) 公開の原則
(7) 個人参加の原則
(8) 責任の原則

7　教育委員会，管理職が行なうこと

　新聞などに，ネット上での事件等の報道を目にすることが多く，高校生などが逮捕，補導されるケースもめずらしくない。また，学校における生活指導においても，ネットを利用した際に生じたトラブルが増えてきている。

　学校における教育活動については，学校教育法上，最終責任は学校長にあり，教育委員会は学校を指導，助言する役割があることから，いくつかの教育現場にすでに起きている問題について，また，これから起こることが予想できる問題について，対策をとる必要がある。

　対策は，情報モラル教育の実施を指示するだけではなく，具体的な指導方法のトレーニング計画と実施，トラブルを防ぐための情報安全教育（大谷，1996）の指導計画の作成，保護者への協力依頼とその方法の検討，学校の情報管理のガイドライン作成，運用とその点検が必要である。

　また，前項に書いたような，多くの教員が児童，生徒の個人情報を自宅に持ち帰っている実態は，それを行なわないと仕事をこなしていけない勤務実態の裏返しであると推測している。もし，一切，学校外への個人情報の持ち出しが禁止されたら，どのような影響があるかを研修講座などで尋ねると，多くの教師が，「児童生徒とのコミュニケーションを取る時間が減少する」，「夜遅くまで学校で仕事をしなくてはならなくなる（サービス残業）」などと回答している。個人情報の漏洩を防ぐためにも，学校長が事務仕事に専念する時間を作り出すように教員の勤務状態をマネージメントする必要があるであろう。もし，どうしても，学校外にデータを持ち出さなければならないのであれば，持ち出

す場合のルールを策定し,データは暗号化して,メディアを紛失したとしても,情報が漏れ出すことのないよう対策をとる必要がある。

また,校内ネットワークへの個人所有のパソコンの接続を公然と認めていたり,職員室のネットワークと生徒用のネットワークが同じゾーンにある設計になっていたり,校務処理用のパソコンがインターネットに接続されていたりするなど,設備面で対策が取られていない点についても,早急に改善する必要がある。

さらに,デジタル化された個人情報だけでなく,紙に印刷された個人情報も漏洩したり,盗難にあったりするケースがある。職員の事務机には,鍵をかけることができる引き出しがあるか？ 家庭環境を記した書類,保険証のコピーなどの重要な個人情報は盗難から,守ることができるよう対策をとってあるか？などの確認が必要であろう。

このような確認と対策がすべての学校で完全に実施されるためには,教育委員会が学校長に指導,支援を行なう必要があり,そのことを教育委員会は認識する必要がある。

8 おわりに──研修講座での質問から

Q. 総合的な学習の時間のなかで,商店等の調査を行なう活動を予定しています。協力店の店長さんにインタビューする際,児童にインタビューの目的,発表の形態等の説明をさせ,同意を得たうえで,行なわせようと思いますが,児童だけにやらせることはむずかしいと思います。具体的にどのようにしたらよいか,アドバイスをください。

A. 学校から,商店等に協力を依頼する際に,教師の方から,事前に説明をして,承諾を取っておいたうえで,児童に説明させるとよいでしょう。調査に行くお店の数が多く,事前説明がむずかしい場合は,詳しく説明した紙を児童に持たせ,それを店長さんに渡したうえで,説明させるようにしてはどうでしょうか。

> Q．職員全体で情報モラル教育，情報安全教育に取り組むにはどうしたらよいかがわかりません。

A．まずは，総合的な学習の時間などの年間計画を見て，学校外の情報を取り扱う場面をリストアップし，情報モラル教育，情報安全教育の機会を設定してみましょう。それを，職員会議などのなかで，提案し，どこでどのような指導が必要になるかを全教員が理解できるようにしましょう。また，重要なポイントについては，その学習の導入の段階で，全生徒を対象に，全体指導をしておき，判断に迷ったら，担当の先生に相談することにしておくとよいでしょう。

> Q．他の地域の学校と交流学習を行なう場合，交流相手の自治体の個人情報保護条例を確認する必要があるのでしょうか？

A．あります。まず，お互い，教師同士が勉強するつもりで，条例を確認し，個人情報保護制度を担当している部署にも問い合わせるといいと思います。本人ならびに保護者の同意をとる必要が出てきた場合には，個人情報の公開範囲，形態，期間，管理方法などを説明するだけでなく，万一漏えいした場合に想定される影響などについても説明する必要があります。

> Q．インターネットを活用した授業研究の一環として，ほかの地域の学校と交流学習を行なおうと考えています。交流に使用する電子掲示板はパスワードをかけ，共同研究者の教育センターの先生にも実践にかかわってもらう予定です。授業の様子は研究紀要にまとめられたり，授業の様子を一定期間，Ｗｅｂページの形で公開することになっています。このような場合，保護者にどのように了解を取ればいいでしょうか？

A．児童の氏名は交流相手の学校にのみ伝え，共同研究者には伝えない。実践の記録データの保管状況は請求があればいつでも開示する。研究紀要，Ｗｅｂページに掲載する写真は事前に了解を得たうえで使用することなどを説明する必要があるでしょう。また，パスワード付きのＷｅｂページであったとしても，パスワードが漏洩すれば，個人情報が漏れ出てしまう危険性がある

ことも保護者に伝えたうえで了解を取る必要があるでしょう。

> Q．最近，研究発表会などで，携帯電話を活用した実践を目にすることが増えてきましたが，携帯電話も個人情報保護条例上の電子計算機にあたるのでしょうか？

A．条例は各自治体が定めているため，各自治体の個人情報保護制度を担当する部署で確認する必要があります。筆者が確認したある自治体では，インターネットを利用できる携帯電話は電子計算機に当たると回答があり，ほかの地域の学校や学校外の人と通信する場合は，個人情報の外部提供にあたるケースが出てくると解釈をしています。

　また，高校等で，個人所有の携帯電話を授業に利用する場合は，その利用に際して，インフォームドコンセントを得ておくことと，その判断に際して，拒否する自由を保障する必要があると考えています。

第3章
インターネットから見えるものと見えないもの
―― 子どもたちは何を求めているのか，
　　大人に何ができるのか

1節　親子のずれ

1　調査から見えること

　インターネットから得られる情報をめぐって，親子のずれはいたる所に見られるようである。イギリスのロンドン大学政治経済学院（LSE：London School of Economics and Political Science）は，英国内の子どものインターネット利用状況などを調査したレポート「UK Children Go Online（UKCGO）」を発表した。これは，2004年1～3月中に，英国内の9-19歳の男女1,511人に対して，約40分間のインタビューが行なわれた。同時期に906名の親に対してもアンケート調査が行なわれた。

　これによれば，インターネット上でポルノ関連の情報を見たことがあると答えた9～19歳の子どもは，全体の57％であった。38％はポップアップ広告などで意図せずポルノを見せられたことがある，36％が意図せずアダルト情報サイトへとジャンプしてしまったことがある，25％がポルノ関連の迷惑メールなどを受信したことがあると回答したようだ。自分で意図してインターネット上でポルノを見ているとの回答も約1割見られ，友人からポルノ関連の情報を送っ

てもらったというケースも少なくないという。

　よくインターネットを利用する子どもたちほど，さらに，年齢が上がるほど，何らかの形でオンラインでポルノにさらされる傾向が高いとされている。意図せずポルノを見せられた時に，半数の子どもたちは，そのサイトなどからただちに立ち去ったと回答しているものの，残りの半数は，その後もリンクをたどってポルノを見続けたと回答しているという。こうした現状とは対照的に，自分の子どもがインターネット上で，これまでに1度でもポルノを見たことがあると考えている親は，全体の16％に過ぎなかったようだ。

　また，毎日もしくは毎週インターネットを利用する9〜19歳の子どもの31％は，性的に卑猥な内容の電子メールやインスタントメッセージを，見知らぬ人から受け取ったことがあると答えたのに対し，そうした危険に自分の子どもがさらされていると思うと答えた親は，全体の7％にとどまったとされている。インターネット上で，自分の名前や電話番号などの情報を，見知らぬ人に教えてしまったことがあると答えた子どもは46％だったのに対し，自分の子どもはインターネット上で個人情報などを決して他人に知らせたりしないと信じている親は，実に全体の95％に上ったという。オンラインで全く見ず知らずの人と仲良くなり，親に知らせることなく実際に約束して会ったことがあると答えた子どもたちも，少なからずいたようだ。

　この調査から明らかにわかることは，親が知らない間に，インターネットを通して子どもが危険にさらされていることである。どんな対処が必要なのだろうか。応急処置としては，使用を禁止することも含まれるかもしれないが，使用の禁止は，インターネットによるメリットまで子どもから奪うことになってしまう。実際，同調査では，毎日もしくは毎週インターネットを利用していると回答した子どもたちのうち，電子メールの利用者は72％，オンライン対戦ゲームの利用者は70％，インスタントメッセージング（ＩＭ）サービスの利用者は55％，インターネット上で音楽ファイルをダウンロードして楽しんでいるユーザーは45％，チャットルームの利用者は21％，さらに，3人に1人以上が，自分のホームページをもっているとも回答していた。学校の宿題などに，インターネット上で調査を行なうなどして有効活用しているとの回答も，90％と高い割合を占めたとされている。宿題などに有効活用している子どもから，イン

ターネットを奪うことは，学習の妨げにつながると考えられる。危険は回避したいが禁止することもできない以上，親が子どもと一緒にパソコンに向かい，危険な方向へ向かわないよう方向付けを行なうことが一番ベターではないかと思われる。ただし，子どもたちに適切なインターネットの利用スタイルなどを教えられるほど，自分にはパソコンやインターネットに関する知識があると答えた親は，全体の12％に過ぎなかったことも明らかにされており，家庭での指導の限界がうかがえる。

2　親世代に見えない子どもからのメッセージ

　2004年（平成16年）に起きた佐世保市の小学生による小学生殺害事件では，被害女児と加害女児の間で，インターネット上でのやりとりがいさかいの原因になったとされている。新聞報道などによると，加害女児は家族共有の場で家族共有のパソコンを用いて，被害女児とやりとりをしていたという。見られたくないならば，こっそりと自分の部屋で自分のノートに書くこともできるが，家族共有の場で，誰もがアクセスできるインターネット上に日記や詩を書いていたことから，内容を隠したいというより，ＳＯＳのサインに気づいてほしいと思っていたのではないかとさえ思われるが，事前に周囲の大人が気づいてやることはできず，家庭での指導の限界がうかがえる事件の一つである。

　インターネットは，世代を問わず現代社会に生きるものにとって，とても有益なメディアである。けれども，ポルノなどのように見てほしくないと思う情報まで見えてしまう一方で，子どもが見てほしいと情報の大海原（おおうなばら）へメッセージを発しても，親や教師のもとへは，なかなかたどり着かないのが現実であるように思われる。現代の子ども世代にとって，インターネットは自分のメッセージを伝えるための表現スタイルの一つなのだけれど，親世代にとっては，子どもからの大事なメッセージを受け取るメディアという意識はほとんどないところに，世代間の認識のずれがある。

2節　子どもたちが求めていること

1　不器用な子どもたちのコミュニケーション

　前思春期の特徴は，相手を同一視するほどの密接な友人関係を形成する一方で，未熟な者同士であるため修復の仕方がわからず，ちょっとしたすれ違いが決定的な亀裂となりがちである。実際，この年頃には「誰々と絶交した」，のように「絶交」という言葉をよく使用するようになる。「絶交」は誰もが経験する成長過程であるが，通常は次第に仲直りしてしまうものである。しかし，ちょっとしたすれ違いによる亀裂がいさかいの原因となり，仲のよかった子ども同士の間で，常識では理解しがたい血なまぐさい事件が，佐世保市の女児殺害事件以前にも，起きている。1995年（平成7年）3月大分市で，小6年男児が同級生を包丁で刺して負傷させる事件が起きた。2人は直前まで自転車とサッカーボールを公園にもち寄って遊んでいた。「自転車を返して」という同級生の頼みを男児が拒否。同級生が怒って蹴ったボールが男児の胸に当たり，男児は自宅から包丁を持ち出し，同級生を刺したという。

　どんなに仲のよい友達であっても，一緒にいればいやなことの1つや2つは出てくる。そんなときに，思いっきり口げんかをする，とっくみあいのけんかをするなど，正面からぶつかれば，相手がなぜそうしたのか，相手がなぜそんなに怒っているのか知ることができ，本来ならばけんかを契機に徐々に人を思いやる心を身につけていくものだと思う。しかし，佐世保の事件も大分の事件も，いさかいの解決方法として，相手を殺そうとナイフを持ち出している。そのおもな要因として，命に対するリアリティーの欠如と，コミュニケーション能力の低下が挙げられる。

　確かに，メールやチャットは相手の表情が伝わらないし，インターネット上には子どもにとってふさわしくない情報がたくさんある。親や学校が教えないうちに，教えたくないことをたくさん学んでしまうのかもしれない。しかし，冷蔵庫やテレビなどの家電と大差ないほどにパソコンが普及している現在，禁

止することは不可能である。

2　親子の助走の必要性

　自分のホームページを開設したいという意欲さえあれば，作成方法を自分で調べたり，友達から教わったりしつつ，小学生であっても容易に目標を達成することは可能である。未知のものに関心を持ち，自らの力で目標を達成することはとても望ましいことである。しかし，身につける知識はアンバランスであり，知識・技能的なことは容易に身につけても，情報モラルに関わるような内容は，子どもが独学で学ぶことは到底不可能である。そこへ，少し大人の手助けが必要なのである。初めて補助輪をとって自転車に乗るときに，うまくバランスがとれるまで，自転車の後ろを持ってもらい助走してもらった経験は誰もが持つであろう。バランスがとれたら手を離しても乗れるようになる。その後で，危険な道はどこか，交通ルールを守らないといけないことを学び，一人で好きなところへ乗れるようになる。インターネットも同じである。危険な方向へ迷い込まず，正しくネットサーフィンができるようになるまで，親と一緒にネットサーフィンをする。子どもが勝手にホームページを作ってしまう前に，親と一緒にホームページをつくり，友達とも家族ぐるみで電子掲示板に書き込んだりチャットをしたりする。中学生にもなれば，親と並んで一つのパソコン画面をのぞき込むのに抵抗が出てくるかもしれないが，小学生ぐらいであれば，親とパソコンで遊ぶことを楽しめるはずである。毎晩家族でパソコンタイムをつくれば，一緒に書き込みながら，子どもが荒れた文を書き始めたら，「今日何かいやなことがあったの？」など，本音を聞き出すチャンスも得られるかもしれない。ルールや決まりを作り，それを教えることも大切であるが，その前に，はじめの一歩を踏み出すときに，正しい方向へ導き，うまくバランスがとれるまでは大人が助走してくれることを子どもは求めているのではないだろうか。

　多くの情報自身は，解釈をもたず，ものを言わない。例えば，イラクの人質に関する情報の中に，人質が惨殺される映像があったりする。子どもが一人でネットサーフィンをしているときに，そのようなページにであったとき，目をひくのは，難しい漢字がたくさん出てくる文章ではなく，映像のほうである。

映像から人の殺し方殺され方を学んでしまったならば，その情報も有害情報となる。一方，親といっしょにイラクの人質に関する情報を見たならば，難しい漢字がたくさん出てくる文章は子どもにわかる言葉で要約して話してもらえるだろう。そうすれば，同一のホームページを見ても，随分解釈も変わってくる。

批判的な文章の書かれたページに遭遇したときには，それを鵜呑みにするのではなく，世の中にはいろいろな考え方の人がいること，見たものをそのまま信じるのではなく，自分の頭でよく考えて，客観的に物事を判断しないといけないことなど，情報を正しく解釈できるようになるまでの助走も必要である。

しかし，学校教育で，いくらパソコンの扱い方や調べ学習の方法を学んでも，一人一人のペースで，正しく解釈ができるようになるまでの助走を行なうことは難しい。小学生の全員がホームページを持っているわけではなく，実際ホームページを作りたいと思う子どもとそうでない子どもが混在していると思われる。そのようななかで，いっせいにホームページ作成を達成目標とした指導は必要ないが，作成することを禁ずることもできない以上，作成するにあたっての注意事項をどこかで学ぶ必要がある。自宅にはパソコンはないがインターネットカフェなどでホームページを作成してしまったという話はあまり聞いたことがない。自宅以外のパソコンでの利用範囲は，ネットサーフィンをしたり，他人の電子掲示板やチャットに書き込みをする程度である。ホームページを作成し，インターネットにのめり込む多くの子どもは，自宅で操作している場合が多い。つまり，親の目が十分届く範囲での，子どもの行動なのである。

3　学校と家庭の連携の必要性

実際，ＣＥＣ（2002）による，小学生1169名，中学生1164名，高校生732名，計3065名の児童・生徒から回答を得た結果とされている「情報化が子どもに与える影響」についての調査によれば，図3-1のパソコンの所有状況に示すように，6割以上の子どもが使用できるパソコンは家族と共用のパソコンである。さらに，同調査によれば，インターネットで何をしているのか家族にきかれて隠す子どもは少なく，隠すことが「ない」「あまりない」と，9割の子どもが回答している（図3-2）。子どもがパソコンでインターネット上で何をしているのかは，親の目が届く範囲でのことであり，隠そうとはしていない。むしろ，

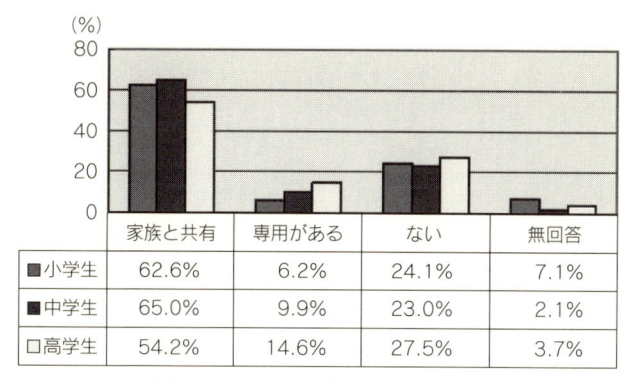

2節 子どもたちが求めていること

	家族と共有	専用がある	ない	無回答
■小学生	62.6%	6.2%	24.1%	7.1%
■中学生	65.0%	9.9%	23.0%	2.1%
□高学生	54.2%	14.6%	27.5%	3.7%

図3-1　パソコンの所有状況（CEC, 2002）

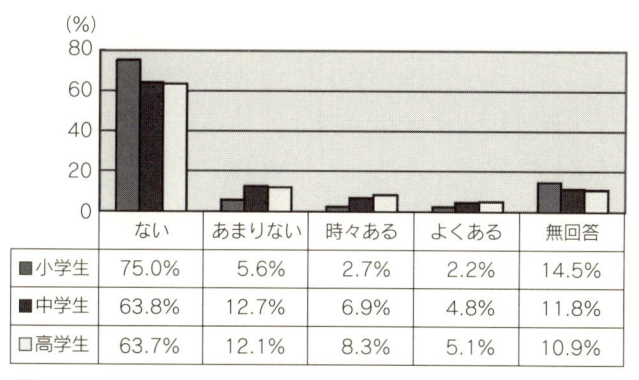

	ない	あまりない	時々ある	よくある	無回答
■小学生	75.0%	5.6%	2.7%	2.2%	14.5%
■中学生	63.8%	12.7%	6.9%	4.8%	11.8%
□高学生	63.7%	12.1%	8.3%	5.1%	10.9%

図3-2　インターネットで何をしているか聞かれるとかくす（CEC, 2002）

何をしているのか聞いてほしいのではないかとさえ思われる。

　自転車が乗れるか乗れないかのように，目で見てすぐわかることではないので，どこまで助走が必要なのかの見きわめも難しいかもしれないが，子どもはいつでも大人に，見守っていてほしい，認めてほしい，（ネット上の知らない誰かよりも身近な人と）つながっていたい，助走を求めているのである。

　テレビを見ながらその中身について会話を行なうように，家族団らんのなかでインターネット上の書き込みを見て，共感したり批判したり驚いたり，様々な会話の展開も考えられるが，ネット依存傾向の高い子どもは，家族との会話が充分に為されていないという調査結果も同調査にある。

　インターネットを利用していて次のようなことがありますか？　という問い

に対して，以下の8項目について，『1.よくある』＝4点，『2.時々ある』＝3点，『3.あまりない』＝2点，『4.ない』＝1点として得点化し合計点を算出し，合計点が高い者ほど「インターネット依存」傾向が高いと判断している。そして，小学生，中学生，高校生とも，低群7割，中群2割，高群1割に分布するようにグループ分けをした結果と，その他の質問項目との関連を調査している。

- つなぐ時間が最初に思っていたより長くなることがある。
- 家族といっしょにいるよりインターネットにつないでいる方が楽しいと感じる。
- 友達といっしょにいるよりインターネットにつないでいる方が楽しいと感じる。
- 「インターネットにつなぐ時間が長すぎる」と注意されることがある。
- インターネットで何をしているか家族にきかれてもかくすことがある。
- インターネットにつなぐことで，ふだんの生活のいやなことを忘れる。
- インターネットにつなぐのをだれかにじゃまされるとひどく腹が立つことがある。
- インターネットからはなれると，とたんにおちこんだり不安になったりすることがある。

　図3-3は，「家族との会話は十分しているか」とネット依存傾向との関連を示したものである。家族との会話を十分していると答えている者は，ネット依存傾向低群が多く，会話が充分でないと答えている者は，ネット依存傾向低群が少なくなっている。これは小学生の場合であるが，中学生に関しても同様の傾向が見られる。家族との会話が少ないためにネット依存に走るのか，ネット依存の傾向が高まると，会話が少なくなるのかはこの表からは読み取れない。

　図3-4は，「学校に行きたくないことがあるか」とネット依存傾向との関連を示したものである。小・中学生ともに，学校に行きたくないと時々あると回答している子どもは，ネット依存傾向が高く，学校に行きたくないと思ったことがないと回答している子どもは，ネット依存傾向が低い。中学生に関しては，1回だけ学校に行きたくないと思ったことがあると回答している子どものネット依存傾向低群の割合が最も高いが，これは，ネット依存に無関係に行き

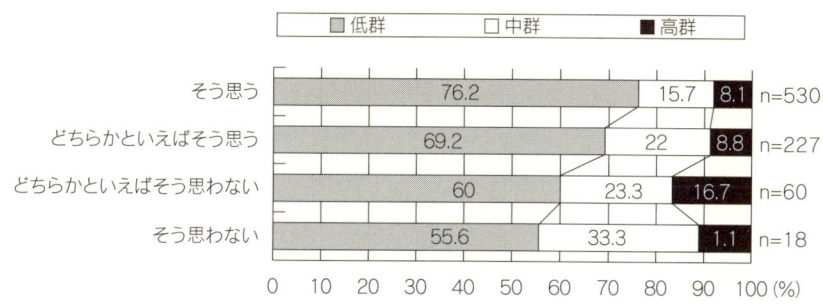

■ 低群　□ 中群　■ 高群

そう思う	76.2	15.7	8.1	n=530
どちらかといえばそう思う	69.2	22	8.8	n=227
どちらかといえばそう思わない	60	23.3	16.7	n=60
そう思わない	55.6	33.3	1.1	n=18

図3-3 「家族との会話は十分しているか」とネット依存傾向との関連（小学生）(CEC, 2002)

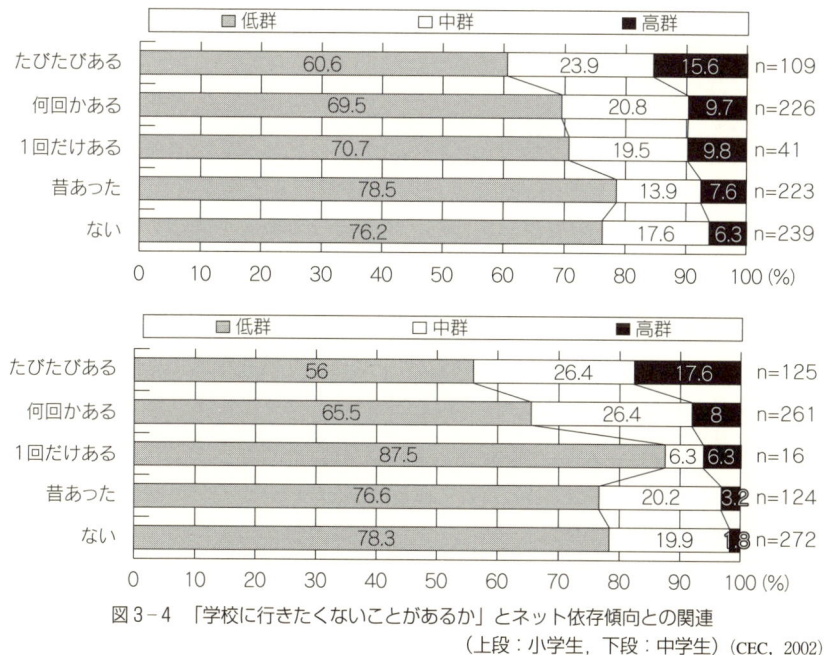

■ 低群　□ 中群　■ 高群

たびたびある	60.6	23.9	15.6	n=109
何回かある	69.5	20.8	9.7	n=226
1回だけある	70.7	19.5	9.8	n=41
昔あった	78.5	13.9	7.6	n=223
ない	76.2	17.6	6.3	n=239

■ 低群　□ 中群　■ 高群

たびたびある	56	26.4	17.6	n=125
何回かある	65.5	26.4	8	n=261
1回だけある	87.5	6.3	6.3	n=16
昔あった	76.6	20.2	3.2	n=124
ない	78.3	19.9	1.8	n=272

図3-4 「学校に行きたくないことがあるか」とネット依存傾向との関連
（上段：小学生，下段：中学生）(CEC, 2002)

たくないと思う出来事があったのではないかと考えられる。

　図3-5は，「友達の満足度」とネット依存傾向との関連を示したものである。友達に対して満足していないものほど，ネット依存傾向の高いことが読み取れる。これは小学生の場合であるが，中学生に関しても同様の傾向が見られる。ネット依存傾向が高くなると友達に満足しなくなるのか，その逆なのかは読み取れないが，おそらく，友達に満足していないために，わかってくれる人，共

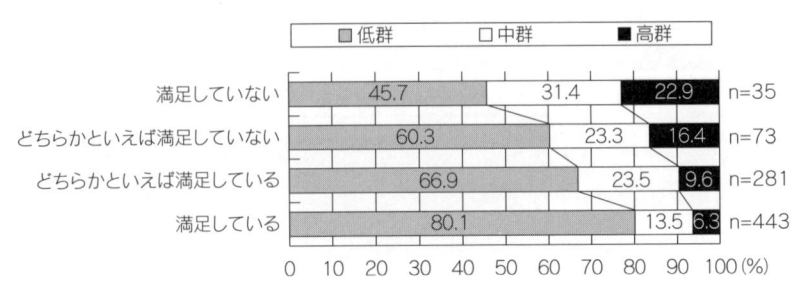

	低群	中群	高群	
満足していない	45.7	31.4	22.9	n=35
どちらかといえば満足していない	60.3	23.3	16.4	n=73
どちらかといえば満足している	66.9	23.5	9.6	n=281
満足している	80.1	13.5	6.3	n=443

図3-5 「友達の満足度」とネット依存傾向との関連（小学生）(CEC, 2002)

感できる人を求めて，ネットに依存する傾向が高くなるのではないだろうか。

佐世保の事件からも推察できるように，ネット依存そのものが事件性をはらんでいるというよりは，情報モラルが守られないために，引き起こされているといえる。今，学校での情報モラル教育は徐々に行なわれつつあり，その方法と事例を2章に示してきた。しかし，図3-6 a～cの結果から見ると，学校だけに任せておけばよいとは思えない。情報モラル教育を成功させるためには，学校と家庭による連携が必要不可欠ではないかと思われる。

図3-6 a～cの結果も先に示したＣＥＣ（2002）の調査の一部である。下記2項目について尋ねた結果にコレスポンデンス分析を行なった結果である。似ているカテゴリーはより近く，似ていないカテゴリーはより遠く配置されている。

●質問項目
・コンピューターやインターネット（メールを含む）を使用する際のマナーなどを誰から習いましたか？（1つに○）
　　1.親　2.学校の先生　3.学校などの友人　4.学校以外の塾など　5.インターネット上の人から　6.本などで読んだ　7.習ったことがない
・習った内容は理解できましたか？（1つに○）
　　1.ほとんど理解できた　2.すでに知っていた　3.説明が不十分で理解できなかった　4.内容が難しくて理解できなかった　5.その他

この調査の場合，理解できたかどうかは，客観的なテスト得点ではなく，理解できたと感じているかどうかであるので，客観的なテスト得点との関連を調べた場合には若干異なる結果も予測されるが，図を見る限りに置いて，理解で

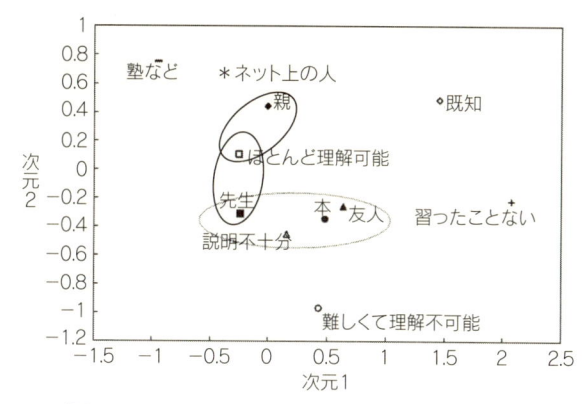

図3-6-a　情報モラル教育の教え手とその理解度との関連（小学生）(CEC, 2002)

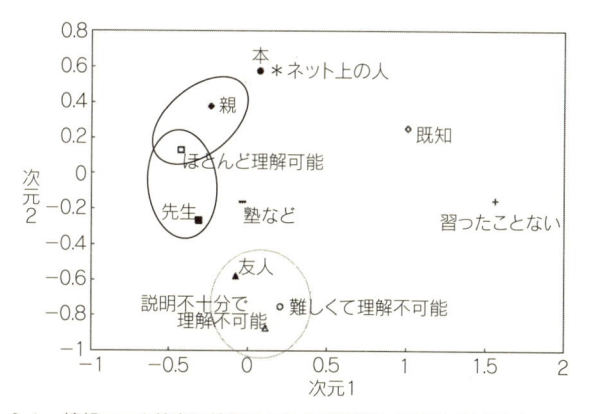

図3-6-b　情報モラル教育の教え手とその理解度との関連（中学生）(CEC, 2002)

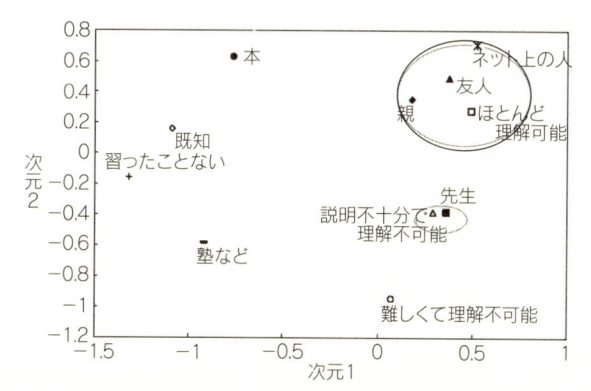

図3-6-c　情報モラル教育の教え手とその理解度との関連（高校生）(CEC, 2002)

きていると感じている小・中学生の多くは親と学校の先生から学んでいるようである。小学生の場合、先生・本・友人から学んでいる子どもは、説明不十分と感じている。中学生は、友人からだけでは理解不十分と感じている。高校生になると、親、友人、ネット上の人から学んでいる生徒は理解できていると感じており、学校の先生からだけでは、理解不十分と感じている。この結果から、情報モラルは身近な人から学んだ方が理解しやすいのではないかと考えられる。また、小・中・高共通している点として、「ほとんど理解可能」としているものの近くに、親の存在があり、家庭教育の必要性を示唆しているように思われる。もちろん家庭教育の必要性を示唆しているとはいえ、家庭環境にはばらつきがあり、家庭にゆだねておけばよいというわけではない。ただ、解説調の授業でいくら説明してもなかなか子どもの心に届かないのは事実であろう。2章1節のWinPopupを使用した授業のように、先に自由に活動させたあとに考えさせる授業や、2章2節の「荒らし行為」体験を通した活動など、子ども自身が身をもって実感できるような指導方法であれば、子どもの心に響くのではないだろうか。

3節　子どもたちの電子情報機器の利用——今後のゆくえ

※加納（2005）改変

1　おもちゃとしての電子情報機器

　情報化社会のなかで生まれ育った子どもたちにとって、インターネットや携帯電話は、日常生活の中で必要不可欠なツールである。とりわけ携帯電話は、電話としての機能よりも、メールやインターネット、地図検索、スケジュール管理、カメラ、ＴＶなど、付加的機能の果たす役割が大きい。これらは大人にとってもとても便利な機能であり、多様な電子情報機器を享受できる人とできない人の差は大きく、ディジタルデバイドの今日的課題につながる。ディジタルデバイドの篩（ふるい）にかけたとき、おそらく子どもたちの多くは優等生であり、年齢が上がるにつれ、優等生の割合は減少していくのではないかと思われる。

おもちゃの取り扱い方を手取り足取り教わって遊ぶ子どもは少ない。子どもにとって，パソコンや携帯電話などの情報機器は，興味関心からいろいろボタンを押してみると，興味深い反応が起きるおもちゃのような対象なのである。教わってできるようになることには限界があるけれど，興味関心からできるようになることは，際限なく広がる。大人の感覚ではとらえきれないスピードで，子どもたちの世界では広がりを見せている。

前節に示した図3-1の「パソコンの所有状況」において，「家族との共用」「専用がある」をあわせると，およそ7割の子どもは家庭にパソコンのある環境であるが，2～3割の子どもの家庭にはパソコンがないことがわかる。つまり，7割の子どもにとって，パソコンの利用は必要なときに使える恒常的な道具なのである。

2　電子情報機器の利用状況

また，図3-7は，「パソコンの利用割合」である。およそ8割の子どもは，いずれかの場所でパソコンの利用経験をもつが，小学生の5％，中・高生の15％は，いずれの場所でも，利用したことがないとしている。実際，大学に入学して，情報関連の授業を受けるときに初めてパソコンにさわるという学生は，わずかだがいる。中学や高校時代にパソコンを利用した授業があっても，パソコンの得意な者が操作を担当して，自分は見ているだけであったというのである。自由に使える環境にあった学生は，ゲームやインターネットのおもしろさを知

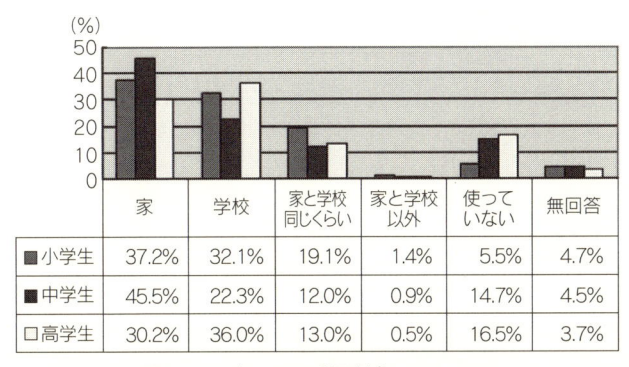

	家	学校	家と学校同じくらい	家と学校以外	使っていない	無回答
■小学生	37.2%	32.1%	19.1%	1.4%	5.5%	4.7%
■中学生	45.5%	22.3%	12.0%	0.9%	14.7%	4.5%
□高学生	30.2%	36.0%	13.0%	0.5%	16.5%	3.7%

図3-7　パソコンの利用割合（CEC, 2002）

っており，若干のエラーが起きても自分で回避できるが，そうでない者は，些細なエラーがでるとすぐに「壊れた」といって，お手上げになってしまうようである。インターネットやゲームはデメリットの部分も無視できないが，興味を持って扱う中で，自然習得するメリットの部分は，高度情報社会でより快適に生きるために必要な要素であろう。

図3-8は，コンピュータの利用目的である。小・中・高の順に，ゲームの利用は減ってきている。はじめはおもしろいが，暇つぶしの遊びとなり，徐々に飽きてくるのだろう。最近は，飽きを防止するために最新技術を駆使した複雑さの競争となりつつある。一方，ホームページは，小・中・高ともに高い割合をキープしている。ほしい品物があるときに，製品情報を見たり，年齢問わず，ホームページの閲覧や利用は，今後も増加すると思われる。最近では，掲示板やチャットのほか，女子小学生の間では，アバターと呼ばれるインターネット上での着せ替え人形がはやっている。このようなコンテンツのアイデアは，十年前には存在しなかったものである。おそらく，現時点では予測できないような子ども向けコンテンツが，今後も登場してくるであろう。

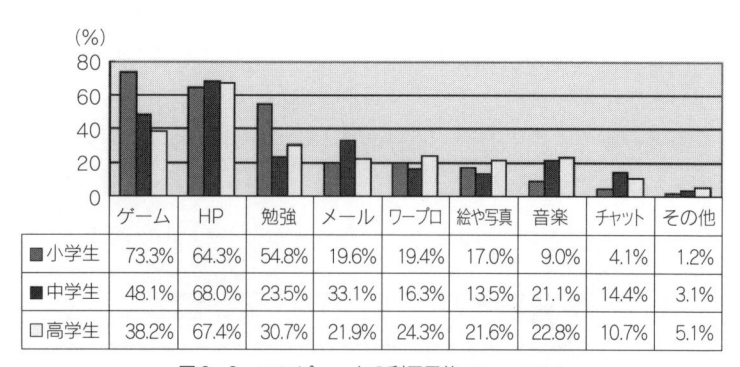

	ゲーム	HP	勉強	メール	ワープロ	絵や写真	音楽	チャット	その他
■小学生	73.3%	64.3%	54.8%	19.6%	19.4%	17.0%	9.0%	4.1%	1.2%
■中学生	48.1%	68.0%	23.5%	33.1%	16.3%	13.5%	21.1%	14.4%	3.1%
□高学生	38.2%	67.4%	30.7%	21.9%	24.3%	21.6%	22.8%	10.7%	5.1%

図3-8　コンピュータの利用目的（CEC, 2002）

図3-9は携帯電話の利用状況，図3-10は携帯電話の所有状況である。高校生になると，9割近くが専用の携帯電話を所有するようになり，8割近くが，週に6日使用していることがわかる。おそらく，遠方にいる相手に必要な話をするための電話としての機能の利用と言うよりは，メールやインターネットなど，一種の遊びのツールとしての利用と思われる。携帯電話で，自宅の電気系

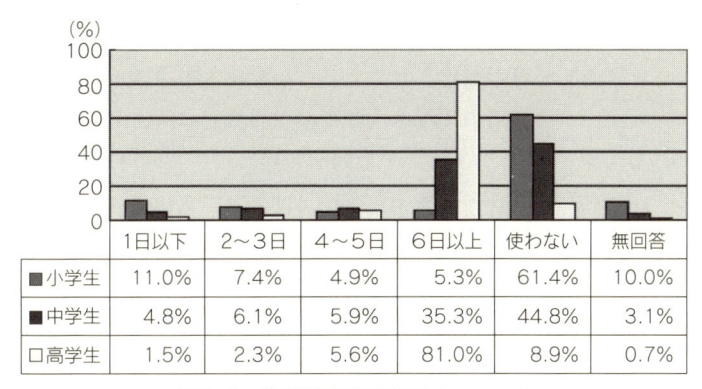

3節　子どもたちの電子情報機器の利用——今後のゆくえ　205

	1日以下	2～3日	4～5日	6日以上	使わない	無回答
■小学生	11.0%	7.4%	4.9%	5.3%	61.4%	10.0%
■中学生	4.8%	6.1%	5.9%	35.3%	44.8%	3.1%
□高学生	1.5%	2.3%	5.6%	81.0%	8.9%	0.7%

図3-9　携帯電話の利用状況（CEC, 2002）

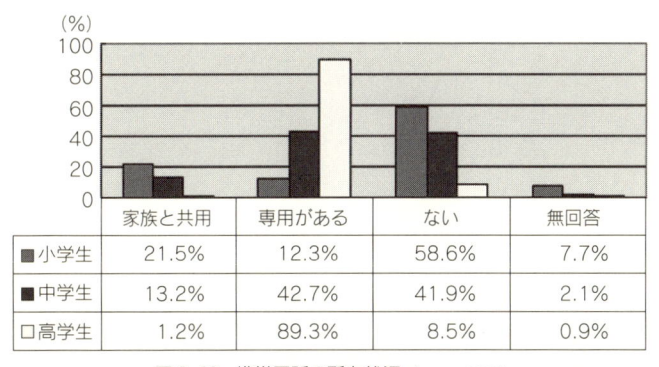

	家族と共用	専用がある	ない	無回答
■小学生	21.5%	12.3%	58.6%	7.7%
■中学生	13.2%	42.7%	41.9%	2.1%
□高学生	1.2%	89.3%	8.5%	0.9%

図3-10　携帯電話の所有状況（CEC, 2002）

統を操作したり，テレビ機能，スケジュール管理，カメラなどの機能の搭載したタイプが開発されており，今後もますますそれに拍車がかかると予測される。

使用に拍車がかかると，どのように指向様式は変化していくのだろうか。小・中・高時代のコンピュータの使用経験が大学生の思考様式へ与える影響について調べた調査結果を基に考察を進める。

子どもの頃から，パソコンなどのデジタル機器に囲まれて育った世代がそろそろ大学に入学してきた。しかし，彼らは，ちょうど過渡期に当たり，高等学校で普通科「情報」の授業を受ける前の世代であるために，使用頻度や経験など個人差が大きい。

図3-11～15は，「小中高時代のコンピュータの使用経験が大学生の思考様式へ与える影響（日本教育工学会研究報告集，JET04-5, 2004）」からの抜粋で

ある。この調査は，創造性・課題解決に必要な要素・好み・将来の行動パターン予測などを含めて「思考様式」と命名し，小学校・中学校・高等学校の頃におけるコンピュータの使用の状況と大学生の思考様式の関連を質問紙調査によって調べたものである。「思考様式」に関する回答データの因子分析より，「創造性因子」「数理因子」「計画性因子」「自主性因子」「実務因子」の5因子を抽出した。図3-11は小学校の頃の使用状況と創造性因子の平均値をグラフ化したものである。コンピュータで，イラストと写真を合成した絵を描くなど，たんなる計算機とは異なる多様な活用がなされているあたりが，この結果を引き起こしたのではないだろうか。

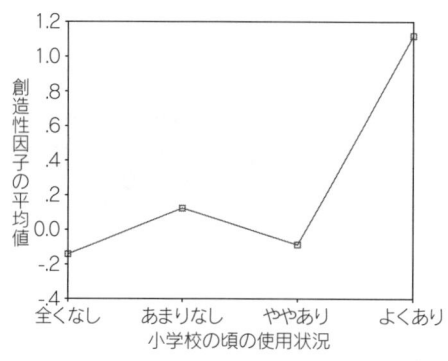

図3-11 小学校の頃のコンピュータの使用状況と創造性因子の平均値（加納，2004）

図3-12を見ると，コンピュータゲームで，遊んだことのない者より，遊んだことがある者の方が，創造性因子が高くなっている。創造性因子の具体的な中身は，新しい物事に取り組むことがよくある，新しい物事に必要な情報を自分で収集できる，自分でデザインしたり組み立てたり創ることを得意とする，などの項目で構成されている。近年のゲームは，リズムにあわせて太鼓をたたいたり，踊ったりする全身運動を組み合わせたタイプのゲームも少なくない。自分でベンチャー企業を興し，成功するか破産するか，などのように，現実社会の縮図をゲーム化したタイプのものもある。最近は，年長者と遊びながら社会のしくみを学んだり，がらくたで何かを組み立てたりする環境はほとんどない。そのような環境のなかで，適度に，さまざまな嗜好をこらしたゲームで遊ぶことは，有意義なことといえるのではないだろうか。

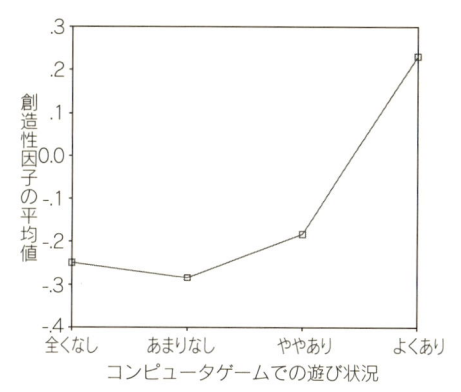

図3-12 コンピュータゲームでの遊び状況と創造性因子の平均値（加納，2004）

　図3-13は，小学校の頃のコンピュータの使用状況と新しい機器・ソフトに対する享受具合を示した図である。小学生の頃に，コンピュータ（ゲーム以外の使用）に触れる機会が「よくあり」と回答した者は，「全くなし」と回答した者よりも，大学生になった時点で，新しいコンピュータやソフトウェアが登場したときに，積極的に享受しようとする指向が見られた。（「あまりなし」と「ややあり」は逆転しているが，先に述べた結果を逆転するには至らない。図8補足グラフは，「よくあり」「ややあり」をひとまとめにし，「全くなし」「あまりなし」をひとまとめにしたグラフである。）幼い頃から訓練する必要はないが，コンピュータの使用が必要不可欠な情報社会である以上，子どもの頃から，慣れ親しむことは，新しい機器への抵抗を減少させることにつながると思われる。

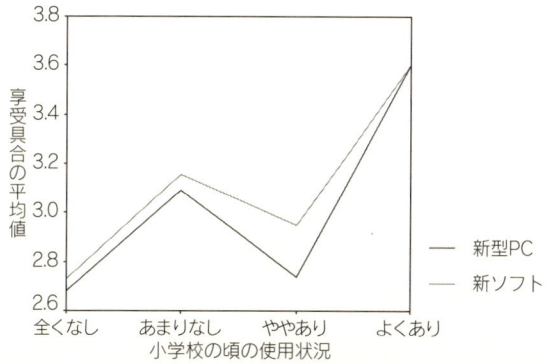

図3-13 小学校の頃のコンピュータの使用状況と新しい機器・ソフトに対する享受具合（加納，2004）

図3-14を見ると，図3-13と同様に，コンピュータゲームでよく遊んだ者の方が，大学生になった時点で，新しいコンピュータやソフトウェアが登場したときに，積極的に享受しようとする指向が見られた。ゲームに慣れ親しむことは，新しい機器への抵抗を減少させることにつながると思われる。

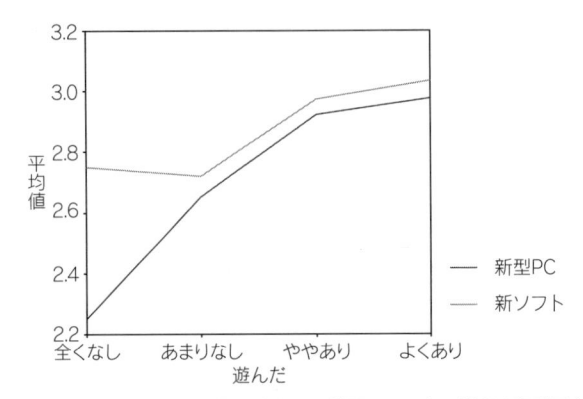

図3-14　コンピュータゲームでの遊び状況と新しい機器・ソフトに対する享受具合（加納，2004）

どのようなことも，度を超せば弊害を起こすこととなりうるが，時代に即した遊びを通して，現代の子どもたちの発達の可塑性を信じてみてはいかがなものだろうか。

なお，図3-7では，同時期の小学生，中学生，高校生に対して調査を行なっているが，図3-15では，調査時点で大学生になっているものが過去をふり返って回答している点で，比較する時代が異なるという相違点がある。

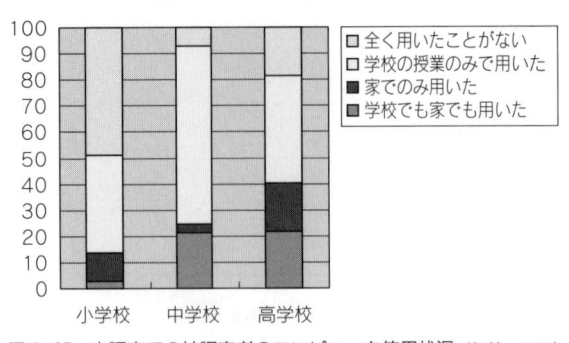

図3-15　本調査での被調査者のコンピュータ使用状況（加納，2004）

4節　情報モラル教育のチェックリスト

　家庭でネットに接する機会も少なくない以上，学校だけでなく家庭においても，子どもと助走しながら，情報モラルに関する指導を期待したいが，家庭に押しつけることはできない。社会生活上のモラルを身につける過程と同様に，学校・家庭・地域社会など，子どもをとりまく大人すべてで，情報モラル育成が必要である。しかし，学校の情報担当の教師以外の大人は，これまで学んだこともない新しい知識や概念を含むことであり，いざ指導しようとすると，どのような点を指導すべきかわからないのが現状であろう。実際，仕事でワープロ・プレゼンテーション・表計算ソフトなどは頻繁に利用しており，技術的なことであれば問題なく教えられる保護者であっても，「2ちゃんねる」に類するページをのぞいたことがなかったり，チャットで見知らぬ人に傷つけられた経験のない大人が大半である。そこで，学校の情報担当の教師以外の大人が，子どもに情報モラルを指導するためのチェックリストを用意した。指導する順序は問わない。家庭で子どもと一緒にネットサーフィンをしている折りや社会科の時間にインターネットを利用して調べ学習をしている折りなど，指導するにふさわしい場面に遭遇した際に，指導いただけたらと思う。

分類	項目	文例／対応策
メール	マルチ商法／ネズミ講	マルチ商法／ネズミ講に関するメールは，無視するか警察に届ける。
	チェーンメール	「このメールを5人の人に送らないとあなたのパソコンは起動しなくなります」などのメールが来た。／チェーンメールには，デマ情報，ゲーム感覚的なもの，内容的には問題のなさそうなものなど様々なタイプが存在するが，勇気をもって削除する。
	ウイルス	知らない相手から，送られた添付ファイルは開かずに削除する。
	スパムメール	「突然のメールをお許し下さい。今後この情報が不要な方は，このまま返信してください」などと書かれたメールに返信した後に，山のような広告メールが届くようになった。／スパムメールに応答してしまうと，そのアドレスが実際に使われている証拠となり，いろいろなところからダイレクトメールが届くようになることがあるので，むやみに応答しない。

ネットサーフィン	なりすましメール	他人になりすましてメールを出さない。本人が書いたと思えないメールが届いたら，本人に直接確認してから対応する。
	個人情報の盗用	無料会員として登録すると，最新ゲームが貰えると書かれている。期待して登録すると，ゲームは届かず，セールスを目的としたダイレクトメールばかりが山のように届くようになってしまった。／信頼のおけないサイトの会員には登録しない。
	インターネット通販／オークション詐欺	店で販売されている値段の半値で販売している通信販売のページを見つけ，クレジットカード番号を書いて購入申し込みをしたら，お金だけ引き落とされ，商品が届かない。通信販売のページに書かれていた電話番号は架空のもので，連絡がつかなくなってしまった。／信頼が十分でないサイトでは売買しない。
	ハッキング／クラッキング	ネットサーフィンをしていたら偶然クラッキングツールを見つけダウンロードしてしまった。解説通りに操作したら，他人のサーバーに侵入できてしまった。／ハイテク防止法による犯罪である。鍵が開いていても他人の家に勝手に入ってはいけないように，侵入できるからといって侵入してはいけない。
	有害サイト	コンテンツフィルタリングソフト（ネットワーク上を流れるデータを，一定の基準によってブロックするソフト）を利用していたが，予期せず驚く情報に出会ってしまった。／有害なサイトに出会っても相手にしない態度が必要。
	出会い系サイト	同窓会や趣味の仲間から結婚相手を探すタイプのものまで様々な種類のものが存在する。サイトに立ち入る前に「サイトの管理者がどんな人なのか，どんな組織なのか」「運営方針は明記されているか」「連絡先の電話番号などは実在する番号なのか」「応対はきちんとしてくれるのか」を確認することが必要である。さらに，公開されたサイト内に書き込む時には，必要以上に個人情報を書かないこと，安易に他者の発言を信用しない方がよい。
	無料ダウンロード	偶然見つけたページに「無料ダウンロード」という文字を見て，クリックしてしまったら，いつの間にか国際電話経由でインターネットに接続する設定となってしまい，高額の電話料金が発生してしまった。／意味もわからずクリックしない。
	ネット中毒	ゲームに熱中するあまり，毎晩夜明けまでインターネットをしており，学校も休みがちになってしまった。／時間を守らせる。
電子掲示板・チャット	友達の個人情報	「輸血が必要です。RH－の血液型の人を至急紹介してください。」という書き込みを見て，該当する血液型の友達のメールアドレスや電話番号を勝手に書き込んでしまった。／プライバシー侵害となり法に触れる犯罪となる。
	誹謗中傷	相手が気にしていることは書かない。
メーリングリスト	ネットバトル	特定の趣味の仲間が集まったメーリングリストで，普段情報を交換しているときはよかったが，突然，会員同士2人が言い争いになり，膨大なメールのやりとりをはじめた。／メールのやりとりと異なり，メーリングリストではメンバー全員が，言い争いのメールをすべて受け取ることになり，メーリングリスト上での度を超した個人的なメールのやりとりは，他の会員に対して迷惑である。

ホームページ作成	著作権	他人のホームページから勝手に画像や文書などをコピーして自分のページに貼り付けた。／著作権違反になる。必ず本人の承諾を得ること。
	個人情報の公開は慎重に	初めてのホームページ作成，自己紹介からと思い，生年月日や親兄弟の名前，住所や電話番号などを Web 上に載せた。／悪意の第三者によって悪用される危険があることを指導する。
	パスワード	むやみに人に教えない。不正アクセスのあった場合には，すぐにパスワードを変えて自衛策をとる。
その他	健康	ＶＤＴ（ビデオ・ディスプレイ・ターミナル）作業等に伴う，目の疲労や体の健康について認識したうえで，適度な休憩をとりながら時間を守って作業する習慣が必要。

引用・参考文献

はじめに
江崎　浩（監修）　2000　コンパクト版　インターネット辞典　ＩＥインスティテュート
日本情報処理開発協会（編）　2002　情報化白書　ＩＴ生活の新世紀　ブロードバンドとユビキタス時代を迎えて　コンピュータエナジー社
坂村　健　2004　「ユビキタス社会」がやってきた　人とコンピュータの未来　日本放送出版協会　P.12.

第1章
1節
中村博志・服部慶亘・藤田康郎・野崎佳子　2001　死を通して生を考える教育の重要性—バーチャルリアリティと死の認識の関連性について—　第48回日本小児保健学会発表資料
3節
青木省三　2001　思春期の心の臨床　金剛出版
Erikson, E. H.　1968　*Identity : Youth and Crisis*. New York : W. W. Norton.　岩瀬庸理（訳）　1973　アイデンティティ　金沢文庫　Pp.113-186, Pp.166-177.
古屋雅康　2002　不登校児とのつながりを求めて　現代のエスプリ, **418**, 至文堂　Pp.171-172.
逸見武光　1993　新版精神医学事典　弘文堂　Pp.330-331.
Joinson, A. N.　2002　*Understanding the Psychology of Internet Behavior : Virtual World, Real Lives*. London : Palgrave Macmillan. 三浦麻子・畦地真太郎・田中　敦（訳）　2004　インターネットにおける行動と心理　北大路書房　P.134.
河合　洋・山登敬之（編）　2002　子どもの精神障害　日本評論社
川浦康至（編）　1998　インターネット社会　現代のエスプリ, **370**, 至文堂
近藤直司　2001　ひきこもりケースの家族援助　金剛出版　Pp.15-16.
森　昭雄　2004　ＩＴに殺される子どもたち　講談社　Pp.178-179.
牟田武生　2004　ネット依存の恐怖　教育出版　P.68.
武藤清栄・渋谷英雄（編）　2002　メールカウンセリング　現代のエスプリ, **418**, 至文堂
ＮＨＫ　2004年5月26日放映　クローズアップ現代
斉藤　環　2002　ひきこもり救出マニュアル　ＰＨＰ研究　Pp.15-16, 34, 79.
渋井哲也　2003　チャット依存症候群　教育資料出版会
島井哲志　1994　ニューメディア時代の子どもたち　有斐閣　P.118.
鑪　幹八郎（編集）　1990　臨床心理学大系3　ライフサイクル　金子書房
Wallace, P.　1999　*The psychology of the Internet*. New York : Cambridge University Press. 川浦康至・貝塚　泉（訳）　2001　インターネットの心理学　ＮＴＴ出版　P.319.
山田冨美雄　1993　ファミコン遊びは心の健康を損なうか　児童心理　vol. 47. NO. 2　Pp.254-259.
吉川武彦・竹島　正（編）　2001　これからの精神保健　南山堂

4節
独立行政法人情報処理推進機構　http://www.ipa.go.jp/

第2章
1節
CEC Eスクエア・プロジェクト　ネット社会の歩き方　http://www.net-walking.net/
独立行政法人教員研修センター　情報モラル授業サポートセンター　http://sweb.nctd.go.jp/support/
独立行政法人教員研修センター　情報モラル研修教材2003　http://sweb.nctd.go.jp/kyouzai_new/index.htm
寳迫芳人　宝迫芳人の指導案＆教材集　http://www2.ttcn.ne.jp/~yhousako/
寳迫芳人　みんなで教育を考えよう！　http://www.geocities.jp/yhousako/
ＩＴ戦略本部　2004　e-Japan重点計画
文部科学省　2003　小学校学習指導要領　平成15年12月一部改正
文部科学省　2003　学校に置ける情報教育の実態等に関する調査結果
日本教育工学振興会　2004　第4回教育用コンピュータ等に関するアンケート調査結果
バーチャル・エージェンシー　1999　教育の情報化プロジェクト

2節
Bakhtin, M. 1968 *Rabelais and his world*. Iswolsky, H.（Trans.）Cambridge : MIT Press.
Bakhtin, M. 1984 *Problems of Dostoevsky's poetics*. Emerson, C.（Trans.）Manchester : University Press.
Garfinkel, H. 1967 *Studies in Ethnomethodology*. England Cliffs : Prentice-Hall.
加藤　浩・鈴木栄幸　1992　教育におけるリアリティに関する一考察　認知科学会第9回大会，PA2.4, 32-33.
余田義彦　1990　情報処理教育における電子会議システムの利用―情報化対応における新しい科学技術教育―　科教研報　Vol. 4（日本科学教育学会研究会研究報告1990.3.24）

3節
高等学校情報科用教科書情報009　情報A　日本文教出版　P.57.
永野和夫　2002　知識社会における情報リテラシーとこれからの情報教育　ＯＥＣＤシンポジウム基調講演日本語資料
総務省　2004　平成15年通信利用動向調査　http://www.soumu.go.jp/s-news/2004/040414_1.html

4節
Ara Sukitch LAB　2004　これもひとつの「情報の授業」　http://www.arasukitch.info/
Bo Leuf, Ward Cunningham　2002　Wik Wayコレボレーションツール Ｗｉｋｉ　ソフトバンクパブリッシング
結城　浩　2004　Ｗｉｋｉ入門　インプレス

5節
エンゲストローム　Y.　1999　山住勝広・松下佳代・百合草禎二・保坂裕子・庄井信良・手取善宏・高橋　登（訳）　拡張による学習　新曜社
パパート　S. A.　1995　奥村貴代子（訳）　マインドストーム　未来社
斎藤　孝　2001　子どもに伝えたい「三つの力」―生きる力を鍛える　ＮＨＫブックス

正田　良　2003 a　高・大連携を意識した情報科学基礎のための調査　三重大学教育学部研究紀要（教育科学），54, Pp.13-22.
正田　良　2003 b　ＶＢＡにおける Cells の役割に関する歴史的考察　三重大学教育学部研究紀要（自然科学），54, Pp.1-8.
正田　良（編著）　2003 c　Excel が教師　高校の数学を解く　技術評論社
6節
文化庁　2004　学校における教育活動と著作権　http://www.bunka.go.jp/1 tyosaku/kyouiku/pamphlet/pdf/gakkou_chosakuken.pdf
文化庁長官官房著作権課　2004　著作権テキスト
著作権法第35条ガイドライン協議会　2004　学校その他の教育機関における著作物の複製に関する著作権法第35条ガイドライン　http://www.jasrac.or.jp/info/dl/gaide_35.pdf
著作権法第35条ガイドライン協議会　2004　学校その他の教育機関における著作物等利用に関するフローチャート　http://www.jasrac.or.jp/info/dl/gaide_chart.pdf
法律データ提供システム日本国著作権法（昭和45年5月6日法律第48号）　http://law.e-gov.go.jp/htmldata/s45/S45H0048.html
コンピュータ教育開発センター　2000　文部科学省委託研究事業　インターネット活用のための情報モラル指導事例集　（PDF 版）http://www.cec.or.jp/books/H12/pdf/b01.pdf
コンピュータ教育開発センター　2000,2001　ネット社会の歩き方　http://www.net-walking.net/
長谷川元洋　1999　情報コントロール権の尊重を基本とした情報倫理,情報安全教育　99「インターネットと教育」フォーラム教育実践論文集，K12,「インターネットと教育」研究協議会　http://www.k12.gr.jp/OLD/db.html
長谷川元洋　2002　中村　司（監修）　情報の選び方・使い方(5)ネチケットを守ろう―情報社会のルールとマナー　ポプラ社
長谷川元洋　2003　情報モラル指導のポイント（連載記事）　ＮＥＷ　教育とコンピュータ　学研　http://anny.kinjo-u.ac.jp/~ghase/moral/sub01.html
道田泰司・宮元博章　1999　クリティカル進化論―ＯＬ進化論で学ぶ思考の技法　北大路書房
岡村久道（監修）　2004　知っておきたい　インターネットにおける個人情報保護と人権　安心して個人情報を取り扱うためには　財団法人インターネット協会　http://www.iajapan.org/rule/jinken2004.html
大谷　尚　1996　情報リテラシーの基底としての学校教育における「情報」の機能と意義の検討　日本科学教育学会第20回年会論文集
社団法人日本音楽著作権協会　2002　JASRAC PARK　http://www.jasrac.or.jp/park/index.html

第3章
1節
ＣＥＣ　2002　文部科学省情報教育の改善に資する調査研究委託事業「情報化が子どもに与える影響（ネット使用傾向を中心として）」に関する調査報告書―児童・生徒，教師，保護者に対するアンケート調査から―
加納寛子　2004　小中高時代のコンピュータの使用経験が大学生の思考様式へ与える影響

日本教育工学会研究報告集, JET04-5, Pp.101-108.
加納寛子 2005 データから考える…ここまで進んでいる！ 子どもたちのインターネット・携帯利用の実態 総合教育技術 2月号 小学館

Livingstone, S. Bober, M. 2004 UK Children Go Online Surveying the experiences of young people and their parents. *E.S.R.C ECONOMIC& SOCIAL RESEARCH COUNCIL.*

Pew 2001 Teenage Life Online : The rise of the instant message generation and the internet's impact on friendships and family relationships. *Pew Internet and American Life.* www.pewinternet.org

Pew 2004 April. Broadband Penetration on the Upswing : 55%of adult internet users have broadband at home or work. *Pew Internet and American Life.* www.pewinternet.org

Poster, M 2001 *What's the Matter with the Internet?* Minneapolis : University of Minnesota.

Rice, R 2002 Primary Issues in Internet Use : Access, civic and community involvement, and social interaction and expression. In L. Lievrouw and S. Livingstone (Eds.) *The Handbook of New Media : Social Shaping and Consequences of ICTs.* London : Sage. Pp.109-129.

Rogers, E M 1995 *Diffusion of Innovations* (Vol. 4). New York : Free Press.

Seiter, E 1999 *Television and New Media Audiences.* Oxford : Clarendon Press.

Selwyn, N 2003 Apart from Technology : Understanding people's non-use of information and communication technologies in everyday life. *Technology in Society*, **25**(1), 99-116.

Spigel, L 1992 *Make Room for TV : Television and the family ideal in postwar America.* Chicago : University of Chicago Press.

Sundin, E 1999 The Online Kids : Children's participation on the internet. In C Von Feilitzen and U Carlsson (Eds.) *Children and Media : Image, education, participation* Göteborg, Sweden : The UNESCO International Clearinghouse on Children and Violence on the Screen at Nordicom. Pp.355-368.

Sutter, G 2000 Nothing New Under the Sun : Old fears and new media. *International Journal of Law and Information*, **8**(3), 338-378.

Torkzadeh, G and Van Dyke, T P 2001 Development and Validation of an Internet Self-Efficacy Scale. *Behavior and Information Technology*, **20**(4), 275-280.

Torkzadeh, G and Van Dyke, T P 2002 Effects of Training on Internet Self-Efficacy and Computer User Attitudes. *Computers in Human Behavior*, **18**(5), 479-495.

Turkle, S 1995 *Life on the Screen : Identity in the Age of the Internet.* New York : Simon and Schuster.

Turow, J 2001 March Privacy Policies on Children's Websites : Do they play by the rules? Philadelphia, PA : Annenberg Public Policy Center. www.annenbergpublicpolicycenter.org

Van der Voort, T H A, Nikken, P and Jil, J E 1992 Determinants of Parental Guidance of Children's Television Viewing : A Dutch replication study. *Journal of Broadcasting and Electronic Media*, **36**(1), 61-74.

Warschauer, M 2003 *Technology and Social Inclusion : Rethinking the digital divide.* Cambridge, Mass : MIT.

Wigley, K and Clarke, B 2000 *Kids.net.* London : National Opinion Poll. www.nop.co.uk

Winston, B 1996 *Media Technology and Society −A History : From the telegraph to the Internet.* London and New York : Routledge.

Wyatt, S, Thomas, G and Terranova, T 2002 'They came, they surfed and then went back to the beach' : Conceptualizating use and non-use of the internet. In S Woolgar (Ed.) *Virtual Society? Technology, cyber bole, reality.* Oxford : Oxford University Press. Pp. 23-40

索引

●英字
ActiveX 57
BCC 40, 116
CC 40, 116
CGI 62, 70
doing 匿名 96
DoS 50
DDoS 50
Flash 57
GUI 81
HTMLメール 42, 51, 56
HTTP 62
i-mode 44
Java 57
Java Script 57
MACアドレス 37
NHKひきこもりサポートキャンペーン 26
NHKひきこもり相談室 26
PGP 41
S/MIME 41
SSID 37
SSL 45
SST(社会生活技能訓練) 31
To 40, 116
VBA 153
Webページ 44, 107
Webサーバ 62
WEP 37
WinPopup 70, 74
WPA 37

●あ行
アイデンティティ(自我同一性) 30
アカウント 120
アクセスポイント(AP) 37
アスキーアート 83, 99
アバター 204
荒らし行為 82, 85, 87, 92
暗号化 41
インスタントメッセージング(IM)サービス 192
インターネットカフェ 86
インターネット通販 45, 210
インフォームドコンセント 93, 173
ウィキ(Wiki) 131
ウイルス対策ソフト 55
オークション詐欺 210
音楽著作権 170
オンラインゲーム 27

●か行
学校Webサイト 172
家庭教育 202
家庭での情報安全教育 183
教科「情報」 106, 112
クライアント・サーバ 47
クラッキング 49, 50, 210
クリティカルシンキング 182
携帯電話 67, 115, 126, 190, 204
現実延長タイプ 10
交流学習 189
個人情報 34, 45, 75, 113, 186, 210
個人情報保護条例 186
個人情報保護法 186
ゴミ箱あさり 52
コミュニケーション 9, 25, 31, 68, 70, 79, 94, 106, 127, 133, 146, 164, 194
コンピュータウイルス(ウイルス) 44, 50, 53, 54, 209
コンピュータゲーム 206

●さ行
自己責任 70
自殺サイト 3
児童生徒の問題行動対策重点プログラム 13
写メール 42
集団自殺 2
肖像権 36, 47, 169
情報A 108, 110
情報コントロール権の尊重 168
情報漏えい 114, 117
署名 41, 136
ショルダーハッキング 52
心理的離乳 30

スパムメール　209
スレッド　89
セキュリティ　33
セキュリティホール　55, 58
セキュリティポリシー　59
総合的な学習の時間　64, 115
ソーシャル・エンジニアリング　49, 51

● た行
脱社会的タイプ　10
チャット　70
チャット依存症　10
著作権　36, 46, 121, 169, 171, 211
出会い系サイト　11, 210
ディジタルデバイド　12, 202
ディスカッション　138
デコメール　42
デジタル万引き　127
テレビゲーム　19
電子掲示板　28, 70, 82, 151, 157
電子メール　39, 116, 151, 158
添付ファイル　56

● な行
なりすまし　38, 51, 120, 210
二次感染　54
偽サイト　52
ネット依存(症)　10, 27, 198
ネット自殺　5
ネットバトル　210
ネットワークコミュニケーション　73

● は行
バーチャルリアリティ　31
バイオメトリックス認証　39
廃棄データ修復　52
ハイパーリンク　44
バグ　55
パケット盗聴　50
パスワード　38, 120, 211
パスワード解析　50
ハッキング　210

バックドア　50
バッファオーバフロー　50
ハブ　37
ハンドルネーム　89
ピアツーピア(P2P)　48
ピギーバック　52
ひきこもり　21
ファイアウォール　58
ファイル交換　48
フィルタリング　110
不正アクセス禁止法　39
不正コピー　35
不正請求　44
不登校　17
プライバシー　46, 47
ブラウザ　51, 62, 134
フレーミング　84
ブレーンストーミング　138
プレゼンテーション　66, 111, 121-124
ブログ(blog)　45, 131
プログラミング　155
プロジェクト・メソッド　157
ポートスキャン　50
ホームページ　151, 196
ほほえみホットライン　20

● ま行
無線LAN　37
迷惑メール　117, 118
メールフィルタ　43
メンタルフレンド派遣事業　20

● や行
ユーザID　38

● ら行
ライフサイクル　30
ルータ　58
ログ改ざん　50

● わ行
ワン切り　44

おわりに

　机や洋服・鞄あらゆるモノにＩＣタグが埋め込まれ，新しいテクノロジーは日常のあらゆるモノのなかへ浸透し，いつでも誰でもどこからでもコンピュータにアクセスできると同時にコントロールされる時代，すなわちユビキタス社会の到来はまもなくである。これまでのようにキーボードを使用してパソコンを操作することなく，音声・身振り手振り・指紋など，身体そのものが入力装置になりつつある。

　新しいテクノロジーは，さまざまなイノベーションを引き起こす。それは，これまでの常識が通用しなくなったり，不都合が生じるからである。特に，大衆化されたときそれが顕著になる。新しいテクノロジーが，特定の業務に携わる一部の人々によってのみ享受されていたときには，使用目的も方法も限られており，問題は顕在化しない。しかし，大衆化されることによって使用目的も方法も千差万別となり，新しい技術を自らの欲望と利益の追求のみに利用しようとする者も出没し，暗黙の了解であった約束事が遵守すべきルールとして要求される。時としてルール違反者には何らかの罰則が加えられることにもなる。かくして，新しいテクノロジーは，人々に利便性などのあらたな利益をもたらすとともに，これまで通りの秩序を保持するために，あらたな制約を加えることになるのである。

　人がルールの必要性を感じるのは，衝突したり，トラブルが生じたあとである。しかし，情報通信機器がほとんどの家庭に浸透し，ますます浸透していくなかで，問題が起きてからルールを作るのでは，あまりにもリスクが大きい。そこで，ユビキタス社会が到来した状況を見据え，想定しうる場面に対応できるルールを決め，大人が遵守すると同時に子供たちへもしっかりと情報モラル教育をしていく必要がある。

　本書では，初等教育，中等教育，高等教育の過程における，情報モラル教育の実践事例を紹介した。これらはほんの一例であるが，個々の学校の実情に即した情報モラル教育のための一助となれば幸いである。

本書の刊行にあたりましては，北大路書房編集部の関一明さん，服部和香さんには大変お世話になりました。この場を借りてお礼申し上げたいと思います。

2005年3月

編者　加納寛子

＊執筆者一覧（執筆順）＊

加納寛子	山形大学学術情報基盤センター助教授	1章1節2節, 3章（編者）
樹下晃代	臨床心理士，岐阜聖徳学園大学短期大学部非常勤講師	1章3節
菱田隆彰	愛知工業大学工学部電気学科情報通信工学専攻講師	1章4節
小澤和弘	岐阜県立看護大学機能看護学講座助手	1章4節
寳迫芳人	埼玉県所沢市立荒幡小学校教諭	2章1節
鈴木栄幸	茨城大学人文学部コミュニケーション学科助教授	2章2節
津賀宗充	茨城県立鉾田第一高等学校教諭	2章3節
奥村　稔	北海道札幌北高等学校教諭	2章4節
正田　良	三重大学教育学部数学教育講座助教授	2章5節
長谷川元洋	金城学院大学現代文化学部情報文化学科助教授	2章6節

＊編者紹介

加納　寛子（かのう　ひろこ）
1971年岐阜県岐阜市に生まれる。
東京学芸大学教育学部卒業，同大学院教育学研究科修士課程修了，
早稲田大学大学院国際情報通信研究科博士後期課程満期退学，
専門は情報教育。
現在　山形大学学術情報基盤センター助教授

主著（編著）
『ポートフォリオで情報科をつくる－新しい授業実践と評価の方法』
　　北大路書房　2002年
『児童生徒が喜んで挑戦するコンピュータ課題集～情報活用力の育成を目指す～』　明治図書
　　2003年
『認知科学』　共立出版　2005年

共著（分担執筆）
『教育課程　重要用語　300の基礎知識』　明治図書　2001年
『教育評価読本―教育課程審議会答申の徹底理解』　教育開発研究所　2001年
『数学する心を育てる課題学習・選択数学・総合学習の教材開発』　明治図書　2002年

上記の書籍以外に，高等学校普通科「情報A」および「情報C」の文部科学省検定教科書の編集協力
および，両教科書の指導書執筆などを行なっている。

下記では，情報モラルに関するコンテンツや参照ページを提供しています。
http://kdwww.kj.yamagata-u.ac.jp/~kanoh/moral/index.htm

連絡先　E-mail：kanoh@kdw.kj.yamagata-u.ac.jp

実践　情報モラル教育
―ユビキタス社会へのアプローチ―

2005年3月10日　初版第1刷印刷	定価はカバーに表示
2005年3月20日　初版第1刷発行	してあります。

編　　者　　加　納　寛　子
発　行　者　　小　森　公　明
発　行　所　　㈱北大路書房

〒603-8303　京都市北区紫野十二坊町12-8
電　話　(075) 431-0361㈹
FAX　(075) 431-9393
振　替　01050-4-2083

©2005　　　　　　　　　印刷・製本／亜細亜印刷㈱
検印省略　落丁・乱丁本はお取り替えいたします。

ISBN4-7628-2429-1　　Printed in Japan